Ils ont brisé nos vies...

TERRIE ET PAUL DUCKETT

Traduit de l'anglais
par Hélène Tordo

City
Poche

Publié en Grande-Bretagne par HarperCollins
sous le titre *Stolen Voices.*

ISBN : 978-2-8246-1464-9
Code Hachette : 46 7063 6

Collection dirigée par Christian English & Frédéric Thibaud.
Catalogue et manuscrits : city-editions.com

Dépôt légal : Avril 2019
Achevé d'imprimer en Italie par Grafica Veneta SpA

Ce livre n'est pas une œuvre de fiction. Il est fondé sur la vie, les expériences et les souvenirs des auteurs. Afin de protéger l'identité de certaines personnes, leurs noms ont été modifiés, les lieux, changés, certains détails ont été détournés, et certains événements, gommés. Si cet ouvrage demeure un témoignage aussi fidèle que possible, il n'était pas, par ailleurs, possible d'y intégrer certains faits. Mais il s'agit bien d'une histoire vraie.

Nous nous dédions mutuellement ce livre ainsi qu'à tous les autres frères et sœurs qui se battent pour survivre : avec de la force, de l'humour et de l'amour, ensemble, nous avons surmonté toutes ces épreuves. Notre lien est indestructible.

Prologue

Juin 2012

— Qu'est-ce qu'il y a ? bâillai-je dans le téléphone.

Il était presque une heure du matin et j'étais vraiment fatiguée.

— Je viens d'avoir la police au téléphone ! lança mon frère Paul. Tu sais qu'ils ont arrêté Peter et perquisitionné la maison ? Eh bien, tu ne vas pas le croire ! ajouta-t-il avant de reprendre son souffle. Selon toute apparence, il s'agit d'une scène de crime qualifiée, et ils ont laissé des agents dehors toute la nuit afin de veiller à ce que personne ne puisse entrer. Il y a tellement de preuves qu'ils n'ont pas eu assez de temps pour toutes les recueillir et qu'ils vont devoir revenir pour le reste. Ils ont appelé ça une véritable « caverne d'Ali Baba ». C'est ce qu'ils ont dit.

Après une légère pause, mon frère reprit :

— Je vais y aller. Tu veux venir ?

Je n'eus pas besoin d'y réfléchir à deux fois.

— Oui ! Viens me chercher. Je t'attendrai devant la maison.

Je raccrochai, enfilai des vêtements et me précipitai dehors. Impatiente, j'attendis au bord de la chaussée en essayant de calmer ma respiration. La voiture de Paul apparut enfin au coin de la rue et s'arrêta juste devant moi. J'eus à peine le temps de monter dedans qu'il avait redémarré.

— Attachez votre ceinture, répétait la voiture de Paul de sa voix mécanique et monotone.

— D'accord ! La ferme ! grommelai-je en glissant la boucle dans son logement pour lui couper la parole.

Paul leva les yeux au ciel et continua à rouler.

Perdus dans nos pensées, nous nous rendîmes jusqu'à la maison de notre enfance sans dire un mot. Je savais que Paul devait se sentir aussi abasourdi que moi, aussi incapable de croire qu'ils avaient fini par l'arrêter. Nous venions de passer deux semaines extrêmement pénibles à attendre l'appel de la police et, à présent, sans vraiment savoir à quoi nous attendre, nous étions en train de nous diriger vers l'endroit où, enfants, nous avions tout juste réussi à survivre.

Aucun des événements des dernières semaines ne nous avait paru réel, qu'il s'agisse du moment où la police nous avait dit que c'était le pire cas auquel ils avaient eu affaire depuis longtemps, des regards de compassion qui nous avaient été adressés pendant notre déposition ou le fait que nous ayons été suffisamment courageux pour en parler.

Je repris mes esprits au moment où la voiture tourna dans l'avenue Churchill pour pénétrer dans le lotissement banal composé de petites maisons HLM proprettes, que nous évitions depuis plus de dix ans en raison des nombreux souvenirs traumatisants qu'il évoquait. Alors que nous longions les trottoirs familiers, mon estomac se mit à faire des nœuds.

Au loin se découpait la silhouette familière de la maison de notre enfance : le porche carré, le bardage en bois blanc, la petite allée qui serpentait de l'allée piétonne jusqu'à la porte d'entrée… Même si le numéro 59 avait un air négligé et abandonné, il n'en restait pas moins un pavillon à l'allure innocente dont il était impossible de deviner les terribles secrets.

En nous approchant, nous vîmes qu'une voiture de police était garée en face de la maison avec deux hommes à l'intérieur. Je jetai un coup d'œil à Paul pour constater qu'il éprouvait sans doute la même impression étrange que moi, comme si nous étions encore en train de commettre quelque acte interdit en passant devant cette maison vide.

En fait, je suppose que nous commencions seulement à prendre conscience de la réalité et, bien que ni l'un ni l'autre ne fût sûr de la manière dont nous étions censés agir (en tant que victimes), nous savions que nous étions ensemble et que, comme pendant toute notre enfance, c'est ensemble que nous allions nous en sortir. Paul accéléra afin que nous dépassions la maison à une vitesse normale.

— Bon, on dirait que la balle est dans notre camp à présent ! souffla-t-il en tirant longuement sur sa cigarette roulée.

— J'ai le sentiment que le voyage ne va pas être facile, soupirai-je.

— Ça ne peut pas être plus difficile que ce que nous avons déjà enduré, commenta Paul.

— Tu ne regrettes pas de n'avoir pas su à l'époque où nous étions enfants comment les choses allaient tourner ?

— Je ne changerais rien. Les batailles que nous avons dû mener ont fait de nous ce que nous sommes aujourd'hui. Je crois que, si nous modifiions une seule chose de notre passé, ça modifierait ce que nous sommes aujourd'hui.

Je regardai longuement mon frère avant de hocher la tête.

— Tu as raison.

J'étais pleine d'appréhension au sujet des jours et des semaines à venir, mais j'étais heureuse que nous soyons ensemble.

1

Un début des plus banals

TERRIE

John et Cynthia, mes parents, ont commencé à se fréquenter au lycée. Au départ, leur histoire avait tout du conte de fées : ils étaient amoureux et pleins de rêves et de projets. Maman avait l'intention de suivre les traces de son père dans la vocation traditionnelle de la ville de Northampton et voulait dessiner des chaussures. Naïvement, lors d'un déjeuner, elle montra ses dessins à un fabricant local qui n'hésita pas à les lui dérober. Papa avait rejoint les parachutistes, mais il aspirait surtout à intégrer le Special Air Service, les forces spéciales britanniques, jusqu'à ce qu'il échoue aux tests de sélection.

En 1968, alors que leurs rêves étaient en miettes, leur vie allait être encore bouleversée à jamais. Maman découvrit qu'elle était enceinte – grossesse non désirée. Dire que papa n'était pas enchanté était un euphémisme, mais, en 1968, attendre un enfant, c'était se marier, point barre. Maman laissa donc tomber ses études pour remonter la nef (ou au moins le couloir) du bureau des mariages de l'hôtel de ville de Northampton. Elle n'en avait pas parlé auparavant à Gladys et George, ses parents, parce qu'elle savait pertinemment qu'ils seraient déçus. Ils étaient convaincus qu'elle méritait beaucoup mieux que mon père ! Lorsqu'elle se résolut à leur avouer qu'elle s'était mariée, les dés étaient jetés. Au moins, mes grands-parents eurent l'impression que papa s'était conduit comme il le fallait.

Je vins au monde le 27 juin 1969 à Aldershot, la ville de garnison où papa était basé, et nous vécûmes d'abord dans le quartier des couples mariés de la caserne. Sauf que papa ne rêvait que d'être libéré pour retourner à la vie civile dans la mesure où il ne supportait pas l'idée de réintégrer son régiment de parachutistes après son échec à la sélection des SAS, et la seule manière d'y parvenir, c'était de racheter son contrat d'engagement avec l'armée.

C'est ainsi que maman vida son compte épargne afin de rassembler les deux cents livres nécessaires, une somme prohibitive à l'époque, mais qu'elle jugeait sans doute un prix faible à payer pour que son jeune mari soit heureux.

J'ai passé ma première année dans la confortable maisonnette à deux chambres de la caserne, mais la première maison dont je me souviens clairement était un petit pavillon HLM à Moat Place. Elle ne contenait que l'essentiel, avec la cuisine et la salle en bas, et deux chambres en haut d'un escalier peint en blanc qui n'était protégé que par une fine moquette maladroitement fixée par quelques clous.

La rambarde, deux lattes qui couraient le long de l'escalier, comportait un étroit espace qui permettait à l'enfant que j'étais d'épier ce qui se passait en bas. Et je peux dire que, tendue pour ne pas me trahir pendant que papa et maman se disputaient, je passais beaucoup de temps assise à regarder entre ces lattes !

Pour son nouveau travail, papa passait beaucoup de temps en déplacements et ne venait à la maison que pour changer de vêtements et prendre des réserves de nourriture. Lorsqu'il n'était pas là pour se disputer avec maman, je me sentais plus détendue et plus heureuse. J'avais ma mère tout à moi et nous avions nos habitudes. Nous n'avions pas beaucoup d'argent ou beaucoup de possessions, mais elle avait du temps pour moi (même si je devais la gêner plus que l'aider) et un simple tour dans les magasins se transformait parfois en aventure.

À l'âge de quatre ans, un jour que je revenais de la boulangerie avec une miche de pain pour le dîner, je pensai au Petit Poucet : « Je me demande ce qui se passerait si je laissais tomber du pain pour marquer mon chemin ! »

En imaginant qu'une créature merveilleuse allait se matérialiser pour transformer ma vie, je tirai des morceaux de pain du sac et les disposai soigneusement sur le trottoir. Je continuai tout en lançant de temps en temps un regard dans mon dos pour admirer mon œuvre… lorsque ma mère fit soudain son apparition. Elle me cherchait.

— Terrie ! s'écria-t-elle. Mais que fais-tu ? C'est notre dîner !

Un morceau de pain dans la main, je sentis mon visage se chiffonner.

— Désolée, maman.

Elle se précipita pour récupérer le pain qu'elle remit soigneusement dans le sac pour plus tard.

Je me souviens plus particulièrement des week-ends où papa rentrait à la maison. Un jour, alors que j'avais trois ans, j'étais assise dans la cuisine en attendant que maman finisse de préparer le dîner lorsqu'il arriva. Dès qu'il entra, je levai les yeux vers lui, mais il n'eut pas l'air de me remarquer.

— Grouille-toi. Je meurs de faim, se plaignit-il.

L'air coupable, maman se précipita pour s'emparer des assiettes de macaronis au fromage et les placer devant nous.

— C'est tout ?

Maman leva les yeux vers lui.

— J'ai du jambon en boîte, si tu veux.

Il répondit par un rire sarcastique.

— C'est bon.

En fait, j'étais soulagée. J'ai horreur du jambon en boîte. Non, je peux dire que je hais le jambon en boîte. Ma pauvre maman était toujours en train d'inventer de nouvelles manières de le préparer.

Qu'il soit frit, grillé, en dés ou en tranches, pour moi, c'était toujours aussi répugnant, et je me retrouvais souvent à m'étouffer en essayant d'avaler la bouillasse rosâtre.

J'avais tout autant horreur des macaronis parce qu'ils me faisaient toujours penser à des limaces que j'étais obligée d'avaler.

D'ailleurs, mes grimaces de dégoût agaçaient tellement papa qu'il finit un jour par m'envoyer dans ma chambre en me disant de ne redescendre que lorsqu'ils auraient fini de dîner.

Quelques minutes plus tard, je me glissai précautionneusement dans l'escalier en descendant sur les fesses. J'entendais notre perruche qui piaillait comme une folle. Debout, papa était encore en train de hurler lorsque maman se tourna et me vit. Papa suivit son regard et, en m'apercevant, cria dans ma direction :

— Dégage ! Ce sont des histoires d'adultes. Fiche le camp tout de suite.

Effrayée et solitaire, je courus jusqu'à l'escalier et je m'installai sur les marches pour épier entre les lattes.

Je n'avais que trois ans et je ne comprenais pas ce qui se passait. Je voulais mon papa, je voulais qu'il m'aime, mais j'étais en colère contre lui et aussi contre ma mère qui le laissait venir gâcher notre vie à toutes les deux.

Cette rage en moi, il fallait pourtant qu'elle sorte d'une manière ou d'une autre, et je me suis mise à détruire les affaires que ma mère avait confectionnées pour moi avec tout l'amour dont elle était capable. Je tirai sur le fil de laine d'une veste en crochet composée de carrés de fleurs colorées cousues ensemble, je découpai la doublure soyeuse du manteau en feutre vert qu'elle avait cousu pour moi et je pris un soin tout particulier à me taillader la frange.

La présence de papa à la maison était synonyme de disputes incessantes, de claquements de portes et de larmes. Maman ne m'expliqua jamais vraiment pourquoi les choses étaient ainsi, et moi, je pensais que tout était ma faute, parce que j'étais idiote et laide.

C'était peut-être parce que papa se sentait à la maison comme en prison et qu'il aurait préféré retrouver la camaraderie et la bonne humeur de ses copains de régiment. Après avoir quitté les parachutistes, papa avait rejoint l'AT, l'armée territoriale, qui constituait un corps de réserve où les règles étaient moins strictes que dans l'armée britannique. Lorsqu'il était avec ses camarades réservistes, il riait et plaisantait.

J'aimais bien le voir comme ça, parce qu'il était très différent de ce qu'il était lorsqu'il était à la maison. De plus, lors des week-ends de rassemblement des réservistes, il arrivait que la famille soit invitée, et nous pouvions manger autant qu'on le voulait et jouer avec les autres enfants entre les camions à l'extérieur de la salle d'entraînement.

Mais là aussi, papa laissait de temps en temps échapper son visage « de la maison ». Comme la fois où il était censé me surveiller pendant que maman était à l'intérieur avec les autres mères à préparer le repas.

J'étais à quatre pattes et je poussais mon nouveau train en plastique qui avait deux wagons. Papa me prévint de ne pas m'approcher du gros tas de briques amoncelées contre le mur, mais, étant donné mon caractère, je poussai mon train un peu plus fort et il alla se glisser derrière le tas de briques.

Le haut du tas penchait vers le bâtiment, mais il y avait entre le tas de briques et le mur un espace vide suffisant grand pour que je m'y faufile. J'y rampai pour récupérer mon train et j'eus juste le temps d'entendre papa hurler avant que les briques ne me tombent sur les jambes.

Alors qu'il me tirait par le bras, je lui dis que mes jambes étaient bizarres et que je ne pouvais pas me tenir debout.

— Tu n'es qu'un bébé, dit-il.

J'éclatai en sanglots et, d'impatience, il appela ma mère. Il lui suffit d'un regard pour qu'elle décide que nous devions aller sans tarder aux urgences. Plus tard le même jour, lorsque je montrai ma jambe cassée plâtrée jusqu'au genou à ma grand-mère, elle fut horrifiée et me fit beaucoup de câlins pour me réconforter.

À mes yeux, mes grands-parents étaient parfaits. Leur maison était une oasis de paix, et j'en adorais le moindre recoin, depuis le living-room tapissé de feutre de style indien, où Nany voyait des visages et des formes dans les motifs (« Regarde, Terrie, voilà une chèvre ! » riait-elle), jusqu'à la serre où Papy nous montrait fièrement ses concombres nains qui poussaient autour de la porte.

Nany avait les cheveux blonds et ondulés, et elle sentait l'eau de toilette fleurie. Elle me faisait toujours beaucoup de câlins et, en sa compagnie, tout avait l'air plus facile, qu'il s'agisse de confectionner de délicieuses friandises dans la cuisine, de jouer à faire semblant ou de raconter encore et encore tous les contes de fées que je pouvais absorber.

Elle tirait une chaise pour que je puisse me hisser au niveau de la table de la cuisine et l'aider à préparer le repas. Ensuite, nous jouions à la bataille ou alors elle sortait une énorme boîte en fer qui contenait tous les boutons qu'elle avait récoltés au fil des années, et nous nous installions pour les enfiler sur des fils de coton colorés.

Papy était aussi rond et câlin que Nany, et tous deux s'adoraient. Lorsqu'il me racontait les histoires de l'époque où il était petit et de toutes les bêtises qu'il faisait, c'était toujours avec des yeux pétillants.

Il arrivait toujours un moment, toujours trop tôt, où il fallait rentrer à la maison.

Un jour de la fin de l'année 1973, je tenais maman par la main pour traverser la place du marché de Northampton lorsqu'elle se tourna vers moi et s'agenouilla à ma hauteur.

— Maman va avoir un bébé, dit-elle d'un air légèrement inquiet en tapotant son ventre.

J'avais bien vu qu'il était de plus en plus gros et de plus en plus rond.

— D'accord, répondis-je sans comprendre vraiment de quoi elle voulait parler.

Cependant, la nouvelle avait dû me travailler parce que, plus tard dans l'après-midi, j'ai tendu le doigt vers le ventre de Papy et Nany.

— Est-ce que vous allez avoir des bébés, vous aussi ?

Ils éclatèrent de rire.

Ce soir-là, je jouais avec ma seule poupée, Bébé haricot, que j'avais appelée ainsi parce qu'elle était bourrée de haricots secs. J'entendais maman et papa discuter en bas, et, une fois de plus, papa n'avait pas l'air content. J'essayai de me bloquer les oreilles en me tapant la tête contre le mur. Cela ne marcha pas, mais je finis par m'endormir.

Lorsque je me réveillai, le lendemain matin, papa était reparti pour plusieurs semaines. En m'entendant bouger, maman m'appela dans sa chambre.

— Hello ! Ted, commença-t-elle en utilisant mon surnom. Viens poser ta main sur mon ventre.

Elle maintint fermement ma main sur son ventre et je sentis un mouvement sous la peau.

— C'est le pied du bébé, expliqua-t-elle avec un visage rayonnant.

Perplexe, je regardai son ventre.

— Comment est-il entré là-dedans ?

Elle éclata de rire : j'étais en train de montrer son nombril. Quinze jours plus tard, on me conduisit chez Nany et Papy :

— Le bébé est en route, expliqua gentiment Nany. Maman doit aller à l'hôpital.

J'étais inquiète. Je ne comprenais pas vraiment de quoi il retournait. Le lendemain matin, cependant, Nany prit le bus avec moi jusqu'à la cité hospitalière et, sans me lâcher la main, elle m'accompagna jusqu'au lit où était étendue maman, épuisée mais visiblement heureuse.

Lorsque nous fûmes près du lit, Nany me souleva pour me montrer le berceau. Il y avait là un minuscule bébé au visage rose et froncé, enveloppé dans une couverture bleu clair.

— Il est adorable, non ? dit maman. C'est Paul. Ton petit frère.

Je m'emparai à nouveau de la main de Nany. Tout me paraissait si étrange que je tirai sur sa manche pour lui faire signe de partir. J'en avais déjà assez de ce Paul.

— Je n'ai pas vraiment envie d'avoir un frère, mais merci, dis-je le plus poliment possible.

Maman demeura à la maternité pendant plusieurs jours avant que Nany ne me reconduise à la maison. Alors qu'elle frappait à la porte, j'essayai de ravaler mes larmes. Au premier abord, toute la maison avait une odeur différente, et les lieux semblaient moins ordonnés. Je n'avais pas l'impression de rentrer chez moi. Nany m'embrassa pour me dire au revoir et retourner auprès de Papy. Pour ma part, je me précipitai en haut et éclatai en sanglots.

J'aurais tellement voulu retourner avec eux, mais je n'osais rien dire.

Les semaines suivantes s'écoulèrent entre couches, bains, biberons et crises de larmes. Lorsqu'il dormait, je caressais délicatement le crâne duveteux du bébé et je crois que c'est à ce moment-là que je commençai à apprécier mon frère. Il avait l'air d'aimer que je lui lise mes livres, et je me dis que, peut-être, le fait d'avoir un petit frère ne serait pas si mal.

Papa, lui, avait horreur de l'entendre hurler, et il s'échappait pour rejoindre ses copains dès qu'il le pouvait. Maman, épuisée par les tétées au beau milieu de la nuit, me laissait sortir Paul toute seule dans un grand landau Silver Cross qu'elle avait emprunté. Je me pavanais devant mes amis en annonçant fièrement :

— C'est mon frère ! Et je suis chargée de prendre soin de lui.

Lorsque j'ai commencé l'école élémentaire, j'ai eu enfin la chance de montrer que j'étais capable de lire. J'adorais l'école, et ce, malgré le fait que j'avais horreur de laisser Paul avec maman. J'avais tellement eu l'habitude d'avoir maman pour moi toute seule que j'avais l'impression que, lorsque Paul était là, je ne comptais plus pour elle.

Pour finir, nous avons déménagé dans une nouvelle HLM dans l'avenue Churchill. Maman tenait à ce que nous allions à une meilleure école et que nous vivions dans un quartier plus agréable.

La maison était beaucoup plus grande, avec suffisamment de place pour que Paul et moi puissions nous amuser. À cette époque, maman travaillait sans cesse et faisait les quarts de jour et de nuit dans une fabrique de chaussures. Elle grommelait toujours quand arrivaient les factures et, lorsque papa était en déplacement, nos placards étaient plutôt vides.

Maman m'accompagna le jour de ma première rentrée à la nouvelle école, mais, par la suite, j'y allais toujours toute seule. Je détestais me préparer le matin, d'autant que mes cheveux longs étaient toujours bourrés de nœuds et que maman devait tirer sur la brosse en me faisant un mal de chien.

Lorsque j'entrai au cours préparatoire, maman décida qu'elle en avait assez de ces batailles matinales avec mes cheveux. Elle me posa un bol sur la tête et coupa tout autour. Quand je me regardai dans la glace, je vis que je ressemblais à un garçon et je détestai cela.

Je me demandai comment cela avait pu se produire, mais, à partir de ce moment-là, j'ai eu les cheveux courts, et c'est toujours ma mère qui les coupait dans la cuisine.

— Je ne suis pas une très bonne coiffeuse, soupirait-elle, mais c'est plus facile comme ça.

À l'école, les autres se moquaient de ma coiffure et me lançaient des sarcasmes sur mon nom de garçon et mes cheveux en bataille. À l'âge de six ans, j'étais déjà consciente de ne pas être comme les autres. Je portais des vêtements élimés et des chaussures aux semelles usées. Sans parler du fait que je n'étais jamais invitée à goûter chez mes camarades.

La personne la plus proche de moi était donc mon petit frère. J'adorais jouer avec lui. Avec une touffe de cheveux blonds et un sourire espiègle, il était devenu un gamin adorable, toujours prêt à faire des bêtises. Il essayait, sur son petit tricycle rouge, de me suivre partout où j'allais.

Il cherchait aussi toujours à attirer l'attention de maman alors que, moi, j'avais pris l'habitude de ne pas en avoir. Le soir, lorsque papa était en déplacement, nous passions d'une baby-sitter à l'autre ou chez Nany et Papy. Maman travaillait souvent tard, mais j'étais heureuse d'être avec Paul.

Malgré mon jeune âge, je sentais instinctivement que le mariage de mes parents n'allait pas durer. Il nous arrivait d'avoir des moments en famille, comme si tout était normal. Lors des réunions de l'AT ou des barbecues entre voisins, papa pouvait même s'amuser avec nous, nous poursuivant avec un pistolet à eau et, tandis que nous éclations de rire, je pouvais faire comme si tout allait bien, comme si j'étais comme les autres. Il lui arrivait même de nous faire des surprises. Un jour, il est revenu au bout de plusieurs semaines d'absence avec un chiot, un magnifique bâtard écaille de tortue que nous baptisâmes Sam. Tout le monde l'aimait. Une autre fois, il nous apporta les plus gros œufs de Pâques en chocolat que j'aie jamais vus.

J'avais huit ans lorsque nous fîmes la connaissance de l'ami de papa, Peter Bond-Wonneberger, lors d'une fête de l'association de l'AT. Peter avait une trentaine d'années, des cheveux bruns, peignés en arrière, et une moustache toute maigre. C'était un type toujours en train de rire ou de raconter des blagues. Il était marié avec une femme qui s'appelait Anne, mais ils n'avaient pas d'enfants. Contrairement à Peter, Anne n'avait pas toujours l'air très à l'aise avec notre énergie et nos jeux.

— Salut, Terrie et Paul ! s'écriait-il en souriant et en se baissant pour être à notre hauteur dès qu'il nous voyait.

— Vous voulez jeter un coup d'œil à mon appareil photo ?

Peter était toujours en train de prendre des photos.

J'aurais aimé que papa lui ressemble davantage. Souvent, ils allaient ensemble au centre de l'AT pour développer des photos dans le labo. Nous avions parfois le droit de les accompagner et nous les regardions accrocher les photos sur le fil, les retirer des bains de révélateur dans une odeur de produits chimiques.

Papa était allé au Zimbabwe pour rendre visite à un copain de régiment et il demanda à Peter de venir le récupérer à l'aéroport. Peter vint d'abord nous chercher et, comme à son habitude, il était d'humeur bavarde. Il prit soin de nous aider à attacher notre ceinture dans la voiture et de veiller à ce que nous soyons bien installés.

— Quels sont les avions que tu as envie de voir, Paul ? demanda-t-il.

— Les plus gros ! rit Paul.

— Super, je vais prendre un avion géant en photo ! répondit Peter.

C'était agréable d'avoir un adulte, et plus particulièrement un homme, qui s'intéressait un peu à nous. Au retour, nous fîmes un crochet par les collines de Dunstable Downs pour prendre l'air, et Peter sortit une caméra.

— Ouah ! s'exclama Paul.

Il n'avait que quatre ans et ne comprenait pas vraiment à quoi ça pouvait servir, mais les nombreux boutons l'impressionnaient.

— Hé ! je sais ce qu'on va faire, déclara Peter en esquissant un large sourire. Je vais vous filmer tous les deux ! Comme si vous étiez des acteurs, d'accord ? Vous allez voir, ce sera drôle de vous voir dans le film !

Maman et papa acquiescèrent en riant tandis que Peter se concentrait dans le viseur, et Paul et moi, nous exécutâmes une petite danse en nous tenant par la main. Pour une fois, en dépit de mes cheveux courts, je me sentais comme les autres filles dans ma robe vert clair à manches ballon.

Cette après-midi-là, Peter saisit sur son film un moment des plus rares : papa et maman se tenaient par la main, les yeux rivés sur Paul et moi qui jouions dans le champ comme si nous étions une vraie famille. Je pense que, pendant cette demi-heure, nous fûmes réellement une vraie famille.

2

Un passionné de photo

Paul

L'été avant ma première rentrée à l'école, Peter vint nous rendre visite avec, comme d'habitude, un appareil photo pendu autour de son cou. Il alla dans la cuisine bavarder avec maman, mais nous entendions tout ce qu'ils disaient.

— Nous avons tellement de lapins que nous ne savons plus qu'en faire. Est-ce que Paul et Terrie pourraient venir en choisir un ?

Je me mis à faire des bonds d'excitation en frappant les mains contre celles de Terrie. Papa n'aimait pas les animaux domestiques, mais, comme cela faisait des semaines qu'il était absent, nous pourrions peut-être persuader maman de dire oui. Nous nous précipitâmes vers la cuisine et, en voyant la joie peinte sur notre visage, maman déclara :

— Je suppose que vous avez entendu ce que propose Peter, soupira-t-elle. D'accord, nous irons les voir cet après-midi.

Terrie et moi, nous nous mîmes à sauter d'enthousiasme tandis que Sam se joignait à notre joie en aboyant à tue-tête. Plus tard, dans l'après-midi, Peter nous emmena en voiture chez lui. Sa maison était plus grande que la nôtre et il y avait des chats partout, sur chaque chaise, chaque meuble et sur le sol.

— C'est comme une immense pension pour chats, ici, dit Peter en riant. Vous voulez un verre de jus d'orange, les petits ?

— Oh oui !

Assis à la table, nous bûmes notre jus d'orange en grignotant des biscuits qu'Anne avait sortis d'une boîte magnifique. Pendant que les adultes bavardaient entre eux, Terrie s'amusait à me faire des grimaces. J'essayais de ne pas rire, en vain, et je finis par éclabousser toute la table de jus d'orange.

— Paul ! gronda maman.

— Ne t'en fais pas, Cynth, intervint Peter en m'adressant un sourire, il est juste trop excité. Si on sortait dans le jardin ?

Ma main dans la main de Terrie, nous suivîmes Peter jusqu'à une vaste étendue d'herbe haute entourée d'une clôture. Au milieu, il y avait un petit enclos où se trouvaient des bébés lapins de toutes les couleurs qui bondissaient partout. Peter nous souleva pour nous aider à entrer dans l'enclos et approcher les lapins. Je n'arrivais pas à croire qu'ils soient si petits ! Comme pétrifié de bonheur, je m'accrochai au bras de Terrie.

— Est-ce que tu crois qu'on peut vraiment en choisir un ? articulai-je en silence.

— Je pense que oui, me répondit Terrie dans un chuchotement.

Lorsqu'ils passaient à côté de nous, nous les caressions délicatement pendant qu'ils grignotaient des brins d'herbe. Moi, j'observais soigneusement chacun d'entre eux : je voulais trouver mon lapin à moi.

Terrie tomba amoureuse d'un bébé couvert de longs poils noirs, mais je préférai celui qui était tacheté de gris et qui reniflait mes doigts. Sous ses moustaches qui me chatouillaient, je ne pus m'empêcher de glousser. Pendant que nous jouions avec les lapins, Peter était allé chercher son appareil photo. Clic. Clic.

— Eh ! les enfants, un petit sourire pour la photo ! s'exclama-t-il.

Fier dans mon costume favori de Superman, je lui adressai mon plus beau sourire.

Au bout d'une heure d'hésitation, nous avions enfin choisi nos lapins : Terrie baptisa le sien Scotty, et moi, le mien, Smokey.

Maman n'arrêtait pas de remercier Peter.

— Tu es si gentil, répétait-elle sans fin.

Peter m'ébouriffa les cheveux.

— Je t'en prie, Cynth, ce n'est rien.

Il se tourna vers nous en souriant.

— Il me suffit de voir l'air qu'ils ont pour que cela en vaille la peine.

Peter confia également à maman les accessoires dont nous aurions besoin pour prendre soin des lapins : un petit clapier, de la sciure, de la nourriture et un biberon chacun. Une fois rentrés à la maison, c'est avec un bonheur sans pareil que nous installâmes nos lapins.

Ils étaient si doux ! Ils s'habituèrent assez vite à se laisser prendre dans nos bras et caresser. Tous les matins, à peine sorti du lit, j'allais leur faire passer de l'herbe à travers le grillage du clapier, comme une friandise. Puis, je m'asseyais à côté de la cage et je caressais la fourrure soyeuse de Smokey.

Quelques mois plus tard, Smokey tomba malade. Il avait quelque chose qui n'allait pas, en tout cas, parce qu'on voyait bien qu'il essayait de sauter, mais qu'il n'y arrivait pas. Je le pris délicatement dans mes bras, mais il ne voulut pas manger d'herbe. Il avait l'air si triste !

— Maaamaaan ! criai-je pour lui demander de venir voir.

— Hum, dit-elle, l'air soucieux, on dirait qu'il faut l'emmener voir le véto.

Nous allâmes jusque chez le vétérinaire à pied, Smokey dans un carton. Après avoir examiné mon lapin, le vétérinaire secoua la tête :

— Il s'est cassé la patte, expliqua-t-il.

— Mais comme est-ce possible ? s'écria maman.

Le vétérinaire nous demanda si nous l'avions laissé tomber d'une certaine hauteur ou si nous avions tiré sur sa jambe. Maman répondit fermement que non, et le vétérinaire haussa les épaules et lui plâtra la patte.

Sur le chemin du retour à la maison, maman demeura silencieuse, jusqu'à ce qu'elle me demande :

— Est-ce que tu n'as pas été un peu brutal avec Smokey ?

Je ne pouvais imaginer ce qui s'était passé, mais j'avais peur que Smokey soit blessé par ma faute.

Mon premier jour d'école fut terrible, ne serait-ce que parce que je ne voulais pas quitter ma mère. L'idée de passer toute la journée sans elle me paraissait si terrifiante que je ne cessais de sangloter, au point que maman dut revenir me chercher avant la fin des cours. Le deuxième jour, on me confia une petite auto à pédales pour que je joue dans la cour, mais, dès que les maîtresses détournèrent les yeux, je pédalai à toute vitesse pour rentrer à la maison.

— Qu'est-ce que tu fiches ici ? s'exclama maman, les yeux écarquillés, en me voyant arriver.

— Je n'aime pas l'école, répondis-je simplement.

Elle me laissa sécher les cours cette après-midi-là, mais, le lendemain matin, j'étais de retour à l'école. J'eus aussi beaucoup de mal à me faire des amis, et je passais des heures assis tout seul sous un arbre ou à traîner dans le réfectoire au lieu de jouer avec les autres à la corde, aux billes ou à trappe-trappe.

En outre, mon nom de famille ne jouait guère en ma faveur et j'étais l'objet de moqueries incessantes. « Duckett, Duckett, oh ! la tapette ! » chantonnaient les gosses à la récréation dès qu'ils me voyaient.

D'ailleurs, ils n'avaient aucun mal à trouver des sujets de moquerie : avec mon uniforme acheté d'occasion qui n'était pas à ma taille, mes chaussures éraflées, ou encore les deux tranches de pain beurré qui composaient tout mon déjeuner, mes camarades ne se privaient pas !

— C'est tout ce que tu manges ? raillait un garçon en agitant dans ma direction un paquet de chips et en enfournant dans sa bouche un biscuit au chocolat prélevé dans une boîte de Wagon Wheels dont il venait de déchirer le papier.

Sans cesser de sourire, il émettait un « Mmmmmm » tout en mâchant le biscuit. Je baissais les yeux sur ma tranche molle de pain industriel que je mâchonnais tristement. « Au moins, je ne risque pas de devenir un gros plein de soupe », me disais-je pour me réconforter.

Maman faisait toujours de son mieux, mais, lorsque vous manquez d'argent, vous n'avez pas le choix. Heureusement, j'eus bientôt le droit de manger à la cantine gratuitement et je compris vite que la seule manière de m'en sortir était d'être gentil avec les dames qui nous servaient. J'adorais tout ce qu'elles nous servaient, avec une préférence pour la crème qui fait une peau sur le dessus.

— Puis-je en avoir un peu plus ? réclamais-je.

Et je voyais une nouvelle cuillerée de crème atterrir dans mon assiette. Il y en avait une à la noix de coco avec une cerise dessus, ce qui me comblait de joie.

Le fait d'être ami avec les dames de la cantine compensait le fait que je n'aie pas d'autres copains. Alors que les filles refusaient toujours que je participe au jeu de trappe-trappe-bisou, les maîtresses étaient plus enclines à apprécier mon côté gentil. De plus, j'étais suffisamment intelligent pour me sortir de n'importe quelle situation.

L'une de mes fugues de l'école me conduisit chez Papy et Nany, mes grands-parents maternels. Contrairement à notre maison, la leur était toujours chaleureuse et accueillante, pleine de câlins, de baisers et de friandises. C'est là que je me sentais le plus aimé, le plus normal.

Papy avait travaillé toute sa vie dans une fabrique de chaussures pendant que Nany prenait soin de la maison, mais elle nous racontait aussi des anecdotes à propos de l'époque où elle travaillait à l'usine de munitions ou lorsqu'elle avait assisté au feu qui, depuis un parc voisin que l'on appelait la « Piste de course », avait suivi les bombardements ayant rasé Coventry.

Je savais que Nany m'aimait uniquement en voyant la douce expression qu'adoptait son visage, mais aussi à la manière dont elle prenait soin de moi et veillait à ce que, chez elle, je n'aie jamais faim.

— Il faut qu'on te retape un peu, Paul, disait-elle en fronçant les sourcils. Tu n'as que des os sous la peau.

Nany remplissait mon assiette de roulé au bacon et aux oignons ou d'un plat composé de pâtes et de viande, avec une sauce épaisse par-dessus et des légumes. Je n'en ai jamais su le nom. Et du riz au lait pour le dessert. Avec Terrie, je pouvais manger jusqu'à en avoir mal au ventre. Quant à Papy, il était le champion de la fabrication de vin, au point qu'il aimait plaisanter en disant qu'il serait capable d'en faire aussi bien avec des patates que la semelle de ses chaussures, en passant par les framboises, les cynorhodons, les mûres ou n'importe lequel des fruits qui lui tombaient entre les mains.

Maman adorait ses parents autant que nous. Lorsque nous étions assis autour de la table avec eux, je me sentais en sécurité plus que partout ailleurs dans le monde. D'autant que papa ne nous rejoignait jamais chez Nany et Papy et, Terrie et moi, on ne peut pas dire qu'il nous manquât vraiment.

Nin et Bill Duckett, les parents de papa, n'avaient pas plus de patience que lui. Ils habitaient au bout de la rue de Papy et Nany, mais ils n'auraient pu être plus différents. Lorsque nous passions leur rendre visite, nous tombions souvent sur nos cousins Claire et Nicky, les enfants de Ruth, la sœur de papa, mais nous évitions soigneusement notre grand-père.

Il restait pendant des heures dans le living, criant ses ordres pour que grand-mère lui apporte à boire ou à manger. Notre grand-mère avait également un caractère effroyable, mais elle nous donnait quand même un biscuit quand nous venions la voir et elle ne nous laissait jamais seuls avec grand-père Duckett, pas une seule seconde. Jamais.

À la fin du mois de novembre 1979, papa rentra un jour avec, pour une fois, un grand sourire sur le visage.

— Nous partons en vacances en Afrique du Sud, annonça-t-il. Quatre semaines pour Noël !

Nous ne pûmes nous empêcher de sauter de joie. C'était quelque chose que nous n'avions jamais fait. Ce n'était pas le genre de choses que faisait notre famille. Cela semblait trop beau pour être vrai !

Nous nous envolâmes pour Johannesburg avant de prendre un train jusqu'à Kimberley. Dans l'ensemble, tout était à la fois effrayant et excitant. Nous séjournâmes chez Kevin et Sylvia, des amis de papa, qui avaient deux enfants, James et Anne, légèrement plus jeunes que nous. Ils nous firent visiter les sites touristiques, ainsi qu'une mine de diamants qui enflamma mon imagination tandis que je contemplais les reflets métalliques des tapis roulants à travers les clôtures en fer. Même si c'étaient les vacances, papa n'en restait pas moins méticuleux quant aux horaires. C'était ainsi que cela se passait à la maison et, à présent que nous étions en voyage, papa avait mis en place un planning des plus stricts. Tous les matins, nous devions nous présenter au petit-déjeuner à sept heures trente tapantes et, à huit heures, nous franchissions la porte. Il prévoyait le temps de chaque activité. Par exemple, lors de la visite d'un musée, il tapota sur sa montre et nous regarda un par un d'un air sévère en déclarant :

— Vous avez exactement quarante minutes pour faire le tour.

D'ailleurs, papa ne se préoccupait pas seulement du planning de chaque chose, mais aussi de l'allure que nous avions, et ce, en dépit du fait que nos vêtements provenaient souvent de ventes-échanges.

— Terrie, les jeunes filles doivent se tenir droites et ne pas avoir les cheveux sans cesse dans les yeux, disait-il par exemple en la poussant dans le dos pour qu'elle se redresse et en tirant sa frange en arrière.

— Et quand tu parles, ajoutait-il, fais-le d'une voix forte et claire, de manière à ce que nous puissions t'entendre.

Terrie gardait sa frange soigneusement fixée en arrière par des épingles, et, chaque fois que je passais devant papa, je redressais légèrement les épaules. Bien trop tôt, nous dûmes rentrer à la maison. Papa avait été malade pendant la majeure partie des vacances, mais, pendant le trajet du retour, il fut d'une humeur encore plus détestable. Lorsque nous atterrîmes en Angleterre, tout était couvert de neige. Jusqu'à la maison, papa ne dit pas un seul mot et, avec Terrie, je dormis pendant la majeure partie du trajet. Dès notre arrivée, on nous envoya au lit. Il faisait si froid.

Le lendemain matin, maman nous dit que papa était parti à Portsmouth pour son travail. Quelques semaines plus tard, lors des vacances de mi-trimestre, elle nous annonça que nous irions lui rendre visite. Il fallait prendre un car. Mon ventre était noué rien qu'à l'idée de monter dans un bus. J'étais malade même sur les plus courts trajets et je savais que, pour ce trajet de deux heures, je finirais par vomir à un moment ou à un autre. Nous partîmes avec un petit sac de voyage. Assis à côté de Terrie, je voyais bien qu'elle avait l'air triste et j'essayais de la faire rire en tapotant le siège de la main.

— Regarde ! De la poussière de fesses ! gloussai-je tandis qu'un nuage de poussière s'élevait effectivement du siège.

Elle tapota son siège à son tour en riant aux éclats :

— De la poussière de gros derrière !

Nous fûmes bientôt pris d'un fou rire sans cesser de frapper nos sièges, et maman finit par se pencher pour siffler d'un ton menaçant :

— Arrêtez tout de suite, vous deux. Restez tranquillement assis.

— Oui, maman ! lui répondit-on sans cependant cesser de sourire d'un air espiègle.

Je regardai Terrie qui faisait de son mieux pour ne pas croiser mes yeux. Je savais qu'il suffirait que nous échangions un regard pour qu'elle recommence à rire. Je fermai les yeux pour essayer de dormir et résister aux vagues de nausée qui m'envahissaient. Cela ne faisait pas vingt minutes que nous étions installés que je sentais déjà la bile remonter vers ma gorge.

— Oh non ! Paul, pas encore ! s'écria maman en me voyant virer au vert.

Elle se leva et, en oscillant entre les sièges, elle alla jusqu'au chauffeur.

— Pardon, monsieur, mais mon fils va être malade, dit-elle.

Le chauffeur se tourna à demi.

— Oh ! répondit-il. OK, attrapez ce journal à côté de mon siège et faites-le asseoir dessus.

— S'asseoir sur le journal ? s'enquit maman d'un air perplexe.

Le chauffeur se mit à rire.

— Ouais, je ne sais pas pourquoi, mais cela empêche souvent les gens d'être malades.

Prête à tout essayer, maman s'empara de quelques feuilles et revint vers nous.

— Glisse ça sous tes fesses, Paul. Le chauffeur affirme que ça va t'empêcher de vomir.

Elle plaça les feuilles de papier sur mon siège, mais je résistai en me disant que j'aurais l'air idiot et que le journal ne pouvait pas m'aider en quoi que ce soit.

Toutefois, je me souviens ensuite de m'être réveillé après un petit somme, et la nausée était passée comme par magie. Je me sentais réellement mieux.

À notre arrivée à Portsmouth, il nous fallut attendre pendant plusieurs heures avant que Gerry, l'ami de papa, ne vienne nous chercher.

— Désolé, Cynthia, dit-il d'un air embarrassé.

Il nous emmena à la maison où était installé papa. Plusieurs des hommes qui participaient au chantier louaient la maison. Papa était assis à la table et il hocha simplement la tête pour nous saluer.

— Allez vous amuser jusqu'à six heures, dit-il en nous tendant à chacun une pièce de cinquante pence.

Terrie vérifia que sa montre fonctionnait bien et qu'elle donnait la même heure que celle de papa.

Nous retournâmes sur nos pas et, en passant dans le couloir, nous aperçûmes une grande coupe en verre pleine de pièces de dix et cinquante pence. Je regardai Terrie qui releva un sourcil : nous avions eu la même pensée : les cinquante pence n'allaient pas durer les huit heures que nous avions à passer dehors et nous allions mourir de faim avant de rentrer. Terrie s'empara d'une poignée de pièces, et nous filâmes sans demander notre reste.

Côte à côte, nous partîmes vers le front de mer. À notre premier arrêt pour la boutique de bonbons, nous remplîmes des sacs entiers de bonbons acidulés, de boules de mammouth, de salades de fruits et de bonbons cacahuète. Puis, nous gagnâmes le front de mer à quinze minutes de là et nous assîmes sur la plage pour dévorer notre butin. Ensuite, nous allâmes jouer dans les rochers pour attraper de petits crabes ou nous amuser à nous poursuivre. Nous avions retiré nos chaussures et nos chaussettes et roulé le bas de nos pantalons pour courir au bord des vagues et nous éclabousser mutuellement avec l'eau froide et salée.

— J'ai froid, Terrie.

Je frissonnais (j'étais plus mouillé que prévu) et j'avais également faim.

— Moi aussi, répondit ma sœur.

Nous nous installâmes sur un banc pour partager une barquette de frites chaudes. Puis, nous allâmes passer le reste de l'après-midi dans les salles de jeux sous les arcades.

— C'est l'heure d'y aller, Paul, dit Terrie d'un air résigné après avoir jeté un coup d'œil à sa montre.

Cette fois, la maison était calme et il n'y avait pas de cris. C'était bon signe, mais, dès que nous fûmes entrés, il nous suffit de voir le visage rouge et gonflé de larmes de maman pour comprendre que la visite ne se déroulait pas si bien que ça. Terrie me conduisit jusqu'à notre chambre afin que nous enfilions rapidement des vêtements secs. Pour le dîner, papa nous emmena dans son restaurant chinois préféré, mais nous annonça que nous n'avions droit qu'à de la soupe de crabe et de maïs doux. Lorsque la jolie serveuse chinoise nous montra notre table, elle dit d'un air un peu perplexe et exécutant une petite révérence :

— Bonsoir, John et… Karen ?...

De toute évidence, maman était furieuse et elle lança un regard meurtrier à papa tandis que nous nous installions alors que papa essayait de tourner la chose en dérision.

J'avais déjà entendu parler de Karen plusieurs fois, mais je n'avais toujours aucune idée de qui il s'agissait.

3

Dernières semaines de bonheur

TERRIE

En avril 1981, alors que papa travaillait encore à Portsmouth, maman nous annonça quelque chose au petit-déjeuner.

— Nous allons émigrer en Afrique du Sud.

Elle fit une pause en nous dévisageant.

— Qu'en pensez-vous ? Comme c'est prévu pour septembre, Terrie, tu n'iras pas à l'école élémentaire ici.

J'étais stupéfaite et je jetai un regard à Paul afin d'essayer de déchiffrer son expression. Il souriait, puis il commença à faire des bonds dans toute la cuisine, comme s'il était devenu fou. Je levai les sourcils en faisant mine de lui adresser des reproches, mais je ne pus me retenir et je me mis bientôt à sauter de joie à ses côtés. J'étais vraiment ravie. J'avais adoré nos vacances en Afrique du Sud et je pensais que n'importe quel endroit serait mieux que notre vieux Northampton tout grisâtre. Je me demandais si mes parents seraient plus heureux sous le soleil. C'était comme un nouveau départ, peut-être un endroit où je pourrais me faire des amis et trouver enfin ma place. À l'école, je le racontai à tous mes camarades.

— Quoi ? Les Duckett vont vivre à l'étranger ? ricana

l'un d'entre eux. Remarque, on ne va pas vraiment s'apercevoir qu'ils ne sont plus là.

Ils se moquaient de moi, et je compris qu'ils ne me croyaient pas. Ils se disaient que je mentais. Ma copine Lisa, qui était plus une ennemie dont j'étais proche qu'une véritable amie, eut l'air un peu triste lorsque je lui en parlai.

— Mais je croyais que vous étiez vraiment pauvres ? s'écria-t-elle d'un air étonné. Comment allez-vous payer pour ça ?

Je haussai les épaules. Je ne connaissais certainement pas la réponse à cette question.

Ce soir-là, je discutai avec Paul de notre nouveau départ.

— Je me fiche bien de savoir si nous déménageons ou pas, déclara mon frère. Je n'ai pas beaucoup d'amis et je pense que je ne manquerai à personne.

— Quand même, Paul, pense à Mark Millard. Je croyais que c'était ton copain.

Je l'étreignis, mais je comprenais ce qu'il ressentait. Je n'allais manquer à personne non plus. Paul avait autant de mal que moi à se faire une place à l'école, et on se moquait sans cesse de notre nom, de notre coupe de cheveux, du fait que nous n'avions jamais les vêtements à la mode ou les jouets les plus sophistiqués. Nous n'étions jamais conviés à jouer avec les autres, mais nous étions ensemble et cela nous suffisait. Tous les deux, nous aimions aller explorer les environs en vélo et nous étions heureux.

Cet été-là, avant notre départ, fut l'un des plus chauds depuis des années. Papa s'était déjà envolé pour l'Afrique du Sud afin de trouver un travail et une maison pour que tout soit prêt à notre arrivée. Pendant ce temps, maman continuait à travailler sans cesse et à faire des heures supplémentaires afin de payer le loyer et les factures.

Elle avait commencé à emballer nos affaires dans des grosses cantines et à envoyer tout ce dont nous aurions besoin en Afrique du Sud. Le reste, comme la cuisinière, le canapé, nos lits, mon vélo chéri, elle le vendait à ses amis. Peu à peu, les pièces de notre maison se vidaient une par une.

— Je ne vois pas comment je peux continuer ainsi.

Maman était tendue lorsqu'elle parlait avec papa au téléphone. Il appelait une fois par semaine pour nous tenir au courant de l'avancée de notre nouvelle vie en lui disant ce qu'elle devait faire en Angleterre. Elle avait quitté son travail à la fabrique de chaussures pour en prendre un autre comme vendeuse dans une entreprise de moquettes appelée « Moquettes et tapis arc-en-ciel » et elle travaillait de neuf à dix-sept heures tous les jours.

Comme elle ne pouvait se permettre de payer une nounou ou la garderie, pendant les vacances, nous devions nous débrouiller tout seuls. Ce n'est pas que les idées nous manquaient ! Et nous n'avions aucun mal à trouver des jeux.

Un après-midi, Paul, mon amie Lisa et moi avions récupéré une paire de vieux collants que nous avions coupés au niveau du genou pour nous couvrir la tête avec.

Nous étions en train de hurler de rire en voyant notre visage, notre nez et nos yeux écrasés par le bas.

— Si on disait qu'on était des cambrioleurs ? proposa Paul pour faire peur aux voisins.

Sous son masque serré, il avait le nez aussi froncé que celui d'un museau de cochon.

Dès que nous échangeâmes un regard, nous hurlâmes d'une seule voix :

— Doris !

Doris était une petite vieille qui habitait à trois maisons de chez nous. Plantée au coin de sa fenêtre ou en train de triturer ses voilages pour voir qui passait dans la rue, elle se mêlait toujours de tout.

Ce jour-là, nous nous glissâmes sans bruit sous la fenêtre entrouverte de sa cuisine et nous la vîmes en train de repasser, la tête penchée, concentrée sur le pli qu'elle voulait imprimer sur son chemisier. Nous enfilâmes notre bas qui nous masquait le visage et, après un hochement de tête pour nous mettre d'accord, nous sautâmes aussi haut que possible en hurlant :

— Bouh !

Doris poussa un hurlement et, de peur, laissa tomber son fer à repasser à terre tandis que nous courions jusqu'au coin de la maison et nous laissions rouler sur le sol en nous tenant le ventre tant nous étions morts de rire.

Plus tard dans la semaine, il se mit à pleuvoir sans discontinuer. Alors, nous restâmes à l'intérieur à faire des jeux ou à regarder la télé. Paul pensait que cela serait amusant de jouer à passer des faux coups de fil, par exemple en demandant qu'on livre de la moquette à Mary, notre voisine. De notre cuisine, on apercevait très bien sa maison, et nous pourrions rire en voyant sa réaction. Lorsque maman rentra ce jour-là du travail, elle avait l'air vraiment mécontente.

— Aujourd'hui, mon boss a mis le haut-parleur, commença-t-elle d'un ton sévère, et j'ai entendu deux voix en train de glousser qui commandaient une moquette bleu gris pour Mary, notre voisine.

Je réprimai l'envie de regarder Paul. Je savais qu'il me suffirait de voir sa bouche esquisser un sourire ou son œil pétiller pour éclater de rire.

— Mon patron m'a demandé si je reconnaissais ces voix comme celles de mes enfants et j'ai répondu que j'étais sûre que cela ne pouvait être vous puisque vous étiez avec vos grands-parents pour la journée. Mais je reconnaîtrais votre voix n'importe où, gronda-t-elle avec des éclairs de fureur dans les yeux.

C'est alors qu'elle éclata de rire, et nous continuâmes tous les trois sans pouvoir nous arrêter.

— OK, déclara maman quand elle eut repris son

souffle. Je vais mettre un cadenas sur le téléphone et vous ne pourrez plus l'utiliser.

— Ouuuuille ! s'écria Paul alors qu'il comprenait à quel point nous étions privés de notre jeu préféré du moment.

Maman tint parole et, le lendemain, elle posa un cadenas en métal argenté sur le numéro un du cadran.

Fâché de ne pouvoir jouer avec le téléphone, Paul se mit quand même à le tripoter le lendemain après-midi, décrochant et raccrochant le combiné sans cesse. Tout à coup, alors qu'il tenait le combiné en l'air, il se figea. J'entendais une lointaine voix mécanique qui provenait du téléphone, mais, à ce stade, Paul avait son regard espiègle que, par la suite, j'apprendrais à reconnaître comme son air « moment eurêka ».

— Terrie ! se mit-il à crier, tout excité. Nous pouvons quand même téléphoner. Regarde !

Il se mit à appuyer sur les branches du support du téléphone à cadran en respectant une certaine séquence, un peu comme pour le code Morse. Je compris alors ce qu'il voulait dire : les séquences correspondaient à des chiffres !

— Ici l'horloge parlante, se fit entendre la voix mécanique à nouveau.

— Paul, tu sais quoi ?

— Quoi ? rétorqua-t-il aussitôt en levant les yeux vers moi.

— Mary a faim. Je pense qu'il faut lui commander une pizza.

Hurlant de rire, nous commandâmes une pizza pour notre voisine Mary ainsi qu'un taxi pour la dame de l'autre côté de la rue qui allait partout à pied.

À l'arrivée de la facture suivante, la tête de maman était quelque chose ! Je me sentis coupable seulement après avoir compris combien tout cela nous avait coûté. Elle était tellement sidérée et n'avait aucune idée de la raison pour laquelle la facture était si élevée.

Les vacances d'été passèrent rapidement. Nous passions des heures à aller piquer des fruits dans les arbres du lotissement pour en faire notre déjeuner ; nous provoquions les enfants du voisinage et passions des heures à essayer de leur échapper, ou nous parcourions des kilomètres à vélo ou à errer dans le lotissement pour recueillir des graines sur les coquelicots et les pissenlits avant de les jeter sur les pelouses immaculées des alentours.

Tout cela pour tromper notre ennui. À la fin de la journée, nous allions jusqu'à l'arrêt de bus pour attendre maman avec laquelle nous nous arrêtions à la friterie avant de rentrer et où elle nous achetait deux sous de frites ratées que nous grignotions en chemin.

Peu à peu, la date de notre départ approchait. Pour Paul et moi, le pire était encore à venir : il nous fallait dire adieu à Nany et à Papy. Tous deux nous étreignirent à nous couper le souffle, et je humai leur délicieuse odeur pour la dernière fois. Je n'avais aucune idée du moment où je les reverrais.

— Bien sûr, nous reviendrons le plus souvent possible, déclara maman à Nany en la serrant dans ses bras.

— J'aimerais bien que tu viennes avec nous, Nany, ajoutai-je tandis que les larmes me montaient aux yeux.

Ils allaient nous manquer tout autant que nous leur manquerions, mais je savais que nous pourrions nous écrire et nous téléphoner aussi souvent que possible. Nous emballâmes nos dernières affaires dans une grande cantine qui devait être expédiée dans notre nouvelle maison et j'allai dire au revoir à Lisa.

À présent vidées de leur contenu, les pièces de la maison résonnaient comme si elles avaient été entièrement dépouillées de tout. D'ailleurs, c'était vrai, car il ne nous restait que nos valises.

Le matin de notre vol, maman erra un moment dans la cuisine avec un air extrêmement tendu. Elle venait d'appeler l'Afrique du Sud depuis le téléphone d'une voisine puisque le nôtre avait été coupé.

La sonnette retentit, et Peter apparut avec son expression toujours aussi gaie, mais qui changea dès qu'il découvrit l'air soucieux de maman.

Ils échangèrent quelques mots à voix basse, et maman se mit à pleurer.

— Viens chez nous et tu essaieras d'appeler à nouveau, assura-t-il.

Maman partit avec lui et, à son retour, elle était d'une pâleur de mort. On voyait qu'elle avait pleuré.

— Nous ne partons plus, annonça-t-elle. Votre père nous a cherché une maison, mais il a aussi cherché un logement pour sa petite amie Karen. Alors, je lui ai dit que nous ne venions pas. Nous devons annuler nos projets.

Nous restâmes dans la cuisine vide. J'échangeai un regard avec Paul ; nous ne savions que dire ni que faire.

— Vous feriez mieux d'aller à l'école dans ce cas, soupira maman en faisant un geste vers moi.

— Allez, Terrie, va te préparer.

Elle mit la cuisinière à gaz en route pour allumer une cigarette au brûleur. Perplexe, je fronçai les sourcils : le trimestre avait débuté depuis deux semaines, et je me demandais comment j'aurais pu aller à l'école et faire comme si rien ne s'était passé alors que nous étions censés être en route vers l'aéroport pour démarrer notre nouvelle vie.

— Mais je n'ai pas d'uniforme, commençai-je. Et cela fait des semaines que la rentrée est passée.

— Tu n'as qu'à mettre le vieux ! s'énerva maman d'un ton sec.

Peter mit son bras autour de maman, et je laissai tomber le sujet.

— Allez, dit-il gentiment. Tout va s'arranger. Je vais conduire Terrie et Paul à l'école si tu veux.

Peter me lâcha devant le portail de l'école à dix heures. Avant d'entrer dans le bâtiment, je jetai un regard à mon reflet dans l'une des baies. Je me sentais vraiment mal à l'aise dans mon uniforme de l'année précédente, et mes chaussettes étaient grisâtres.

Sans parler de mes cheveux courts en épis, à la coupe bâclée. Je baissai les yeux et poussai un long soupir avant de prendre une profonde inspiration et de redresser la tête pour entrer dans le bâtiment. Apparemment pleine d'assurance, je m'approchai du bureau des surveillants, mais j'avais l'estomac noué, mon cœur battait la chamade, mes mains étaient moites et j'étais secouée des pieds à la tête par des tremblements. J'expliquai la raison de ma présence, et la surveillante me lança un regard désapprobateur. Je sentais qu'elle me dévisageait.

— Tu sais que nous avons un code pour les uniformes. Ta mère a dû recevoir notre lettre.

Son ton dédaigneux ne fit qu'augmenter ma gêne et ma colère.

— Tu peux regarder dans la caisse des objets perdus. Tu trouveras peut-être un pull adéquat, ajouta-t-elle.

Elle me conduisit dans une pièce où je dus fouiller dans des affaires jusqu'à ce que je trouve un pull qui était trop grand pour moi et dont les poignets étaient effilochés. Puis, elle m'indiqua ma classe pour ma première leçon. En entrant, j'aurais voulu que le sol m'engloutisse.

— Ah ! Terrie Duckett, ricana le professeur. Nous sommes honorés de bénéficier de ta présence. Tu sais que la rentrée a eu lieu il y a déjà deux semaines et que l'école commence à huit heures cinquante le matin ?

Toutes les têtes se tournèrent vers moi, et j'entendis des gloussements étouffés. Sans vraiment voir où j'allais, je trouvai une table libre. Après la classe, tous les autres défilèrent devant moi, avec leurs nouveaux gilets et leurs chaussures bien cirées, en fronçant le nez devant mes vêtements comme si je sentais mauvais. Pendant la pause déjeuner, je demeurai assise sur un banc, la tête baissée, mais je me retrouvai bientôt entourée par des gosses de mon ancienne école.

— On croyait que tu ne reviendrais pas, Terrie Buckett !

— Jolie coiffure, railla un autre enfant. Est-ce que ta mère t'a coupé les cheveux avec une tronçonneuse ?

— Ouais, t'as pas dit que t'allais en Afrique du Sud ? T'as changé d'avis ou quoi ?

— Je parie qu'ils puaient tellement qu'on ne les a pas laissés entrer dans le pays.

— Mais non, Terrie n'est qu'une petite menteuse. Mais voilà, on t'a bien eue, non ?

En larmes, je me précipitai à la maison. Je me sentais nauséeuse, je détestais ma vie, mon estomac faisait des bonds et je sentais des martèlements dans ma tête. La journée avait été si horrible que je me demandais comment j'allais pouvoir retourner à l'école et affronter les autres enfants le lendemain. Je ne comprenais pas pourquoi maman s'était sentie obligée de m'envoyer dans cet enfer. La seule petite lueur en moi était que je n'avais plus à quitter Papy et Nany. À son retour de l'école, Paul n'avait pas l'air plus joyeux que moi.

— Les gosses n'ont pas cessé de dire que j'avais un feu de plancher, expliqua-t-il. Pendant toute l'heure du déjeuner, ils se sont moqués de mon pantalon trop court.

— Je sais. Tu n'as qu'à faire comme moi et les ignorer, dis-je.

Dans notre chambre vide, nos voix résonnaient sur les murs nus.

— Je me demande quand papa va nous renvoyer nos affaires, dit Paul en regardant autour de lui d'un air égaré. Nous n'avons pratiquement plus de jouets !

Je lui rendis un sourire triste. Au fond de moi, je savais que papa n'allait guère se soucier de ça. À présent que nos affaires étaient en Afrique du Sud, je ne pensais pas qu'il nous les renverrait de sitôt.

À son retour du travail, maman avait l'air épuisée et au bord des larmes. Elle retourna chez Peter pour essayer de passer un nouveau coup de fil et, quand elle revint, c'est en tremblant qu'elle nous demanda de nous asseoir.

— J'ai dit à votre père qu'il ne devait pas remettre les pieds dans cette maison, dit-elle en serrant une boule de mouchoir en papier trempé dans sa main. Je vais demander le divorce.

Pour la plupart des enfants, le mot « divorce » correspond à une sorte de séisme, mais, pour nous, c'était comme si les nuages commençaient à s'éloigner : plus de cris et de hurlements ; plus de disputes.

Je réprimai l'envie de sauter et de donner des coups de poing en l'air. Paul et moi, nous gardâmes le silence, mais le regard que nous échangeâmes en disait long. Dès que maman fut hors de portée de voix, nous ne pûmes nous empêcher de nous réjouir.

— Mais c'est génial ! hurlai-je. Nous allons être tellement plus heureux sans toutes ces disputes.

Paul haussa simplement les épaules.

— Ouais, c'est sûr. Je suppose que oui.

En dépit du fait que la maison fût vide, la perspective de ne pas avoir à nous préoccuper de voir papa apparaître avec sa mauvaise humeur nous soulageait d'un grand poids. Après l'école, nous allions jouer dehors et nous étions souvent en retard pour le dîner. Maman criait pour nous dire de rentrer et, souvent, elle nous attendait avec un air menaçant, mais cela n'avait guère d'importance. Elle avait les claques faciles, mais, d'une manière ou d'une autre, nous parvenions à les éviter. En plus, lorsque nous avions envie de nous coucher un peu plus tard, nous n'hésitions pas à le faire et à lire à la lueur d'une torche sous les couvertures jusqu'au petit matin.

Maman nous envoyait sans cesse chercher des choses.

— Tu peux aller remplir ça ? demandait-elle en entrant dans le salon avec sa bouteille de xérès pendant que nous regardions la télé.

Tous les soirs, Paul ou moi emportions la bouteille à l'épicerie pour demander qu'on nous la remplisse et nous nous arrêtions chez le marchand de tabac pour acheter d'autres cigarettes pour maman. Au bout de quelques verres, maman dodelinait de la tête et finissait par s'endormir. Une fois qu'elle était assommée par l'alcool, nous redescendions discrètement pour regarder la télévision depuis le pied de l'escalier ou bien nous nous installions tous les deux dans ma chambre pour jouer ou lire des livres.

On peut dire que nous profitions à fond de notre liberté.

En fin de semaine, maman nous envoyait jouer hors de la maison très tôt en nous disant de ne revenir que pour le dîner. À notre retour, elle était souvent allongée, ivre morte, sur le canapé. Au bout de quelque temps, elle se mit à sortir pour aller boire en compagnie de son amie Cheryl.

Elle fit défiler tout un cortège d'adolescents du quartier qui venaient nous garder, mais aucun d'entre eux n'acceptait de revenir faire du baby-sitting une seconde fois.

Tous les deux, nous nous faufilions par la fenêtre de la chambre de Paul pour nous laisser glisser sur le toit en tôle ondulée et, à pas de loup, longer le mur avant de nous laisser silencieusement tomber sur l'herbe du jardin. Nous jouions alors dans les rues du lotissement pendant un moment avant de rentrer sans nous faire remarquer.

En général, maman rentrait au petit matin, l'air épuisé, et nous réveillait.

— Eh ! Si on faisait des frites ! lançait-elle en souriant depuis le seuil de ma chambre.

Nous nous frottions les yeux encore lourds de sommeil, mais c'était pour nous un jeu, et nous la rejoignions volontiers à la cuisine pour éplucher les pommes de terre et les couper en tranches fines avant de les faire frire. Maman n'ayant jamais d'argent pour acheter des chips, c'était pour nous une véritable fête de dévorer les pétales croustillants à deux heures du matin en gloussant tous les trois.

Parfois, elle nous confectionnait des « beignets du pauvre » en plongeant des sandwiches au jambon dans de la pâte à frire pour les faire dorer à l'huile avant de les rouler dans du sucre. C'était un délice !

Pour payer le loyer et les factures, mais aussi racheter les meubles qui nous manquaient, maman travaillait sans cesse. Le jour où arriva le canapé d'occasion fut un grand événement. Il comportait de gros coussins marron, bien moelleux, du genre dans lequel vous pouvez vous enfoncer véritablement, et nous étions tous les trois très excités.

— Génial ! hurla Paul. C'est super ! s'écria-t-il en sautant sur les coussins tandis que maman lui demandait d'arrêter.

— Calme-toi un peu ! hurla-t-elle à son tour.

Moi, je comprenais parfaitement l'enthousiasme de Paul : la présence de nouveaux meubles signifiait aussi que nous pouvions prendre un nouveau départ.

Un jour, maman nous dit qu'elle allait boire un thé chez Cheryl, qui habitait à deux maisons de chez nous. En partant, elle fit un signe à Jim, l'homme des services techniques du bureau des HLM.

Il ne fallut pas longtemps pour que Paul, toujours aussi excité par la présence du canapé, se mette à jouer à me poursuivre avec sa ceinture élastique Thomas la Locomotive, dont la boucle métallique avait la forme d'un S. Il la lançait au-dessus de sa tête comme il l'aurait fait avec un lasso.

Nous étions tous les deux en train de hurler de rire et de courir dans toute la maison et, à un moment, je plongeai sur Paul et j'attrapai l'extrémité de la ceinture du bout des doigts. La ceinture lui échappa des mains et alla se catapulter dans le carreau de la fenêtre de la salle à manger.

— Paul ! Regarde ce que tu as fait !

Il se retourna pour contempler d'un air soucieux l'éclat dans le verre. Nous savions que le moindre dégât dans la maison devait être réparé à nos frais. En jetant un coup d'œil par la fenêtre, j'aperçus Jim en train de tondre les pelouses avec son petit tracteur, et une idée commença à se former dans ma tête.

— Ne t'en fais pas, dis-je à Paul. J'ai une solution.

Mon frère eut l'air soulagé, mais, comme il était toujours aussi excité, il se jeta sur moi et nous roulâmes sur le sol en jouant à nous bagarrer. Maman entra juste au moment où j'avais réussi à bloquer Paul à terre et que je le faisais rire en faisant mine de vouloir lui mordre le nez.

— Maman, tu sais ce qui vient de se passer ?

— Qu'est-ce que vous avez encore fait ? demanda-t-elle d'un ton déjà résigné.

Nous lui rendîmes un regard aussi innocent l'un que l'autre.

— Maman, nous n'avons pas fait de bêtises, mais il y a un caillou qui a heurté la fenêtre au moment où la tondeuse est passée. Il a frappé si fort qu'il a fait un éclat !

Du coin de l'œil, je voyais bien que Paul était surpris et je n'osais pas le regarder en face.

Maman alla jusqu'à la fenêtre pour vérifier ce que j'avais dit et elle ne remarqua pas que l'éclat de verre était resté à l'intérieur de la pièce !

— Bon sang, ce n'est pas moi qui vais payer pour ça ! Je vais leur passer un coup de fil tout de suite et leur demander de remplacer la fenêtre, déclara-t-elle.

Nous étions à peu près les plus pauvres habitants d'un lotissement HLM qui comptait parmi les plus pauvres de la banlieue de Northampton, ce qui ne jouait guère en notre faveur. D'ailleurs, les gamins du quartier en profitaient pour nous agresser. Il arrivait, je dois le reconnaître, à maman de nous soutenir.

Un jour, un samedi, elle était en train d'arroser la pelouse devant la maison lorsqu'une bande de sales gosses qui habitaient plus bas dans la rue se mirent à crier :

— Ah ! ah ! voilà le terrier des sales Duckett !

— Ouais, c'est là que Terrie et Paul les clodos font dodo ! ajouta un autre.

Sans hésitation, maman dirigea le tuyau d'arrosage vers eux en hurlant :

— Dégagez de là !

Mais les injures ne cessèrent pas.

— Terrie, range le tuyau. Je vais leur fiche la trouille de leur vie.

Maman me tendit le tuyau d'arrosage et, à la surprise des gosses (sans parler de la mienne) elle se précipita de l'autre côté de la route comme si elle conduisait une charge de cavalerie. Les gosses s'enfuirent dans l'allée située en face, mais maman les pourchassa sans s'arrêter.

Stupéfaite, je demeurai debout un instant avant de lancer le tuyau vers la maison pour courir après maman. Paul et moi ne voulions pas en rater une miette. Mais nous croisâmes maman qui revenait en soufflant.

— Les sales gamins courent bien trop vite !

Elle retourna jusqu'à la maison et, en ouvrant, la porte, elle poussa un cri si fort que je l'entendis depuis l'autre côté de la route.

— Terrie !

Nous nous précipitâmes jusqu'à la maison pour constater que l'eau avait inondé tout le sol. Dans l'agitation du moment, j'avais complètement oublié de fermer le robinet ! Pas le moins du monde inquiet, Paul se mit à danser dans la flaque d'eau en m'adressant une grimace narquoise. Parfois, j'avais l'impression que nous étions tous les trois seuls contre le reste du monde, mais nous avions l'impression désormais de former une vraie famille. En outre, les amis de maman nous rendaient plus souvent visite. Toutefois, le visiteur le plus régulier, qui venait pratiquement tous les jours et qui était souvent déjà à la maison lorsque nous rentrions de l'école, c'était Peter.

— Salut, Terrie.

Il était dans la cuisine, assis à la table, lorsque je poussais la porte. J'avais entendu dire qu'il s'était séparé d'Anne et qu'il travaillait à présent comme moniteur de conduite pour la compagnie d'auto-écoles BSM. D'ailleurs, on apercevait souvent dans le quartier sa voiture rouge avec le cône publicitaire caractéristique de la firme.

— Alors, comment ça s'est passé à l'école aujourd'hui ? demanda-t-il en buvant son café.

— Pas mal.

Je levai les sourcils : personne ne se souciait jamais de me demander comment cela se passait à l'école.

— Aujourd'hui, j'avais cours d'EPS, mais, comme d'habitude, j'ai été la dernière à rejoindre l'équipe.

— Je suis désolé. Laisse-leur un peu de temps, assura-t-il.

— Ce n'est pas parce que je joue mal ou quoi, expliquai-je, mais c'est parce qu'ils ne m'aiment pas.

Peter écoutait ce que je disais.

— Tu as juste besoin d'un peu de temps pour te faire de nouveaux amis.

Il avala dans un bruit désagréable le marc du fond de sa tasse de café.

— C'est possible, répondis-je en ouvrant les placards en quête de quelque chose à manger.

Comme d'habitude, j'étais morte de faim.

— Maman, est-ce qu'il y a du beurre de cacahuète ?

— Je ne crois pas ! répondit-elle en criant depuis l'autre pièce. Regarde dans le fond du placard au cas où Paul l'aurait rangé là.

L'après-midi suivant, Peter était installé sur le canapé. Il avait l'air tout à fait détendu et à l'aise. À mon entrée, il m'adressa un grand sourire et me parla à nouveau de l'école.

— J'adore la chimie. Je trouve que les maths, c'est facile, et nous allons parfois nager. Il y a une piscine.

Peter eut l'air de m'écouter avec beaucoup d'attention.

— Pourquoi n'es-tu pas heureuse d'y aller, alors ?

Je baissai les yeux vers mes pieds.

— Tout le monde me regarde de haut. Pour être honnête, je ne leur en veux pas vraiment. Maman n'a pas les moyens de m'acheter les affaires dont j'ai besoin pour l'école, et on ne peut pas demander de l'aide à papa.

Le lendemain, à mon arrivée à la maison, Peter était encore là.

— Quand j'étais enfant, nous n'avions pas grand-chose non plus, expliqua-t-il en se penchant de son côté du canapé, et il fallait vraiment que nous prenions grand soin de nos affaires. Regarde, c'est le cartable en cuir dont je me servais pour aller à l'école.

Il souleva le cartable et l'ouvrit pour me montrer une collection incroyable de stylos et de feutres, de règles, d'équerres et même un rapporteur – toutes ces choses que je ne possédais pas.

— C'est pour toi, Ted, sourit-il.

J'eus une hésitation parce qu'il avait utilisé le petit nom que seule maman me donnait.

— Merci, Peter !

Sur le moment, je le pris pour un geste d'une gentillesse absolue. Le lendemain, je partis à l'école avec mon nouvel attirail. On se moqua de moi, mais je me contentai de garder la tête haute. Les vieux stylos-feutres avaient séché depuis longtemps, mais je pensai que, au moins, Peter essayait de m'aider.

4

Un nouveau commencement

Paul

Une semaine après avoir compris que nous allions demeurer en Angleterre, Terrie fit irruption dans la chambre, une expression soucieuse sur le visage.

— Maman a besoin d'argent pour le loyer. Je l'ai entendue parler avec Cheryl à ce sujet.

Après une pause, elle ajouta :

— J'ai une idée : nous pourrions vendre nos affaires pour récupérer de l'argent.

Je promenai les yeux dans ma chambre presque vide.

— Et qu'est-ce que tu proposes ? De vendre de l'air frais ?

J'essayai de faire bonne figure cependant.

— On pourrait faire un vide-grenier. Tu sais, ces ventes comme ils font à l'école. Ils récoltent toujours des tas d'argent.

Terrie me prit dans ses bras.

— C'est une idée géniale. Nous pourrions faire le tour du quartier pour récupérer les trucs dont personne ne veut plus.

— Et on leur dira que c'est pour une œuvre caritative, complétai-je.

Le jour suivant, après l'école, Terrie me fit enfiler mes vêtements les plus usagés, une paire de jeans qui ne m'arrivait même pas aux chevilles et un pull usé jusqu'à la corde et dont les manches étaient trop longues. Devant la porte de la maison, elle me demanda de fermer les yeux.

— Je vais juste frotter un peu de poussière sur ton visage.

Je sentis ses doigts frais frotter mes joues.

— Mais pourquoi ?

— On veut que les gens soient désolés pour nous et qu'ils nous donnent des trucs que nous pourrons vendre.

En l'observant entre mes yeux mi-clos, je vis qu'elle avait son sourire espiègle. Comme je lui faisais confiance, j'obtempérai. J'attrapai le sac noir qu'elle me tendait et, sur nos vélos, nous nous rendîmes au lotissement voisin du nôtre.

Alors que nous nous arrêtions devant la première maison, Terrie se tourna vers moi pour ajuster ma tenue.

— Tu devrais peut-être faire comme si tu avais faim. Attends qu'ils aillent fouiller dans leurs affaires pour nous donner quelque chose, puis mets-toi à geindre que tu as faim. Nous pourrons peut-être récolter un biscuit ou deux.

Son idée fonctionna à merveille !

Terrie raconta à la dame qui nous ouvrit la porte que nous faisions une collecte pour une œuvre de charité et, avec mon talent de comédien, je fus à même de recevoir deux biscuits. Pendant toute une semaine, tous les soirs après l'école, nous repartions de plus belle. Bientôt, nous eûmes à notre disposition sept sacs-poubelle remplis d'affaires.

Le samedi matin, Terrie me tendit un morceau de carton et un gros marqueur en me disant d'écrire dessus un panneau pour notre vente : VIDE-GRENIER – 10 PENCE L'ARTICLE – POUR PAYER LE LOYER DE NOTRE MÈRE. Je fis ce qu'elle demandait. Puis, nous quittâmes la maison pour nous diriger vers la rue commerçante voisine, et nous installâmes devant le kiosque à journaux. Nous disposâmes soigneusement toutes les affaires sur le trottoir, puis le panneau et attendîmes.

Quelques passants s'arrêtaient pour lire notre pancarte et je leur adressais mon plus beau sourire.

— Paul, tu sais, je crois que tu devrais devenir vendeur quand tu seras grand. Je n'arrive pas à croire que tu as convaincu cette femme d'acheter ce pull hideux !

Terrie me lança un sourire plein de fierté. C'est vrai que je me débrouillais pas mal. Les mots semblaient sortir naturellement de ma bouche.

La journée fut bonne et je ne vis pas le temps passer quand, tout à coup, j'entendis la voix de maman.

— Allez, vous deux, rentrez à la maison, dit-elle en s'emparant de la pancarte pour la glisser sous son bras de manière à ce que l'on ne voie plus ce qui y était écrit.

— Rentrons à la maison.

Le plus vite possible, je rangeai toutes les affaires que nous n'avions pas vendues tandis que Terrie tendait l'argent à notre mère qui avait l'air plus mal à l'aise que jamais.

— Nous ne l'avons fait que pour t'aider, maman, dit Terrie tandis que nous rapportions les sacs à la maison.

— Oui, merci, soupira-t-elle en laissant les larmes couler de ses yeux. Je suis si fière de vous deux. C'est juste que je ne sais pas comment je vais pouvoir affronter le regard de nos voisins, à présent.

Quelques jours plus tard, Peter arriva dans sa Metro rouge, dont il émergea avec maman pour décharger des sacs de courses du supermarché Tesco.

— Salut, Paul ! lança-t-il de son habituel ton joyeux.

Je n'avais jamais vu autant de courses. En général, pour aller jusqu'au supermarché, nous devions emprunter le bus afin de parcourir les six kilomètres qui nous en séparaient, quand nous n'étions pas obligés de marcher. Dans ce cas, je revenais généralement avec des ampoules aux talons, mais maman affirmait que le prix du bus nous permettrait d'acheter davantage à manger, ce qui n'était pas faux. Alors, j'essayais de ne pas me plaindre. Ce jour-là, Peter aida maman à décharger les sacs en posant soigneusement les articles sur le comptoir de la cuisine.

— Où est-ce que je range ça ? demanda-t-il en levant un bocal de beurre de cacahuète.

— Youpi ! m'écriai-je en me précipitant pour voir ce qu'ils avaient acheté d'autre.

Je m'emparai d'un flacon de sauce au chocolat sur lequel était indiqué *Magic Sauce*.

— Ah ! je crois que tu vas aimer ça, expliqua Peter. Tu verses la sauce au chocolat du flacon directement sur les boules de glace et, comme par magie, le chocolat durcit et forme une sorte de coquille par-dessus.

— Vraiment ?

Je devais avoir les yeux qui me sortaient de la tête, jusqu'au moment où je me souvins de quelque chose.

— Mais, Peter, nous ne mangeons jamais de glace !

— Bien sûr que si, gloussa-t-il en fouillant dans un sac avant d'en tirer le plus gros bac de glace à la vanille sur lequel j'aie jamais posé les yeux.

— Alors, là, c'est génial !

Ce soir-là, Peter resta dîner avec nous et, pour une fois, maman ne fit pas brûler les frites. Nous dégustâmes de vrais hamburgers maison, gros et saignants, et pas les rondelles en carton auxquelles nous avions l'habitude. Nos assiettes étaient bien pleines, avec des frites et des petits-pois. Après le dîner, je me reculai dans mon siège, rassasié pour une fois.

— C'était vraiment bon, maman, rayonna Terrie.

Elle semblait aussi contente que moi. D'ailleurs,

maman aussi semblait avoir retrouvé un peu de couleurs, de même que Peter qui n'arrêtait pas de lui jeter des coups d'œil. Après le repas, il aida à débarrasser la table, et je les entendis rire avec maman pendant qu'il l'aidait à faire la vaisselle.

— Je vois ce que tu voulais dire à propos des enfants qui dévorent. Ils mangent si vite que je me demande s'ils ont le temps de goûter à la nourriture ! J'avais à peine commencé qu'ils avaient déjà terminé, plaisantait Peter. Comme tu as fait la cuisine, tu devrais leur demander de se charger de la vaisselle, non ? ajouta-t-il.

— Il est sympa, non ? chuchotai-je à Terrie.

Le week-end suivant, Peter était encore à la maison. Il arriva si tôt que nous étions encore en train de prendre notre petit-déjeuner.

— Alors, les enfants, dit-il. Qui a envie d'aller faire un tour au parc d'Irchester ?

Nous ne nous le fîmes pas dire deux fois.

— Oui ! hurla Terrie de joie.

Tout en sifflotant, Peter aida maman à préparer des sandwiches, ajoutant même quelques sachets de chips et des barres chocolatées dans le pique-nique.

— J'adore les Curly Wurly ! dis-je après avoir aperçu les friandises.

— Je le sais ! gloussa Peter en échangeant un regard avec maman.

Au parc, Peter voulut s'amuser à jouer à cache-cache avec nous.

— C'est toi qui comptes alors, et nous on se cache ! criai-je.

Terrie et moi nous précipitâmes dans le bois voisin. Nous connaissions le parc comme notre poche, mais, avec Peter, c'était encore plus amusant. Ni maman ni papa n'avaient jamais joué à cache-cache avec nous. Nous partîmes en courant pour dénicher des buissons où nous dissimuler.

Après avoir rampé pendant ce qui me parut être des heures, nous commençâmes à penser que Peter n'allait jamais nous trouver, et nous décidâmes de revenir sur nos pas. Nous marchions tranquillement en bavardant lorsque quelqu'un sortit de derrière un rocher devant moi en hurlant :

— Roaaaar !

C'était Peter qui m'attrapa en criant :

— Je t'ai eu !

Tremblant, je tombai sur le sol de gravier, le cœur battant la chamade. Peter m'avait fichu une trouille de tous les diables.

— Tu ne m'as pas vu arriver, Paul ? demanda-t-il, les yeux pétillants.

Ce soir-là, lorsque nous fûmes rentrés à la maison, Peter entra dans ma chambre alors que je me préparais à me coucher. En général, j'enfilais mon pyjama avant de filer dans la chambre de Terrie, où je finissais parfois par m'endormir pendant que je lui parlais. Je faisais souvent des cauchemars, notamment avec des fourmis et des insectes qui grimpaient le long de mes rideaux, et il fallait que Terrie vienne me retrouver pour me réconforter et m'expliquer qu'il s'agissait seulement des coutures noires des rideaux orange. Alors, je la suivais dans sa chambre pour passer un peu de temps à jouer sur son lit avant de me blottir contre elle et de m'endormir profondément sur son lit. Ma chambre à moi était toute petite, la plus petite de la maison. Elle ne contenait qu'un lit à une place et à peine assez d'espace pour en faire le tour. Il était donc plus logique que nous passions plus de temps dans la chambre de ma sœur. D'ailleurs, j'adorais son lit bateau et tous ses posters de chanteurs. Je ne savais pas de qui il s'agissait, mais ils me faisaient penser à ma sœur et j'aimais les regarder. Donc, ce soir-là, au moment où j'allais quitter ma chambre, Peter surgit sur le seuil.

— Alors, Paul, j'ai remarqué que tu n'avais pas beaucoup de jouets, mon garçon, commença-t-il en regardant du côté de mon carton rempli de vieilles voitures d'occasion qui avaient fait leur temps.

Cependant, j'en étais vraiment fier, d'autant qu'elles constituaient mes seules possessions. J'avais réussi à les récupérer dans la poubelle où maman les avait jetées juste avant notre soi-disant départ pour l'Afrique du Sud. Elle affirmait qu'elles étaient trop lourdes et qu'elle avait besoin de place dans ma valise pour y mettre des affaires de papa.

— C'est bon. J'ai trouvé mes voitures dans la poubelle, répondis-je avec tout l'enthousiasme dont je fus capable.

— Eh bien, continua Peter, j'ai là quelque chose qui, je pense, te plaira.

Il sortit de la chambre pour revenir avec deux boîtes.

— Voici mon Meccano qui vient d'Allemagne et ma collection de jouets mécaniques en métal que j'avais quand j'étais petit garçon, dit-il. J'aimerais que tu les aies.

Mes yeux faillirent me sortir de la tête. La première chose que je remarquai est que tout paraissait absolument neuf, même les boîtes en carton. Rien à voir avec ma petite collection de voitures usées.

— En grandissant, je n'ai pas eu beaucoup de jouets ; alors, j'en ai toujours pris grand soin et j'ai toujours remis tous les éléments dans les boîtes après avoir joué avec. Tu en prendras soin, toi aussi, n'est-ce pas ? Et tu les rangeras soigneusement dans leur boîte, hein ?

— Mais oui ! Oh ! merci ! m'écriai-je.

J'étais à la fois enthousiaste tout en me demandant comment j'allais pouvoir jouer et faire en sorte que tout reste comme neuf. Peter s'assit à côté de moi sur le lit pour sortir les pièces des boîtes et me montrer comment assembler le Meccano. C'était vraiment chouette, si ce n'est que sa manie de ranger les pièces au fur et à mesure dans la boîte commençait à m'agacer. J'aurais aimé tout sortir à la fois pour observer toutes les pièces. Au bout d'un moment, je compris que, si je remettais chaque pièce inutilisée dans la boîte aussitôt, Peter souriait et paraissait content. Une fois qu'il fut sûr que j'allais traiter les jouets avec le soin qu'il voulait, Peter m'ébouriffa les cheveux et disparut.

Peu après, j'entendis des murmures provenant de la chambre de Terrie. Je me glissai hors de mon lit pour aller lui montrer mes nouveaux jouets. Peter était assis sur le lit en train de bavarder avec elle.

— Retourne te coucher, Paul, dit-il. Il est tard.

— Mais je viens toujours dire bonsoir à Terrie, commençai-je.

— File, retourne dans ta chambre, insista-t-il. Allez, Terrie n'a pas envie d'avoir son petit frère dans les pattes toute la nuit.

Je fronçai les sourcils. Jusqu'à présent, cela n'avait pas eu l'air de gêner ma sœur.

J'essayai de croiser son regard comme je l'aurais fait spontanément, mais elle ne leva pas les yeux, pas plus qu'elle ne me parla. Mes nouveaux jouets dans les bras, je retournai simplement dans ma chambre sans plus me poser de questions.

Le lundi matin, tout était normal et je dus me forcer à quitter la chaleur de mon lit pour descendre prendre mon petit-déjeuner. Terrie et maman étaient déjà en train de manger leurs toasts, et je les interrompis en pleine conversation.

— Prends-toi un toast, Paul, dit maman en poussant l'assiette vers moi.

Pendant que je me mettais à manger, Terrie poursuivit sa conversation avec maman.

— Est-ce que Peter est ton petit ami ?

— Mais non ! s'écria maman. C'est juste un ami !

— Alors, pourquoi ai-je vu passer sa voiture à six heures du matin ? insista Terrie.

De toute évidence, la question agaçait maman.

Elle ne dit rien pendant quelques secondes avant d'expliquer :

— Oh ! il avait sans doute une leçon de conduite dans le quartier.

— C'est un peu tôt pour n'importe qui, insista encore Terrie.

Je me fichais bien de savoir si Peter était ou non le petit ami de maman tant qu'il continuait à nous rendre visite. C'était sympa d'avoir quelqu'un comme lui à la maison, quelqu'un qui nous manifestait un peu d'intérêt et qui était une version adulte d'un ami. Bien sûr, les jouets et la nourriture qu'il apportait étaient agréables, mais j'aimais bien aussi lorsqu'il était dans le coin. De toute évidence, maman aussi aimait bien cela.

Elle avait cessé de nous demander de remplir sa bouteille de xérès tous les soirs, et elle ne s'endormait pratiquement plus jamais sur le canapé. À présent, elle regardait avec Peter, en tenant sa main, les films qu'il avait avait piratés, elle était gentille avec tout le monde et riait sans cesse. Elle était encore obligée de travailler tout le temps, mais, grâce à Peter, la vie était en train de s'améliorer, et je commençais à me sentir davantage comme un garçon heureux aurait dû se sentir.

Le week-end, Peter arrivait et, avec lui, des projets de jeux et d'activités, ce qui nous changeait agréablement de la routine habituelle où nous devions nous débrouiller seuls.

— Pourquoi n'irions-nous pas faire un pique-nique « chaud », proposa Peter. Ce serait comme une aventure.

Dehors, il faisait plutôt frais, et le pique-nique n'était

certainement pas mon idée de la meilleure manière de passer le temps, mais il avait dit ça comme si c'était quelque chose d'exceptionnel et, de toute manière, j'étais en minorité.

Maman prépara des pommes de terre en robe des champs, un thermos de soupe et un autre de thé, et nous nous installâmes dans sa voiture. Le simple fait de voyager en voiture était déjà toute une aventure.

La journée se déroula comme un rêve et, le soir, nous nous retrouvâmes à la maison en train de regarder un film que Peter avait apporté. Je dis « regarder », mais je me souviens surtout d'avoir passé la moitié du film, *Le Loup-garou de Londres*, le visage caché sous un coussin.

Personne n'eut à me dire d'aller me coucher ce soir-là. Je mordais dans ma couette à pleines dents en essayant de me cacher dessous, comme si j'allais ainsi me protéger des loups-garous. Je me dis qu'il me suffirait d'aller voir Terrie qui, comme d'habitude et depuis toujours, arriverait à me réconforter. Je pourrais lui raconter à quel point le film m'avait fait peur (je savais que je ne pourrais plus jamais regarder Sam, notre chien, de la même manière).

Je me glissai hors de ma chambre et traversai le palier en courant jusqu'à la chambre de Terrie, mais, soudain, Peter apparut sur le seuil et m'arrêta.

— Allons, Paul, file dans ta chambre, dit-il.

— Mais je voulais voir Terrie…, commençai-je.

— Non, non. C'est l'heure de se coucher, pas de jouer. Tu as besoin d'une bonne nuit de sommeil. Retourne dans ton lit.

Je fis la moue.

— Ce n'est pas juste. Terrie et moi, on joue toujours un peu avant de nous coucher.

— La vie n'est pas juste ! s'écria Peter, les joues rouges.

Le fait que Peter soit en colère me mit mal à l'aise. Je ne voulais pas qu'il soit fâché. Je voulais juste aller m'asseoir un peu avec ma sœur comme d'habitude. Les sourcils froncés, je sentis mes lèvres se mettre à trembler. Peter s'abaissa à mon niveau et indiqua la direction de ma chambre.

— Je ne vais pas le répéter deux fois, dit-il. File.

Il émit un long soupir et se remit à sourire.

— Paul, je viendrai te border ensuite. Vas-y, dit-il d'un ton plus doux cette fois.

Je lui obéis et me glissai sous ma couette. Par rapport à la chambre de Terrie, la mienne me paraissait froide et terne. Peter me parla un moment de mes devoirs d'école, de voitures et d'autres choses avant de sortir.

— Bonne nuit, conclut-il en éteignant la lumière. Ne sors pas de ta chambre, Paul.

Je fis ce qu'il m'avait dit, mais uniquement pour lui faire plaisir. Au plus profond de moi, j'éprouvais un sentiment aigu d'injustice. Comme elle était toujours à court d'argent, maman saisissait la moindre occasion de gagner un peu de sous. La boutique de moquettes où elle travaillait avait emménagé dans de nouveaux locaux afin d'élargir sa clientèle. On proposa à maman de travailler un jour de plus par semaine, le samedi, ce qui semblait un don du ciel. Comme d'habitude, c'était Terrie et moi qui posions problème. Nany et Papy n'étaient pas disponibles pour nous surveiller et nous n'avions pas envie de rester seuls à la maison un jour de plus toutes les semaines.

— Ne t'en fais pas, Cynth, la rassura Peter. Je m'en occuperai les jours où leurs grands-parents ne le peuvent pas. Cela ne me pose aucun problème. Ils sont si gentils ! N'est-ce pas, les enfants ?

En disant cela, il me fit un clin d'œil qui me rendit tout heureux.

Ainsi, le samedi suivant, il arriva juste à temps pour dire au revoir à maman et s'occuper de nous.

— OK, dit-il en se frottant les mains juste au moment

où maman claquait la porte. Qu'est-ce que vous avez envie de faire aujourd'hui ?

— Je veux faire du vélo ! m'exclamai-je.

— Je veux aller au parc ! s'écria Terrie.

— Alors, nous allons faire les deux ! déclara Peter.

Des heures plus tard, repus de tout l'air frais, nous nous laissâmes tomber devant la télé. Peter s'approcha en se tenant debout à côté de moi et me poussa légèrement du bout du pied. En riant, je l'attrapai par les genoux et je le tirai jusqu'à ce qu'il bascule sur le canapé.

— Eh ! Paul ! Est-ce que tu es si fort que ça ? s'écria-t-il avec un grand sourire sur le visage. Allez, chatouille-moi pour voir si je réagis, ajouta-t-il en jouant au mort.

Je bondis sur lui.

— Ouille ! hurla-t-il. Tu me fais trop mal !

Soudain, il me bloqua de toutes ses forces et commença à me chatouiller.

Je ne pouvais m'empêcher de hurler.

Terrie vint rejoindre notre bataille en se jetant sur Peter.

— OK, dit-il en attrapant ma sœur à son tour. Allez, Paul, on va s'en occuper.

Au bout de quelques minutes, nous étions tous trois à terre, rouges et essoufflés, et nous avions chaud. Je n'arrivais pas à croire que, pour un adulte, Peter soit si amusant. Comme maman travaillait toujours le samedi, la présence de Peter devint une habitude. Nous allions faire un tour avec lui pour revenir épuisés et nous affaler devant la télé avant de nous mettre généralement à jouer à nous bagarrer et à nous chatouiller.

— Allez, Paul, on va s'occuper de ta sœur ! hurlait Peter.

Nous nous emparions chacun d'un bras de Terrie et nous la tirions vers le sol. Je riais tout en échangeant des regards complices avec Peter. J'étais si content d'avoir un ami avec lequel jouer. Quand je jouais tout seul avec Terrie, c'était toujours elle qui gagnait.

— On va l'attacher ! cria une fois Peter en désignant Terrie.

Je hochai la tête tandis que Peter sortait comme par magie un rouleau de ruban adhésif de la poche de son manteau. Il l'enroula plusieurs fois autour des jambes de ma sœur pour ne s'arrêter qu'au niveau des genoux. Terrie se débattait, mais elle était solidement attachée.

— Allez, Terrie, ne fait pas la mijaurée, riait Peter tout en la chatouillant.

Je me rendis compte qu'elle se débattait vraiment : elle était devenue aussi rouge qu'une tomate, mais je m'amusais tellement que je ne pensais pas à arrêter.

— Peter, arrête ! hurla-t-elle.

J'étais tellement content de l'emporter, pour une fois, sur ma sœur aînée, que je ne compris pas qu'elle était sérieuse, enfin pas tout de suite. Cependant, au bout d'un moment, je décidai de lui venir en aide.

— Je vais sauver ma sœur ! criai-je tout en faisant tomber Peter en arrière.

Je m'attendais à ce qu'il se mette à me courir après comme il l'avait fait auparavant, moi à cheval sur lui, en se tortillant pour se débarrasser de moi. Au lieu de ça, il se laissa tomber en arrière sur moi.

— Ouch ! éclatai-je en essayant de reprendre mon souffle.

J'avais les cheveux gras de Peter sur mon visage, et leur odeur était si forte que je pensai un moment à maman qui me disait qu'il était largement temps que je me lave la tête.

— Paul ! hurla Terrie.

Cette fois, sa voix était teintée de panique.

Peter se releva en me lâchant et, alors que j'étais encore allongé sur le sol, il commenta :

— Dis donc, soldat, on ne reste pas à terre comme ça quand on est un homme, non ?

Je me relevai maladroitement en frottant ma poitrine douloureuse. Peter était beaucoup plus lourd qu'il n'en avait l'air. Terrie s'approcha de moi en rampant sur les genoux, car ses jambes étaient encore attachées par le ruban adhésif.

— Tu vas bien ? demanda-t-elle anxieusement.

— Ouais, ça va ! soufflai-je dans un râle.

Le reste de l'année passa relativement vite. Nous commencions à nous habituer à la présence de Peter, à nos rituels et à ce qui nous paraissait être une nouvelle vie. Pour fêter la nouvelle année, maman et Peter invitèrent des amis et, toute la soirée, la maison fut pleine de gens. À notre réveil, nous eûmes l'impression de débarquer sur un site bombardé. Il y avait des verres vides partout, des saletés, des bouts de cotillons, des assiettes sales et des bouteilles vides. Pendant que je contemplais les dégâts bouche bée, Terrie apparut à la porte du salon en criant :

— Bouh !

— J'espère que tu n'avais rien prévu d'autre, Paul, dit-elle, parce que je pense que nous sommes de corvée de ménage. On dirait bien que maman et Peter sont KO.

— PAUL ! TERRIE ! entendis-je alors maman hurler depuis la cuisine.

— On arrive, maman, répondîmes-nous à l'unisson.

Nous allâmes jusqu'à la cuisine, c'est-à-dire le local baptisé « cuisine » par les HLM. Peter était en train de beurrer des toasts, et maman chantonnait tout en versant une tasse de café. Tous deux avaient les yeux rouges et des cernes.

— Nous voulons vous annoncer quelque chose, déclara maman en souriant de toutes ses dents. Peter s'installe avec nous !

— Youpiiiiiiiiiiiiii ! éclatai-je en me laissant aller contre le dossier de ma chaise.

Tout ce que cela signifiait pour moi à cet instant, c'était de la nourriture en abondance, de nouveaux jouets et nos jeux du samedi.

Je lançai un regard à Terrie afin de voir si ma sœur avait l'air aussi ravi que moi.

— Super, dit-elle simplement.

— Eh bien, je suis content que cela vous fasse plaisir, dit Peter en prenant la main de maman par-dessus la table, un geste d'affection que nous n'avions jamais vu notre père manifester.

— Je suis vraiment impatient de faire partie de la famille.

Lorsque maman eut fini la vaisselle, nous allâmes faire un tour dans le parc d'Irchester avant de déjeuner rapidement à l'auberge Berni. Sur le chemin du retour, nous fîmes une pause au supermarché pour faire quelques achats, une preuve s'il en était que le fait que Peter s'installe avec nous ne pouvait qu'être une bonne chose.

Le lendemain, Peter arriva avec des cartons et des caisses qu'il entreposa dans le garage. Outre ses nombreux appareils photo, il avait apporté toutes sortes d'équipement qui faisaient partie de son attirail de réserviste : des torches, des munitions, y compris deux carabines à air comprimé.

— Ouah ! m'écriai-je en le regardant ranger soigneusement les objets sur les rayonnages et dans des coffres métalliques.

— Attention, Paul, tu ne dois pas y toucher, dit-il. Il ne s'agit pas de jouets. Ce sont des objets qui peuvent être très dangereux.

J'étais abasourdi, mais je n'avais alors qu'une envie : m'engager dans l'armée comme mon père et mon grand-père.

5

Jeux de famille

TERRIE

J'ai compris que Peter était le petit ami de maman bien avant qu'elle ne nous le dise, mais cela ne me gênait pas. En comparaison de notre père, Peter était le beau-père idéal, toujours prêt à bavarder avec nous ou à jouer.

Peu après que Peter se fut installé chez nous, maman nous annonça que papa était de retour à Northampton. Nous le voyions tous les mardis après l'école, mais c'était toujours dans un climat de tension aiguë. Rien ne nous donnait envie de nous détendre. Nous faisions des jeux de stratégie comme les échecs, le Risk ou le Monopoly, ou nous restions assis pour remplir des tests de QI de trente minutes que nous étions censés réussir chaque fois. Pendant qu'il préparait le dîner, papa nous posait des questions du genre « Qui sait de quelle herbe il s'agit ? » en nous tendant un bouquet de feuilles vertes, ou « Quels sont les ingrédients qu'il faut mettre dans le curry ? »

Papa avait rangé tous nos albums photo de famille sur une étagère, mais nous n'avions jamais le droit de les regarder ou de les emporter à la maison.

Dans la mesure où nous n'avions pas vraiment de photos de nous enfants, Paul et moi, cela nous préoccupait de savoir que papa ne voulait pas les rendre à maman juste par dépit.

— C'est lui qui a nos souvenirs et j'aimerais qu'il nous les rende, dis-je à Paul.

Cela me faisait de la peine, mais je devais admettre que maman était beaucoup plus heureuse avec Peter qu'avec papa. J'en étais sûre et, finalement, c'est tout ce qui comptait. Elle s'appuyait aussi sur Peter pour s'occuper de nous et c'était un autre problème qu'elle n'avait pas à assumer.

D'ailleurs, le fait que Peter prenne du temps pour s'occuper de nous signifiait beaucoup, même s'il lui arrivait d'aller un peu trop loin. On avait toujours l'impression qu'il avait dans la poche des bouts de ficelle ou de ruban adhésif et qu'il savait parfaitement faire des nœuds pour nous ligoter, même pour jouer. Souvent, je me retrouvais attachée avec de la ficelle pendant que Peter et Paul me chatouillaient. Paul adorait ça.

Une fois, plus tôt dans la semaine, Peter avait bloqué Paul à terre avec ce qu'il appelait le « mouvement de la salière », c'est-à-dire qu'il plaçait deux doigts sur le cou de Paul, au niveau des « salières », et qu'il appuyait jusqu'à ce que Paul cède. Mon frère finissait par éclater en sanglots, mais Peter riait.

— Mais quelle femmelette ! disait-il. Je croyais que tu étais un grand garçon !

Paul essayait d'avoir l'air courageux, mais je savais que, derrière son sourire, il souffrait.

En général, vers le soir, les choses se calmaient et nous nous blottissions sur le canapé pour regarder *New York 1997*, un autre des films de science-fiction de Peter. À la fin du film, Paul me demandait si je voulais jouer à « Devine qui ». Notre version de « Devine qui » était beaucoup plus amusante que celle du jeu normal parce que, au lieu de jouer avec une seule carte et un seul personnage, nous nous attribuions plusieurs cartes (deux, trois ou quatre).

Il était beaucoup plus intéressant d'essayer de deviner plusieurs personnages. Un soir, alors que nous étions en train d'installer le jeu, Peter apparut sur le seuil de ma chambre et donna l'ordre à Paul d'aller dans sa propre chambre.

— Mais, Peter, dis-je. Nous allions jouer à « Devine qui ».

Peter m'adressa un sourire.

— Et si vous y jouiez demain ? Allez, les enfants, vous devez aller vous coucher pour bien vous reposer.

En raccompagnant Paul à sa chambre, Peter poursuivit :

— Je te l'ai déjà dit plusieurs fois et je ne le dirai plus : tu dois dormir dans ton lit.

Un peu plus tard, Peter revint dans ma chambre et s'installa confortablement sur mon lit.

— Ah ! les petits frères ! dit-il.

Je me joignis à son rire.

— C'est vrai, mais ça ne me gêne pas. Paul est amusant.

Le lendemain était un samedi et, quand nous nous réveillâmes le matin, maman était déjà partie en nous laissant sous la garde de Peter. Une fois de plus.

— Coucou, Terrie ! Paul ! appela-t-il. Venez me rejoindre.

Nous grimpâmes dans son lit, tout comme nous le faisions avec maman lorsqu'elle ne travaillait pas, ce qui était plutôt rare ces temps-ci. Je me glissai sous le couvre-lit en crochet brun qu'elle avait acheté pour l'assortir au papier peint gaufré recouvert de peinture beige. Elle avait déclaré qu'elle était dans une « phase beige » lorsqu'elle avait redécoré la maison après le départ de papa. Nous nous installâmes dans le lit en bavardant, et Peter jeta un regard amusé à Paul.

— Je suis sûr que tu n'as pas de poils en bas, non ? dit-il.

Paul secoua la tête. Peter tendit la main pour faire descendre le bas de pyjama de Paul.

— Ha ! ha ! s'écria Peter. J'avais raison, n'est-ce pas !

Je me sentis un peu désolée pour Paul qui était en train de remonter son pantalon, mais il avait gardé le sourire, ce qui me donna l'impression qu'il ne trouvait pas la situation trop bizarre. Ensuite, Peter se tourna vers moi.

— En revanche, je parie que Terrie a des poils ! s'écria-t-il.

Avant que je puisse faire un seul geste, Peter tira sur mon pantalon de pyjama. Je le remontai aussitôt sous les gloussements de Paul.

— Ça oui, j'ai vu des poils, là ! Pas toi, Paul ?

Mon frère continuait de rire. J'essayai de l'imiter, mais je sentais que mon visage était en feu. Ensuite, Peter se tortilla à son tour pour faire descendre son pantalon de pyjama.

— Regardez, cria-t-il d'un ton joyeux. J'ai un sparadrap sur mon kiki !

Je baissai les yeux pour voir que le sexe de Peter était enveloppé dans un énorme sparadrap. Paul mit la main sur sa bouche pour réprimer un fou rire, mais il me regardait avec de grands yeux surpris. J'éclatai aussi de rire, mais, au fond de moi, il y avait une question qui me taraudait : pourquoi Peter nous montrait-il son sexe ? Il riait de plus en plus fort tout en se tortillant, mais sans me quitter des yeux. Puis, sans cesser de rire, il remonta son pantalon. Comme si c'était le truc le plus drôle qu'il ait fait de toute sa vie.

Aussitôt, il changea de sujet.

— OK, allons prendre notre petit-déjeuner. Terrie, va nous faire griller des toasts.

Nous nous précipitâmes pour nous habiller et aller dévorer une pile de toasts tartinés de pâte Marmite. J'oubliai totalement ce qui venait de se produire. Certes, c'était un peu bizarre, mais, après tout, je me dis que Peter aimait faire des blagues. D'ailleurs, j'étais plutôt occupée à l'idée que nous allions passer la journée au parc. L'après-midi, à notre retour, nous étions épuisés parce que nous avions fait du vélo pendant des heures dans le parc. Peter se mit à nouveau à chatouiller Paul, mais, cette fois, Paul finit par se précipiter dans sa chambre en larmes parce qu'il s'était fait mal aux doigts en faisant craquer ses articulations trop fort. Dans l'idée de le réconforter, je le suivis dans sa chambre, mais il n'avait pas cessé de pleurer.

— Je ne veux plus jamais jouer avec Peter, sanglotait-il de colère. Il me fait mal chaque fois.

— Je suis sûre que c'est involontaire, Paul, commençai-je.

Toutefois, tout en parlant, je me rappelai la douleur dans mes genoux parce que Peter avait serré la corde trop fort une fois de plus.

— C'était peut-être juste un hasard. Tu sais, parfois, on est vraiment dans le jeu quand on se bagarre, et on peut se faire mal involontairement.

Mais Paul n'avait pas l'air convaincu.

— Peut-être, hésita-t-il, mais toi, tu ne fais pas craquer mes doigts par hasard jusqu'à ce que ça me fasse aussi mal que s'ils étaient cassés.

Maman rentra vers dix-huit heures et nous prépara des croquettes de poisson et de la purée. Pendant que nous prenions notre dîner, Peter demeura relativement silencieux. Il se leva pour aller jusqu'au placard de la cuisine.

Je crus qu'il allait y chercher du ketchup, mais il revint avec un bocal de beurre de cacahuète. Il dévissa le couvercle et, lentement, il passa le bocal devant nos yeux de manière à ce que nous puissions en voir l'intérieur.

— Vous comprenez ce qui s'est passé ? demanda-t-il.

— Quoi ? répliquai-je en pleine confusion.

J'avais l'impression que le bocal était plutôt plein, ce qui était logique puisque maman avait fait les courses seulement quelques jours plus tôt. En y regardant mieux, je constatai que le bocal ne contenait que très peu de beurre de cacahuète. Il avait été vidé de manière à ce que le beurre ne reste que sur les parois, ce qui lui donnait l'air encore plein.

Les lèvres de maman formaient une ligne mince.

— Ce n'est pas correct, les enfants, dit-elle d'un ton exaspéré. Quelle est de vous deux la saleté qui a vidé le pot ? Et en faisant en sorte qu'il paraisse plein ! C'est vraiment lamentable ! Vous savez bien que nous n'avons pas les moyens de gaspiller quoi que ce soit !

Sachant que je n'y étais pour rien, je ne pus m'empêcher de m'exclamer :

— Paul, espèce de cochon !

Mais, aussitôt, il s'écria que ce n'était pas lui non plus.

Maman laissa échapper un soupir.

— Eh bien, je suis pratiquement sûre que Peter a mieux à faire ! asséna-t-elle. Je pense que vous devriez arrêter de nous prendre pour des idiots.

Peter referma soigneusement le couvercle du bocal.

— Votre mère pas plus que moi ne sommes prêts à accepter ce genre de comportement sournois, articula-t-il lentement. Vous avez droit à trois repas par jour, et le fait de vous servir comme ça n'est tout simplement pas acceptable.

Nous baissâmes la tête et allâmes nous réfugier dans le salon. La présence du système d'aération signifiait qu'on pouvait entendre tout ce qui se disait dans la cuisine et vice versa. Les parents n'avaient pas l'air de l'avoir compris, cependant, et nous pouvions entendre Peter et maman aussi nettement que si nous avions été avec eux dans la cuisine.

— Tu ne peux pas les laisser s'en sortir comme ça, Cynth. Je veux dire que nous ne roulons pas sur l'or, non ? Il n'y a aucune raison qu'ils se montrent si avides et qu'ils mangent sans en avoir besoin comme ça. Il faut qu'ils apprennent à partager.

Lorsqu'ils entrèrent dans le salon, nous fîmes comme si nous n'avions rien entendu.

— OK, qui a envie de regarder un film ? demanda Peter. Nous pourrions aussi manger de la glace, non ?

Paul sauta sur le canapé en lançant les jambes le plus haut possible.

— Ouais, youpi !

Je lui lançai un regard d'avertissement, mais mon frère était toujours tellement enthousiaste !

Après le film, j'aidai maman à ranger pendant que Peter prenait un bain.

— Cynthia, nous n'avons plus de savon, appela-t-il.

— Ted, tu ne veux pas me faire plaisir et lui monter ce savon ? demanda maman en me tendant une barre d'Imperial Leather qu'elle avait récupérée sous l'évier.

Je m'emparai du savon et grimpai l'escalier. J'entrouvris la porte de la salle de bains en tendant le bras de manière à ce que Peter puisse le prendre sans que je le voie.

— Merci ! lança-t-il.

Or, il ne prit pas le savon. Je dus avancer davantage le bras en tournant la tête dans l'autre sens pour ne pas le voir. La dernière chose dont j'avais envie était d'envahir son intimité.

Mais il ne prit pas pour autant le savon.

— Dépêche-toi, je suis en train de me ratatiner !

Je poussai la porte pour m'approcher davantage en tordant le cou vers le couloir de manière à ne pas voir ce que je n'étais pas censée voir.

— T'inquiète pas, ajouta Peter.

Je ne pouvais guère continuer dans la même position et je m'avançai donc dans la salle de bains dans l'idée de lui passer rapidement le savon. Au moment où je tournais la tête vers lui, Peter sortit à moitié de l'eau, comme pour me montrer ses parties intimes. Je claquai la porte le plus vite possible pendant que j'entendais Peter rire tout seul.

— Merci, Teddo ! dit-il.

J'étais vraiment gênée. J'avais treize ans, et tout ce qui concernait la nudité ou le sexe me donnait envie de rentrer sous terre. Maman m'avait déjà acheté mon premier soutien-gorge, et Paul avait ri en disant que mes omoplates étaient plus grosses que mes seins. Elle m'avait également glissé un livre sur les oiseaux et les abeilles sous la porte de ma chambre à coucher. Comme je n'y comprenais pas grand-chose, je l'avais fourré dans un tiroir, hors de vue.

Ce jour-là, nous étions installés dans le living en attendant le début du film lorsque Peter sortit une boîte d'allure étrange qu'il brancha à l'arrière du poste de télévision.

— C'est un jeu vidéo, expliqua-t-il. Du tennis.

Hypnotisés, nous le regardâmes jouer au tennis avec deux lignes droites pour les raquettes et une petite étincelle pour la balle. Il nous tendit une manette en nous expliquant comment cela fonctionnait.

— C'est génial, dis-je tout en essayant de battre Paul au jeu.

— C'est vrai, non ? commenta Peter. C'est vraiment malin.

Peter nous rapportait toujours de nouvelles machines. Il disait qu'il aimait la technologie et que le monde de l'informatique évoluait si vite qu'il lui fallait suivre. Désormais, nous avions des caméras vidéo, des appareils photo, tout l'équipement d'une chambre noire et des tonnes de cassettes audio et vidéo soigneusement rangées dans le garage. Tout ça avec son matériel de réserviste. En outre, Peter laissait toujours aussi traîner une caméra sur la table de la salle à manger. Nous pensions que c'était pour qu'il puisse filmer un truc marrant au cas où, mais nous ne l'avons jamais vu la mettre en route.

6

Dans l'œil du cyclone

TERRIE

Tous les soirs, nous suivions notre nouveau rituel. À huit heures, j'enfilais ma chemise de nuit, j'éteignais la lumière et Peter apparaissait sur le seuil en frappant doucement la porte.

— Tu as envie de bavarder un peu, Ted ? demanda-t-il lorsqu'il entra un soir.

— Pourquoi pas ? répondis-je en me redressant contre le dossier de mon lit.

Il se jucha à l'endroit habituel en prenant ses aises.

— Terrie, dis-moi un peu comment tu te sens par rapport au fait que tu grandisses ?

Je fronçai les sourcils. Je ne comprenais pas ce qu'il voulait dire.

— J'ai remarqué que ton corps changeait, continua-t-il, l'air de rien, comme s'il me parlait d'un devoir de science pour lequel il m'avait aidée la veille.

Je remontai légèrement ma couverture. Dans ma classe, les filles échangeaient parfois des informations sur le sexe en chuchotant derrière leurs livres, mais il me semblait bizarre que Peter soulève le sujet.

— Tu comprends de quoi je veux parler ? insista-t-il.

— Non, fut toute ma réponse.

— Eh bien, lorsque tu entres dans l'adolescence, tu as des poils qui poussent sous les bras, et là, en bas. Est-ce que tu as déjà des poils en bas ?

Je ne sus que répondre, mais, en même temps, je ne tenais pas à mentir.

— Oui, répondis-je dans un souffle.

Cependant, je ne comprenais pas pourquoi Peter avait envie d'être au courant de ça.

— Je peux voir ? demanda-t-il alors.

— Non ! m'écriai-je d'une voix rendue plus aiguë par la peur.

Le cœur battant la chamade, je serrai les jambes. Mais que cherchait-il ?

Sans prononcer une seule parole, je le vis glisser la main sous le couvre-lit. Il remonta ma chemise de nuit et fit courir ses doigts dans ma culotte. J'en avais la nausée.

— Tes seins vont aussi devenir plus gros, ajouta-t-il doucement en déplaçant son autre main pour aller les toucher.

J'avais envie de hurler et de le repousser, et je sentais les larmes me monter aux yeux, mais j'avais peur de l'agacer et je ne tenais pas à être responsable de gâcher cette vie agréable que nous avions enfin à la maison. Pour seule réaction, mon corps tout entier se figea.

Un sourire apparut sur ses lèvres et il retira enfin sa main.

— Passe une bonne nuit, Ted, conclut-il comme si rien ne s'était produit.

Le ventre noué, j'enfonçai ma tête dans mon oreiller. Pourquoi avait-il fait cela ? Peter était un homme plutôt gentil, non ? L'esprit tourbillonnant de confusion et d'horreur, je sentis les larmes chaudes tremper mon oreiller. Je fermai les yeux de toutes mes forces pour oublier tout. Mais je savais parfaitement ce qui venait de se passer.

Le lendemain matin, Peter se comporta comme si absolument rien n'avait eu lieu, et je fis de même. Mon seul espoir était que cela ne se reproduise pas, mais, ce même soir, alors que j'étais sur le point d'éteindre ma lampe, sa silhouette se découpa dans l'encadrement de la porte de ma chambre. Tandis qu'il s'approchait de mon lit bateau, je me poussai contre le mur. En silence, il souleva les couvertures et glissa rapidement un doigt à l'intérieur de moi.

— Lorsque tu seras devenue une femme, dit-il, les yeux mi-clos, un homme pourra enfiler des choses en toi.

J'étais tellement horrifiée que je pouvais à peine parler.

Je ne parvins qu'à articuler :

— Stop !

— Est-ce que tu aimes ça ? insista-t-il.

— Non, sifflai-je, raide de terreur.

Ignorant mes dénégations, il poursuivit.

— Je vais le dire à maman, soufflai-je en laissant les larmes couler sur mes joues. Et cela ne lui plaira pas du tout que tu fasses ça.

— Ah ! Terrie, dit Peter sans retirer sa main.

À présent, il avait les yeux grands ouverts.

— Ce n'est pas une bonne idée, ajouta-t-il. Tu sais à quel point ta mère se donne du mal pour gagner un peu d'argent. Si elle me demande de partir, elle risque aussi de perdre la maison. Et tu devras te séparer de Paul et de ta mère pour aller en famille d'accueil.

Je me mis à sangloter, et il retira brusquement sa main.

Paul n'avait plus le droit d'entrer dans ma chambre. Six semaines seulement après avoir emménagé avec nous, Peter le lui avait interdit. J'avais compris que c'était pour s'assurer qu'il puisse me rendre visite chaque fois qu'il le voulait, tous les soirs s'il lui en prenait l'envie.

J'étais tellement perdue que j'en avais de constants maux de tête. Je voulais hurler et l'empêcher de me toucher, mais, en même temps, j'avais tellement honte ! Il était toujours si gentil avec moi, comme si c'était une chose parfaitement normale à faire. Tout cela n'avait aucun sens.

Chaque fois, après son départ, je demeurais allongée dans le noir à me poser mille questions. Que faire ? Je ne pouvais pas le dire à maman ! Et si elle ne me croyait pas ? De plus, je devais bien avouer qu'elle n'avait jamais eu l'air aussi heureuse qu'avec Peter.

La quatrième fois qu'il vint, le sentiment d'impuissance déclencha en moi une rage que je n'avais jamais éprouvée auparavant. Je fis tout mon possible pour l'empêcher, mais rien à faire. Après son départ, j'éclatai en sanglots et je me mis à hurler au point que je reconnus difficilement ma voix qui rebondissait dans la pénombre de ma chambre.

— Je le hais, je hais Peter ! hurlai-je. JE… TE… HAIS…, PETER !

Je continuai à vociférer jusqu'à ce que l'épuisement me gagne. Je m'étais à moitié attendue à ce que quelqu'un vienne ou me crie de la fermer, mais personne, personne ne vint. Personne n'entendit quoi que ce soit. Personne n'entendit mes cris et ne me demanda ce qui n'allait pas.

À présent, au petit-déjeuner, je voyais Peter sous un autre jour. La manière dont il peignait ses cheveux gras me faisait penser à Hitler, et j'avais des haut-le-cœur à cause de son odeur aigre et de son haleine de café rance.

Je voyais que ses dents étaient d'une teinte brune, comme s'il ne se les lavait jamais. Auparavant, je n'avais jamais remarqué ce genre de choses, même lorsque nous jouions à nous bagarrer, mais, depuis qu'il venait dans ma chambre et me touchait, il me donnait la nausée.

Ce vendredi matin là, mon premier cours était arts plastiques, ma matière préférée, mais je n'arrivais pas à mettre la main sur mes affaires. Après avoir cherché en vain, je commençai à paniquer.

— Mais où les ai-je donc mises ? soupirai-je en soulevant de vieux journaux pour voir si mes dessins n'étaient pas dessous.

Paul était en train de jouer avec ses voitures sur la table, et maman cherchait ses clefs.

— Je rentrerai tard ce soir, les enfants, dit-elle en buvant son café d'un trait.

Peter était assis, imperturbable, à la table, évoquant l'œil du cyclone de notre agitation familiale.

Il était resté calme depuis qu'il s'était levé.

— Maman ! s'écria soudain Paul. As-tu vu mes affaires d'EPS ?

D'un air épuisé, maman jeta un coup d'œil à sa montre.

— Je vais finir par être en retard, soupira-t-elle.

— OK, coupa Peter brusquement. Il semble que c'est un peu la pagaille le matin, n'est-ce pas, les enfants ? Aucune organisation. Il nous faut mettre en place de bonnes habitudes.

Maman hocha la tête.

— C'est une excellente idée, Peter.

Je voyais bien que maman en avait plus qu'assez de nous réprimander et de nous surveiller, d'autant que, comme le font souvent les enfants, nous ne tenions guère compte de ses exigences.

— Si nous établissions un emploi du temps ? proposa Peter, afin que nous sachions toujours où nous en sommes ?

Je haussai les épaules en lançant un regard du côté de Paul, mais mon frère était encore en train de chercher ses affaires de sport.

— Oui, je pense que cela pourrait marcher, acquiesça maman. Au fait, Paul, tes vêtements de sport sont dans la machine à laver, mais nous les laverons plus tard.

Je ne repensai plus à l'idée de Peter jusqu'au soir, lorsque nous rentrâmes à la maison. J'ouvris la porte d'entrée, jetai mon sac sur le sol et allai m'affaler sur le canapé tout comme je le faisais d'habitude. J'étais épuisée.

J'avais passé toute l'heure du déjeuner à essayer d'éviter un groupe de filles méchantes, et j'avais aussi dû courir pour rentrer à la maison parce qu'un professeur m'avait retenue un moment pour parler de mes devoirs. Pour oublier les soucis de la journée, je mis la télé en marche et regardai un dessin animé.

La porte s'ouvrit alors sur Paul, qui jeta ses chaussures dans un coin et vint se vautrer à côté de moi sur le canapé.

— T'en veux ? dit-il en m'offrant une boule de mammouth.

— Non, merci, j'ai encore du réglisse.

Nous dépensions souvent en bonbons l'argent de poche que nous donnaient Nany et Papy. Je sortis un bâton de réglisse de ma poche et je me mis à le mâchonner. Nous entendîmes la clef tourner dans la serrure et, cette fois, c'était Peter qui rentrait. Sam se mit à geindre dès qu'il l'aperçut.

— Vous avez emmené le chien faire un tour ? demanda Peter tandis que Sam le regardait de ses grands yeux suppliants.

— Non, répondîmes-nous ensemble. En général, maman se contente d'ouvrir le portail de derrière pour qu'il aille courir un peu.

Peter roula les yeux et se mit à étaler soigneusement des feuilles de papier et des stylos sur la table de la cuisine.

— Arrêtez la télé et venez par ici. D'accord, dit-il, une fois que nous fûmes installés à la table de la cuisine. Je veux que vous dressiez tous deux votre emploi du temps. Inscrivez sur une feuille l'heure à laquelle vous devez vous lever, vous doucher, vous habiller, l'heure du petit-déjeuner, etc.

Sur le moment, cela paraissait amusant ; alors, je me mis à rédiger ma propre liste.

7 h 00 : Lever

7 h 15 : Douche

7 h 40 : Habillage

7 h 50 : Petit-déjeuner

7 h 55 : Brossage des dents

8 h 00 : Préparer cartable

8 h 10 : Départ pour l'école

Ma liste me paraissait correcte. Paul pouvait se lever un peu plus tard, et nous aurions tous deux le temps de nous doucher et le reste pour aller à l'école à pied.

De toute évidence, ce n'était qu'une esquisse, et nous n'allions pas respecter ces horaires à la seconde tous les jours, mais j'avais l'impression que ce pouvait être une bonne idée de décider qui prendrait sa douche en premier. En général, j'énervais Paul en m'y faufilant avant lui.

Je tendis ma feuille à Peter, mais, tandis qu'il lisait rapidement ma liste, il secoua vigoureusement la tête.

— Non, non, Terrie ! Tu as indiqué des horaires approximatifs. Tu peux te doucher plus vite que ça, et il ne te faut pas cinq minutes pour te brosser les dents. Ça ne va pas du tout. Ce que je veux, c'est quelque chose comme ça.

Il s'empara d'un stylo et se mit à écrire furieusement.

6 h 45 : Lever

6 h 47 : Salle de bains – douche

6 h 50 : Brossage des dents aussitôt après douche

6 h 51 : Habillage, rangement de la chambre

7 h 00 : Préparation du petit-déjeuner

— Après le petit-déjeuner, tu débarrasseras la table et tu feras la vaisselle. Paul, tu peux te lever à sept heures et suivre le même emploi du temps. Pendant que Terrie lavera la vaisselle, tu l'essuieras, conclut-il à la cadence d'une mitraillette. Après ça, vous pouvez passer l'aspirateur et laver les sols de manière à ce que je ne sois pas obligé de marcher sur vos miettes toute la journée. Et l'un d'entre vous peut emmener le chien en promenade pendant que l'autre préparera le café pour votre mère et moi, et nous l'apporter dans notre chambre. Compris ?

Au bas de chaque feuille, il ajouta également la liste des corvées dont nous devrions chacun nous charger.

— C'est juste pour aider votre maman qui a déjà beaucoup à faire, dit-il en tapotant le stylo sur le bloc de papier.

Je me sentais mal à l'aise. Il avait l'air si content de lui que cela ne faisait que rendre les choses encore plus gênantes.

— Voilà un emploi du temps digne de ce nom, ajouta-t-il. Minute par minute. Chaque seconde compte. Pas de gaspillage de temps.

J'ouvris la bouche, mais aucun son n'en sortit. À l'intérieur de moi, la seule pensée qui me venait était : « C'est quoi, ce bordel ? » Toutefois, afin de ne pas fâcher Peter, nous acquiesçâmes, mais, une fois dans le salon, alors que nous jouions au jeu de l'oie, nous pûmes enfin échanger sincèrement nos impressions.

— C'est quoi, cette merde ? dis-je à Paul dans un mouvement de colère.

Paul était aussi furieux que moi.

— Je n'aime pas ça du tout, moi non plus, Terrie.

Malgré tout, nous avions parfaitement compris tous les deux que nous n'avions pas le choix. Il y avait quelque chose dans la manière dont Peter nous avait présenté tout cela qui nous avait fait comprendre que nous ne pouvions nous plaindre.

Par la bouche d'aération, j'entendis maman discuter avec Peter pendant qu'elle lui préparait un café.

— Écoute, disait-elle. Je sais que tu fais de ton mieux et je t'assure que j'apprécie, mais essaie d'être moins dur avec eux. Ils ont dû surmonter beaucoup de choses ces derniers mois.

Peter soupira.

— Bien sûr, Cynth. Tu sais, j'apprends moi aussi au fur et à mesure.

Un peu plus tard, alors que je sortais de la salle de bains, je tombai sur Peter. Il tendit les mains pour me chatouiller et je reculai vivement. Il souriait et je n'aimai pas du tout l'étincelle qu'il avait dans les yeux.

— Arrête ça ! m'écriai-je alors qu'il frôlait le côté de ma poitrine.

Je voulais juste qu'il me laisse tranquille, mais il avait l'air décidé à continuer. À ce moment-là, Paul fit son apparition et, tout aussi vite, disparut.

Mon frère ne prenait plus part aux jeux de chatouilles de Peter. J'aurais aimé qu'il reste. Je détestais la présence de Peter, notamment lorsque j'étais seule avec lui.

Je n'étais pas impatiente de voir arriver le lundi matin avec le début de notre nouvel emploi du temps, mais maman avait l'air d'être favorable à l'idée de Peter.

— Ils ne vont peut-être pas respecter les horaires à la seconde, Peter, dit-elle, mais je voulais te remercier pour ton aide.

— Pas de problème, commenta Peter. Toi, tu n'as qu'à te soucier de te préparer pour aller travailler. Moi, je me charge des enfants chaque fois que je le peux.

— C'est vraiment gentil de ta part, répondit maman avec une voix pleine de soulagement.

Ce lundi-là, Paul et moi, nous exécutâmes toutes nos tâches à toute allure en ne cessant de nous bousculer lorsque nos chemins se croisaient entre la douche et le brossage de dents. Mais nous nous levâmes à temps et fûmes sur le chemin de l'école assez rapidement. Les choses paraissaient plus organisées, même si nous devions malgré tout nous dépêcher.

En rentrant après l'école, nous devions exécuter les corvées que Peter nous avait assignées. J'étais censée passer l'aspirateur et faire la vaisselle pendant que Paul allait promener Sam. Peter avait laissé une pile d'assiettes et de tasses de café sales parce qu'il avait passé la journée à la maison.

En fait, comme personne n'était là à notre arrivée, nous décidâmes de prendre le temps de nous détendre un peu.

— Je suppose que, tant que les choses sont faites à l'heure où il rentre, tout ira bien, dis-je à Paul.

Il hocha la tête en se dirigeant vers la cuisine pour aller se chercher à boire. Moi, j'étais affamée et je le suivis pour aller fouiller dans les placards. Ensuite, nous bavardâmes un peu tout en examinant notre fameux emploi du temps.

— Vaudrait mieux s'y mettre, dis-je en continuant à mâchouiller mon réglisse.

Lorsque Peter rentra, le chien avait été promené, le nettoyage était fait et nous avions entamé nos devoirs.

— Comment s'est passé votre planning ? demanda Peter à peine après avoir franchi la porte.

— Bien, merci, me contentai-je de répondre.

Cette semaine-là, nous eûmes l'impression que tout roulait comme une horloge, si ce n'est que Peter se plaignait de notre manière de faire le ménage. Paul et moi détestions autant l'un que l'autre son côté tatasse : il examinait soigneusement le moindre objet que nous avions lavé et n'hésitait pas à tout remettre dans l'évier s'il trouvait une seule tache.

Il aimait aussi se balader dans la maison en passant le doigt sur toutes les surfaces pour dénicher la moindre poussière. S'il n'était pas satisfait, il nous fallait tout recommencer.

À la fin de la semaine, nous fûmes soulagés de voir arriver le vendredi soir. Pendant que je lavais, Paul essuyait la vaisselle, et nous espérions pouvoir nous reposer un peu après. C'était notre dernière corvée de la semaine et nous étions contents. Lorsqu'il eut terminé la dernière assiette, Paul ne put s'empêcher de s'amuser un peu et il jeta le torchon en l'air. Je lui criai d'arrêter, mais, comme il continuait, je lui lançai quelques bulles de liquide vaisselle de l'évier.

— Terrie ! Paul ! s'écria maman. Calmez-vous donc un peu !

— Désolée ! dis-je en riant et en esquivant un nouveau coup de torchon de la part de Paul.

C'est alors que Peter apparut à la porte, le visage sévère.

— Comment s'est passé votre emploi du temps de la semaine ? demanda-t-il. Avez-vous réussi à vous y tenir ?

Nous hochâmes dûment la tête.

— Vraiment ? insista Peter.

— Absolument ! dit-on à l'unisson.

— Pourriez-vous venir dans le salon ? Toi aussi, Cynthia, s'il te plaît.

Surpris, nous le suivîmes non sans échanger, Paul et moi, des regards perplexes. Nous nous installâmes sur le canapé qui faisait face à la télévision.

— Que se passe-t-il, Peter ? demanda maman.

— Bien, les enfants, commença Peter en lissant sa moustache. Pouvez-vous m'affirmer que vous avez respecté exactement votre emploi du temps ?

— Mais oui ! rétorquai-je, même si, dans ma tête, je me disais que ce n'était sans doute pas exactement comme il l'aurait voulu.

— Et toi, Paul ? insista-t-il.

— Ben, ouais, moi aussi, dit Paul en me lançant un regard inquiet.

— Nous l'avons suivi à la lettre.

— À la lettre, hum, continua Peter. Ce qui signifie que, lundi, dès votre retour à la maison, vous vous êtes occupés de passer l'aspirateur et de faire les poussières, n'est-ce pas, Terrie ?

Mon cœur se mit à battre un peu plus vite. Je me sentais carrément nerveuse à présent parce que je savais qu'il y avait quelque chose qui ne tournait pas rond.

— Mais oui, bien sûr ! m'écriai-je non sans m'agiter sur mon coussin.

— OK, dit Peter en souriant. On va voir ce qu'il en est.

Il prit la télécommande et appuya sur la touche *Play* sans que ses yeux quittent un seul instant mon visage. Nous nous tournâmes tous pour regarder la télé, où l'on voyait mon image en train de me diriger vers la cuisine.

Je lâchai un soupir audible en comprenant ce que Peter avait fait. La caméra vidéo qui restait toujours au même endroit dans la salle à manger n'était pas seulement là pour faire joli ; elle avait été soigneusement mise en place pour une raison précise : Peter nous filmait en secret.

— Oh ! Peter, pour l'amour de Dieu ! réagit maman en émettant un rire nerveux. C'est ridicule.

— Attends un peu, coupa Peter en levant la main, les yeux toujours rivés sur moi.

Et je me vis sur l'écran : je jetais mon sac au sol et je filais vers la cuisine et les placards que j'ouvrais à la volée pour en sortir deux tranches de pain sans me soucier des miettes qui volaient partout. Peter appuya sur le bouton d'accélération et je me retrouvai en train de tartiner du ketchup et de la sauce brune, mon en-cas favori lorsque personne n'était dans le coin.

Je savais que Peter ne marquait pas le niveau des flacons et que je pouvais me servir quand je le voulais.

Ensuite, le film me montra en train de feuilleter un livre, comme si je n'avais rien à faire, comme si j'avais tout le temps du monde devant moi.

Pendant que les images défilaient sur l'écran, je demeurai figée, la main sur la bouche, sans cesser de regarder Paul dont les yeux manifestaient de la terreur pure.

— Par conséquent, déclara Peter en arrêtant le film, tu nous as menti, n'est-ce pas ?

Je hochai imperceptiblement la tête, mais mon esprit cogitait à fond. Pourquoi donc ce type s'était-il mis en tête de nous filmer dans notre propre maison ? Je me sentis violée. J'en avais la nausée.

Ensuite, Peter se tourna vers Paul qui n'avait pas l'air vraiment à son aise.

— Et toi, Paul ? As-tu emmené le chien se promener dès ton retour ?

Paul avait l'air totalement paniqué.

— Mais oui, je suis allé promener Sam ! commença-t-il à protester.

— D'accord, déclara Peter d'un air autoritaire. Voyons ce que Paul a réellement fait, non ?

Peter appuya sur la touche *Play*, et nous pûmes voir Paul qui revenait de l'école et se précipitait vers l'évier pour boire un verre d'eau avant d'attraper une tranche de pain dans le sac à pain, s'affaler sur une chaise et ensuite disparaître à l'étage. Peter mit le film en accéléré pendant quelques minutes, jusqu'à ce que Paul en vienne à s'emparer de la laisse du chien.

Parvenue à ce stade, j'étais tout simplement révoltée. Comment osait-il nous filmer sans nous le dire et nous humilier ainsi ? J'avais le ventre aussi noué que lorsqu'il me rendait visite dans ma chambre le soir. C'était comme s'il n'y avait aucune échappatoire. Mais il y avait encore pire.

— Pourrions-nous examiner le planning de mardi, à présent ? lança-t-il. Terrie, qu'as-tu donc fait à ton retour de l'école ?

— Je ne m'en souviens pas, répondis-je.

Je ne voulais pas être à nouveau accusée de mentir.

— Réfléchis bien, alors, insista Peter.

— Hum, est-ce que j'ai pu me faire un autre sandwich ? proposai-je.

À dire vrai, je n'avais aucune idée de ce que j'avais bien pu faire.

— Est-ce que c'est indiqué sur ton emploi du temps ? insista Peter en agitant la feuille devant mon visage.

— Non, parvins-je à peine à murmurer.

Peter reprit alors chaque jour un par un, méthodiquement, en lisant l'emploi du temps que nous avions rédigé et en relevant chaque élément précis.

Dans d'autres scènes du film, on nous voyait, Paul et moi, en train d'utiliser les chaises de la salle à manger pour fouiller dans les placards au cas où maman aurait dissimulé des friandises au fond. À un moment, nous ouvrions les deux portes qui donnaient du salon sur la salle à manger et on nous voyait courir comme des fous à jouer à trappe-trappe.

Dans tous les cas, le film ne montrait que deux enfants comme les autres en train de faire des jeux ordinaires, mais, soudain, grâce à Peter, le moindre de nos mouvements donnait l'impression que nous faisions des bêtises.

Je n'en pouvais plus.

— C'est une intrusion dans notre intimité ! m'écriai-je en me levant.

— Eh bien, de toute évidence, cette intrusion est nécessaire dans la mesure où il est impossible de te faire confiance ! s'écria Peter à son tour.

— Quoi ?

J'étais tellement choquée que je manquais de souffle.

— Nous avons effectué toutes les corvées indiquées. Nous avons fait tout ce que nous devions faire.

— Ne sois pas insolente, me coupa Peter.

Paul et moi ne pouvions que le fixer sans comprendre. C'était une situation à la fois gênante et irréelle. J'avais l'impression de subir une torture mentale, bien au-delà de tout ce dont nous avions eu l'expérience jusqu'à présent.

Je regardai maman en la suppliant des yeux d'intervenir. Heureusement, elle leva les mains vers le ciel et se redressa.

— OK, Peter, dit-elle. Ça suffit. Tu as dit ce que tu avais à dire. Les enfants, vous allez faire des efforts, n'est-ce pas ?

Paul acquiesça, mais je ne pus me résoudre à répondre. Au lieu de cela, je dévisageai Peter.

Ce soir-là, il monta dans ma chambre pour me toucher encore et, après son départ, je demeurai allongée, en larmes. J'étais en colère, j'avais peur et j'étais pleine de rage.

— JE HAIS PETER ! hurlai-je. JE HAIS PETER ! JE LE HAIS ! JE LE HAIS !

Mais la réponse était toujours la même : le silence total, le silence absolu.

7

Une vie de chien

Paul

Les souvenirs de la période où maman nous avait annoncé, à Terrie et à moi, que Peter allait s'installer chez nous se firent rapidement de plus en plus flous. De même, la sensation que j'avais d'abord éprouvée de former enfin une famille dans laquelle je pouvais vivre comme un garçon de huit ans normal, insouciant, aimé et joyeux, disparaissait également rapidement dans ma mémoire. Au cours des dernières semaines, chaque soir, j'avais entendu Terrie pleurer et crier. J'étais vraiment inquiet pour elle, mais je n'osais pas aller la voir au cas où Peter risquerait de me surprendre. Alors, c'est moi qui finirais par hurler et par pleurer. Je me sentais égoïste et coupable, mais je me disais aussi que Terrie était plus grande et plus forte que moi, et qu'elle devait être capable de supporter mieux que moi tout ce qui lui arrivait.

Lorsque j'allais dans la chambre de Terrie, il semblait que cela rendait Peter fou de rage, pas seulement le soir, mais aussi pendant la journée le week-end. Moins je passais de temps avec Terrie dans sa chambre, plus Peter s'y rendait. Quelques mois plus tôt, j'aurais été fâché, mais, à présent, je commençais à me sentir heureux. C'était une équation toute simple : plus vous passiez de temps avec Peter, plus vous risquiez de souffrir et de pleurer ; moins vous passiez de temps avec lui, plus vous étiez heureux.

Maman expliqua qu'elle comprenait parfaitement que nous avions du mal à nous habituer à une nouvelle figure paternelle, et qu'il était certainement normal que nous soyons un peu dépassés, voire que nous ayons envie de nous rebeller contre les règles.

Mais elle n'avait rien compris : ce n'était pas ce que nous éprouvions. Le problème, c'est que nous ne pouvions tout simplement plus faire ce que nous voulions.

Maman affirmait que nous allions nous y habituer ; encore une fois, elle ne comprenait rien à rien : nous n'avions aucune envie de nous habituer à ce nouveau mode de vie !

Souvent, quand je rentrais de l'école, je découvrais Terrie et Peter en train de jouer à se bagarrer.

Désormais, je ne me joignais plus à leurs jeux parce que je trouvais que Peter était beaucoup plus violent qu'au début, et que je finissais toujours par avoir mal, que ce soit parce qu'il me pinçait trop fort, me donnait un coup de pied dans le ventre ou un coup de poing par hasard. Je pensais que cela continuait d'amuser Terrie, cependant.

Par ailleurs, la caméra de Peter posait réellement problème dans la mesure où nous avions l'impression que nous étions sans cesse sous surveillance. Nous étions donc contraints, tous les jours de chaque semaine et de chaque mois, de suivre les règles sans y déroger. Nous avions déjà l'impression d'être des domestiques et, alors que notre liste de corvées s'allongeait tous les jours, Peter se contentait de rester couché sur le canapé à regarder des films et à manger.

Pendant quelques jours, je ne cessai de vérifier la présence de la caméra, mais elle avait disparu et j'espérais secrètement que son premier enregistrement n'était qu'un coup d'essai.

Au lieu de me soucier des films, je me concentrais sur les tâches que je devais accomplir si je voulais avoir le droit de regarder la télé ensuite. Je me disais que, si c'était ça avoir neuf ans, je n'avais guère envie d'avoir dix ans.

Un soir, j'emmenai Sam en promenade, mais, à mon retour, je trouvai Peter avec son air habituel de désapprobation derrière ses lunettes.

— Paul, tu n'as pas fait une promenade assez longue, commença-t-il en grognant. Viens avec moi.

Il attrapa son manteau et ses clefs.

— Je vais te montrer exactement où tu dois emmener Sam tous les jours.

Il s'engagea dans la longue allée qui partait de l'autre côté de la maison pour tourner au coin d'un autre pavillon avant d'atteindre un grand ovale de pelouse du lotissement.

— Voilà, dit-il en désignant la pelouse. Je veux que tu fasses marcher Sam autour du périmètre de cette pelouse trois fois, et ce n'est qu'après cela que tu pourras revenir à la maison.

Il tapota sa montre.

— Cela devrait te prendre au moins douze minutes. Allez !

Il était d'une telle précision ! « Espèce de crétin zarbi, pensais-je. Bientôt, il va me demander d'adopter le pas de l'oie ! »

— Droite, gauche, droite, gauche, droite, gauche !

Le soir suivant, Peter eut l'air un peu sombre lorsque nous dévorâmes nos hamburgers et notre purée.

— Paul, dit-il, tu n'as pas oublié d'aller promener le chien ?

— Mais non ! répondis-je d'un ton rayonnant.

Je m'étais assuré d'avoir suivi le trajet imposé tout en ralentissant de trente secondes afin que la promenade dure exactement douze minutes tapantes.

— Bravo, dit Peter.

Malgré ça, il était loin d'avoir l'air ravi.

Nous continuâmes à manger. Je remarquai que Terrie était plus calme qu'à l'habitude.

— As-tu passé l'aspirateur dans le salon ? demanda Peter.

— Oh non ! répondis-je en piquant ma fourchette dans mon hamburger. J'ai oublié.

J'étais désespérément en train d'essayer de me rappeler s'il me l'avait demandé, mais, malgré tous mes efforts, j'étais incapable de me souvenir qu'il m'ait demandé de passer l'aspirateur.

— Humm, pas de problème, dit Peter en souriant. Tu passeras l'aspirateur demain puisque tu ne l'as pas fait aujourd'hui. Et pense aussi à faire les poussières dans le living, d'accord ?

— OK, répondis-je en jetant un regard à Terrie, mais elle avait les yeux rivés sur son assiette.

— Et n'oublie pas d'aller promener le chien et de faire tes devoirs, ajouta-t-il.

Pendant quelques instants, je levai les yeux vers le plafond. « Aspirateur, poussière, promener le chien, devoirs », me récitai-je. Pas le temps de regarder la télé ou de jouer avec mes jouets.

— Oui, j'ai compris, dis-je simplement.

Le lendemain après-midi, je me précipitai à la maison sachant que j'avais des tas de choses à faire. Je voulais m'occuper des corvées le plus rapidement possible de manière à ce que Peter n'ait pas à se plaindre. J'effectuai tout ce que j'avais à faire, passai l'aspirateur en veillant à bien déplacer les meubles pour nettoyer dessous et je pensai même à utiliser la brosse spéciale pour éliminer les toiles d'araignée sur le haut des murs. Épuisé, je m'affalai à la table de la cuisine pour me lancer dans mes devoirs.

Au dîner, ce soir-là, j'espérais que maman et Peter diraient quelque chose sur mes efforts pour manifester leur contentement, mais Peter se borna à me regarder comme si j'avais fait quelque chose de mal.

— As-tu exécuté toutes tes tâches ? demanda-t-il.

— Oui ! répondis-je sans aucune hésitation.

— Non, c'est faux, rétorqua-t-il en lançant son doigt en l'air. Et la poussière ?

Je me frappai la tête de la main.

— Oh non ! J'ai oublié ! Encore une fois !

— Eh oui, tu as encore oublié, n'est-ce pas ? dit-il d'un ton moqueur. Ça fait la deuxième fois, Paul. Je pense que tu oublies délibérément parce que tu es trop paresseux pour nous aider à entretenir la maison.

Le lendemain, je repris ma liste de « corvées » (qui comportaient déjà plus de vingt tâches). À la fin, il y avait une nouvelle ligne : *Demander à Peter s'il y a autre chose qu'il veut que tu fasses.*

Super. Cela signifiait que, du point de vue pratique, je n'allais jamais pouvoir arriver à la fin de mes corvées.

Déterminé plus que jamais, j'exécutai toutes les tâches de la liste en veillant à bien faire chaque chose. Je ne tenais pas à ce que Peter ait une seule excuse pour ajouter autre chose ! À l'heure du dîner, nous nous retrouvâmes tous les quatre autour de la table, mais, avant même que j'aie eu le temps de m'asseoir, Peter éclata :

— Tu n'as pas fait la vaisselle, Paul. Tu as oublié de sortir la poubelle. Et tu ne m'as pas demandé s'il y avait autre chose que tu pouvais faire pour aider.

Je ne sus que dire et je continuai à fixer mon assiette. Je savais que j'avais fait la vaisselle et qu'il n'y avait pas moyen de lui avoir demandé s'il y avait autre chose parce que cela ne faisait que dix minutes qu'il était rentré. Les poubelles ? Bon sang, cela n'était pas sur ma liste et il ne m'en avait absolument pas parlé, pensai-je avec une bouffée de colère.

— J'ai fait la vaisselle. J'ai coché cette case, commençai-je en sortant la liste de ma poche pour la lui tendre. Je ne me souviens pas que tu m'aies parlé des poubelles et tu n'étais pas là pour que je te demande s'il y avait autre chose à faire, insistai-je toutefois d'un ton faible puisque je savais déjà comment cela allait se terminer.

— Tu as oublié la tasse de café que j'ai laissée dans ma chambre ! lança joyeusement Peter. Et tu me donnes une liste dépassée. La liste correcte est collée sur le frigo. Elle mentionne les poubelles et tu aurais pu demander s'il y avait autre chose à faire avant de t'asseoir à table.

Je tournai les yeux vers le réfrigérateur et je constatai qu'une nouvelle liste avait fait son apparition – depuis moins de dix minutes. C'était comme si Peter ajoutait des trucs juste pour prouver que je n'étais qu'un paresseux, que j'oubliais tout et que j'étais proprement inutile. Il fallait simplement que je fasse plus attention et que j'essaie d'être toujours en avance sur lui, pensai-je.

Je pris ma fourchette pour avaler ma première bouchée lorsque Peter reprit la parole :

— OK, Paul. Voici un bloc et un stylo pour que tu puisses noter les tâches que je te demande de faire. Une fois que tu auras tout écrit, tu sauras exactement où nous en sommes, n'est-ce pas ?

Je fixai le bloc. Je ne voulais pas ajouter d'autres idioties à propos de ses listes, mais je n'avais pas le choix.

— OK, soupirai-je en prenant le bloc.

— Tu sais, Paul, intervint maman, si tu n'oubliais pas tout, tout le temps, ce ne serait pas utile. Pourquoi n'écoutes-tu pas un peu plus ce qu'on te dit ?

— Je vais faire de mon mieux, maman.

Je pensai : « Suis-je la seule personne qui voit que Peter invente des trucs pour me donner l'impression d'être méchant ? »

Terrie eut aussi droit à son bloc. Il s'agissait d'un calepin suffisamment petit pour que, comme nous en informa Peter, nous puissions le conserver sur nous tout le temps. Comme nous allions le découvrir par la suite, si nous n'avions pas notre calepin sur nous, nous irions droit à la punition.

Quelques jours plus tard, mon calepin était rempli de nouvelles corvées. Peter imaginait sans cesse de nouvelles choses. Avions-nous nettoyé la salle de bains ? Les fenêtres avaient besoin d'être lavées. Il fallait faire la poussière sur les appuis de fenêtre et nettoyer à fond les placards de la cuisine… Autant de trucs que je n'avais jamais imaginés auparavant. Je suis même sûr que maman ne s'en préoccupait pas.

Le troisième jour, j'avais oublié de nettoyer la baignoire (une nouvelle corvée de plus).

— Bien, dit Peter à Terrie et à moi avant le retour de maman. Toute ACTION engendre une RÉACTION. Vous ne devez pas l'oublier. Ainsi, dans le cas présent, vous allez tous deux me copier des lignes.

— Des lignes ?

J'étais sidéré.

Des lignes ? Comme à l'école ?

Peter avait déjà déniché un stylo et une feuille qu'il plaça devant nous en posant le stylo exactement à l'horizontale de la feuille.

— Vous allez rédiger cinq cents lignes, énonça-t-il d'un ton bizarrement courtois.

— « Je dois faire tout ce que dit Peter parce que Peter a toujours raison. »

Tout en déglutissant, je lui lançai un regard interrogateur.

Ce genre de chose était dément, mais il avait l'air parfaitement calme, comme s'il s'agissait d'une demande tout à fait banale.

— C'est pour ton bien, ajouta-t-il. Je veux vous aider tous les deux à vous souvenir de ce qu'il est important de faire.

Je me mis alors à rédiger les lignes. J'étais tellement soucieux de retrouver son approbation afin de minimiser les éventuelles punitions à venir.

En regardant Terrie, je constatai qu'elle était folle de rage.

— Espèce de salaud de facho ! s'exclama-t-elle en faisant un salut nazi dans son dos.

J'avais envie de rire.

Au bout de cinquante lignes, comme je commençais à avoir mal à la main, je pris la décision d'écrire les mots en colonnes plutôt qu'en lignes. Tous les « Je dois faire », puis les « tout ce que » et ainsi de suite.

— Terminé ! m'écriai-je fièrement avant Terrie qui ne termina que quelques minutes plus tard.

Peter ramassa les feuilles et déchira le papier en deux en nous jetant un regard furieux par-dessus ses lunettes :

— J'ai dit des lignes, pas des colonnes. Ne me désobéissez pas ! Qui a eu cette idée ?

— C'est moi, répondis-je.

— Recommence, six cents fois, ordonna-t-il. « Je dois écrire des lignes et pas des colonnes quand on me demande d'écrire des lignes. »

En pleurant, je repris mon stylo. Terrie commença à protester, et Peter lui ordonna de monter dans sa chambre.

J'avais tellement mal à la main et aux yeux que, lorsque j'eus terminé, je me sentais épuisé.

En allant me coucher, j'entendis maman s'indigner : elle était tombée sur les feuillets comportant les lignes.

— Peter ! éclata-t-elle. As-tu vraiment besoin de leur donner de telles punitions ?

— Tu veux qu'ils progressent ou pas ? répliqua Peter.

Le nouvel emploi du temps était encore plus difficile, mais nous arrivâmes à effectuer nos tâches aussi rapidement que possible et, parfois, nous commencions par nous détendre un peu en rentrant avant de nous y atteler. Heureusement, la caméra semblait avoir disparu.

Puis, un samedi soir, alors que nous étions en train de regarder *Blockbusters*, Peter arriva avec une autre idée.

— Alors, vous deux, commença-t-il en lissant sa moustache de ses doigts. Nous allons ajouter à votre emploi du temps un budget hebdomadaire.

— Un budget ? rétorqua Terrie avec un air grognon.

— Pour être sûrs de savoir où nous en sommes financièrement, expliqua Peter.

— Quoi ? dis-je.

Je ne comprenais absolument pas où il voulait en venir.

— Je veux savoir exactement ce que vous dépensez et pourquoi. C'est juste pour être sûr que vous ne gaspillez pas l'argent.

— Nous n'avons pas vraiment d'argent ! m'écriai-je.

— Je veux savoir ce que vous avez dans votre tirelire, ce que devient l'argent qu'on vous donne pour votre semaine et aussi pour vos anniversaires. Chaque fois que vous dépensez quelque chose, il faudra le noter.

Il tira une feuille de papier sur laquelle il traça des colonnes pour nous montrer comment nous devions nous organiser. Nous devions noter avec précision l'argent dont nous disposions et la manière dont nous le dépensions et, tous les vendredis, Peter vérifiait notre « budget ».

— Mais je n'achète jamais qu'un magazine ou dix pence de bonbons, dit Terrie.

— OK, pas de problème, ce sera inscrit dans le budget, déclara Peter.

— Et l'argent qu'on nous donne pour notre anniversaire ? demanda encore Terrie.

À notre anniversaire, on nous donnait toujours de l'argent à dépenser pour ce que nous voulions.

— Tu mettras la moitié à la banque et, l'autre moitié, tu pourras la dépenser, continua Peter.

— Mais nous n'avons pas de compte bancaire, dis-je.

— Eh bien, il suffira d'en ouvrir un ce week-end, répliqua Peter. Je veux que vous comptiez exactement ce que vous avez dans votre tirelire. Ça suffira pour ouvrir un compte bancaire. Vous devez apprendre à économiser votre argent.

Le samedi, nous nous rendîmes à la succursale de la banque Midland et je me sentis assez adulte lorsqu'on me demanda ma signature.

J'étais également ravi de posséder une boîte spécialement conçue par la banque, boîte verte dans laquelle vous pouviez trier vos pièces en fonction des fentes.

— Peter a eu une excellente idée, déclara maman alors que nous retournions à la maison. Ce n'est pas mal de commencer à économiser le plus tôt possible dans la vie.

Mais le compte bancaire ne sembla pas suffire. Peter nous obligea tous les deux à en ouvrir un second, insistant sur le fait que c'était nécessaire sans vraiment expliquer pourquoi.

D'une manière extrêmement sévère, il nous invita à bien noter la trace de tous les mouvements d'argent de chacun de nos comptes.

— J'ai besoin d'avoir la trace de vos comptes, expliqua-t-il. Si je vois qu'il y a des sommes ou des dépenses inexpliquées, ce ne sera pas sans conséquence. Vous devez faire attention à disposer de votre argent à tout moment, dès que je vous le demanderai.

Lorsque maman rentra du travail, Terrie lui raconta ce que Peter avait en tête.

— C'est peut-être un peu exagéré, Peter, dit-elle doucement.

— Exagéré que les enfants fassent des économies et ouvrent un compte bancaire ? répliqua-t-il. Et qu'ils apprennent à gérer leur argent ?

L'air épuisé, maman soupira :

— Oui, c’est vrai, je suppose.

— Cynth, j’aurais cru que tu serais plus reconnaissante. Rares sont les beaux-pères qui se donnent autant de mal pour les enfants d’un autre.

Je fis de mon mieux pour noter ce que je dépensais, mais il m’arrivait d’oublier si j’avais dépensé cinq ou dix pence de bonbons ou combien la BD que j’avais prêtée à mon copain Marc m’avait coûté.

Très vite, les comptes ne tombèrent pas juste.

Une semaine plus tard, Peter était assis en train de compter les pièces que nous avions déposées sur la table de la cuisine.

— Paul, il te manque treize pence, déclara-t-il sévèrement. Peux-tu m’expliquer pourquoi ?

Je haussai les épaules. J’avais tout compté et recompté, et je m’étais dit que c’était à cause des bonbons que j’avais achetés sans penser à les marquer.

En soupirant, Peter regarda maman.

— On dirait que nous allons être obligés de leur demander les reçus de leurs dépenses. Oui, c’est exactement ce qu’il faut faire. Écoutez, Paul et Terrie, je veux un reçu pour tout ce que vous allez acheter.

— Tout ? s’exclama Terrie.

— Oui, tout, insista-t-il. Ainsi, nous saurons exactement où nous en sommes, n’est-ce pas ?

Le lendemain, j’étais de retour de l’école avant tout le monde et je m’installai sur les marches pour attendre Terrie en lisant mon livre. Il n’y avait que Terrie qui avait la clef de plus, mais c’est Peter qui arriva d’abord.

— Que fais-tu ? demanda-t-il.

— Je lis, dis-je en haussant les épaules avant de retourner à mon livre.

— Où donc as-tu eu ce livre ? insista-t-il.

— Dans la maison.

Il m’arrivait souvent d’emporter un livre à l’école pour

le lire pendant l'heure du déjeuner au cas où les autres garçons n'auraient pas envie de jouer au foot avec moi. Je ne connaissais rien de mieux que de me plonger dans un livre pour m'évader.

— OK, déclara Peter en tournant la clef dans la serrure. Nouvelle règle : tu n'as pas le droit de prendre quelque chose dans cette maison sans permission.

— Quoi ?

J'étais totalement perdu.

— Et je vérifierai ton sac avant l'école et à ton retour, tous les jours, ajouta-t-il. Au cas où.

Je me demandai où il voulait en venir, mais je ne me donnai pas la peine de lui poser la question. Ce soir-là, je me contentai d'exécuter mes corvées le plus vite possible et de ne pas croiser son chemin jusqu'au moment où je pus enfin aller me réfugier dans ma chambre.

Le lendemain matin, à peine Terrie venait-elle de partir pour l'école que Peter tendit le bras en travers de la porte d'entrée pour m'empêcher de la suivre.

— Tes poches, je te prie, dit-il, et ton sac.

Je retournai lentement mes poches et défis la fermeture à glissière de mon sac. Peter s'empara de mes figurines Warhammer, de mes bonbons, d'un livre et d'un sachet à moitié entamé de mes chips favorites, les Spicy Nik Naks.

— Tout ceci est confisqué ! lança-t-il d'un ton lugubre. À présent, lève les mains.

Il me força à tenir les bras en l'air comme si j'étais en train de franchir les barrières de sécurité d'un aéroport et me fouilla de haut en bas.

— Bien, à présent, baisse ton pantalon et ton slip.

— Quoi ? Ben non ! rétorquai-je, le souffle coupé.

« Ce n'est pas possible », me dis-je.

— Obéis, sinon tu seras puni, ordonna-t-il en me jetant un regard menaçant.

Je savais que, si je ne partais pas tout de suite, je serais en retard à l'école. La dernière chose que je voulais étant d'être retenu à la maison, je baissai mon pantalon. Peter tira sur mon slip avant d'écarter mes fesses.

— Mais qu'est-ce que tu crois que j'ai caché ? demandai-je. Un crayon enfilé dans mon cul ?

— Ne sois pas insolent ! glapit Peter en approchant son visage si près de moi que je sentis son haleine rance m'envelopper entièrement.

Brûlant d'humiliation, je remontai mon pantalon et je m'en allai à l'école avec rien d'autre dans mon sac que mes livres et mes stylos. Tout ce qui m'aurait procuré un peu de distraction ou de plaisir m'avait été confisqué.

Pendant tout le chemin, mon cœur battit la chamade à la pensée de ce que Peter m'avait fait. Cela me paraissait tellement injuste, mais son attitude avait aussi donné l'impression que tout était parfaitement normal.

À mon arrivée à l'école, j'avais la tête qui tournait. Je m'installai dans la classe et j'ouvris mon sac presque vide avec un sentiment de détresse. En regardant dedans, je me demandai ce que Peter aurait bien pu me prendre de plus.

Le soir, pendant le dîner, il commença à expliquer à maman qu'il avait eu d'autres idées pour améliorer le comportement de chacun dans la maisonnée.

— J'ai remarqué que les bonbons risquent de couper l'appétit au dîner, dit-il en nous regardant au-dessus de ses lunettes. Aussi, je pense que les enfants ne doivent rien manger avant le dîner. Ni avant d'aller se coucher, car le sucre ne favorise pas le sommeil. Tu n'es pas d'accord, Cynth ?

Maman hocha la tête.

— Je suppose que tu as raison, Peter.

— Oui, ne trouves-tu pas que Terrie et Paul se comportent mieux désormais ? rayonna-t-il. Je veux dire depuis que nous avons mis en place cet emploi du temps. C'est vraiment stupéfiant, non ?

Maman nous lança un sourire. Elle était beaucoup plus

détendue à présent que Peter se chargeait des punitions et de la distribution des corvées. À son retour à la maison, elle pouvait relaxer puisque tout le ménage avait été fait par ses deux enfants qui agissaient comme des robots pour satisfaire tous leurs besoins, à Peter et à elle.

Des enfants parfaits : calmes, invisibles, obéissants et serviables.

— Oui, c'est vrai, Peter, dit-elle simplement.

— Ah ! je voulais aussi te dire que j'avais annulé les abonnements pour *Beano* et les magazines de filles de Terrie. Il vaut mieux que les enfants lisent de véritables livres.

— Mais ils aiment bien leurs revues, commença à objecter maman.

— Oui, mais tu voudrais qu'ils fassent davantage de progrès à l'école, n'est-ce pas ? répliqua Peter.

Après le dîner, il me demanda de lui préparer une tasse de café et j'en profitai pour mettre en route ma dernière invention que j'avais baptisée « mousse spécial Paul » : je versai le lait, crachai dedans et battis le tout pour le faire mousser.

— Voilà ton café, dis-je en le lui apportant avec un grand sourire. Je l'ai fait juste comme tu l'aimes.

Je sais que cela doit paraître lamentable, mais j'avais besoin de faire quelque chose, n'importe quoi, pour lui rendre la monnaie de sa pièce. Ainsi, j'avais l'impression de remporter une victoire, une minuscule victoire, mais une victoire quand même.

J'éprouvais une grande satisfaction à le voir boire ses gorgées de café au crachat.

Juste avant l'heure du coucher, j'entrai dans ma chambre pour y découvrir Peter qui faisait les cent pas dans la pièce.

— Paul ! aboya-t-il. Regarde un peu ce que j'ai trouvé ! Tu pensais pouvoir t'en sortir comme ça, hein ?

Il tenait dans la main un petit bonbon couvert de peluches, comme si c'était une grenade !

— Ben… J'ai…

Je me demandais d'où pouvait venir ce bonbon. Sans doute l'avais-je oublié dans une poche depuis des lustres.

— Toute ACTION engendre une RÉACTION, Paul, cracha-t-il avant de lever la main et de me frapper violemment sur les fesses.

Je hurlai de douleur sous le coup.

— Tu l'as bien mérité, espèce de petit pervers ! grinça-t-il. Et ne t'avise pas de me défier à nouveau, tempêta-t-il avant de sortir en claquant la porte.

Pendant quelques minutes, je me contentai de rester là, à pleurer. Il m'avait frappé si fort que mes fesses s'ornaient d'une parfaite empreinte des cinq doigts de Peter. Je finis par grimper dans mon lit en continuant à sangloter. Pour quelque raison, le fait que Peter soit allé fouiller dans mon armoire pour trouver ce bonbon rendait les choses encore pires. Il voulait absolument me prendre en défaut.

En m'essuyant les yeux, je repensai à ce qui s'était passé ces derniers jours. Peter avait l'air d'être devenu un homme totalement différent. L'emploi du temps, le budget, les fouilles corporelles et, à présent, il venait de me frapper. Les choses allaient-elles encore empirer ? Est-ce qu'il n'y aurait pas de fin à ses sévices ?

Plus tard, lorsque je sortis pour me rendre aux toilettes, je surpris la conversation de Peter qui continuait à ruminer.

— Écoute, Cynthia, je sais que tu fais de ton mieux pour être une bonne mère, mais, de toute évidence, ces gosses ont des problèmes. Ils ne cessent de mentir. Tous deux ont menti au sujet de leurs tâches et de la nourriture qu'ils ont volée. Bon sang, tu ne vois pas qu'ils gaspillent tout l'argent que tu t'échines à gagner. Il faut les reprendre en main.

Et il continua sa litanie tandis que maman l'écoutait sans rien dire.

8

Les blessures invisibles

TERRIE

Depuis que maman avait délégué toutes les responsabilités et les punitions à Peter, elle paraissait plus détendue. Paul et moi, nous gardions soigneusement dans notre carnet la trace de toutes nos tâches et de nos dépenses, et, c'est vrai, dans l'ensemble, la maison semblait fonctionner plus sereinement, mais nous avions l'impression d'être constamment sous pression et nous étions épuisés. Lorsque nous avions terminé nos corvées et nos devoirs et dîné, il était pratiquement l'heure d'aller se coucher.

Pour ma part, j'en voulais de plus en plus à maman de laisser Peter avoir un tel contrôle absolu sur nos vies. Quand je rentrais de l'école, fatiguée par une dure journée, je trouvais Peter allongé sur le canapé, les pieds sur la table basse.

— Ah ! te voilà, Terrie ! Tu es en retard. J'ai faim, dit-il sans quitter des yeux l'écran de télé. Tu n'as qu'à me préparer des œufs brouillés et des toasts avec une tasse de café, ajoutait-il invariablement.

J'étais furieuse. Je savais qu'il avait passé la journée là, à paresser au lieu de se faire à manger lui-même. Je me disais que j'avais bien assez à faire comme ça. Je ne l'avais jamais vu même verser une tasse de café pour quelqu'un d'autre. Mais, comme j'aimais faire la cuisine (et que je préférais que la paix règne dans la maison), j'obéis cette fois encore à ses ordres. Je fis chauffer la poêle et préparai les œufs comme maman me l'avait montré. Lorsque j'emportai l'assiette dans le salon, Peter y jeta à peine un regard avant de faire la grimace.

— Je ne peux pas manger ça. Ils sont trop cuits. Tu sais bien que tu dois servir les œufs brouillés quand ils sont encore baveux. Il va falloir que tu recommences. Si tu les rates encore, je te donnerai cinquante lignes : « Je ne sais pas préparer les œufs brouillés. »

Et il se retourna vers la télé.

J'étais folle de rage. J'avais envie de lui jeter les œufs à la tête. Je m'étais attendue à ce qu'il soit un peu plus reconnaissant. Mais je recommençai tout depuis le début. Je fis tomber le toast sur le sol et marchai dessus par inadvertance.

Les œufs étaient si peu cuits qu'ils me dégoûtaient. Je versai le tout sur le toast piétiné et, quand je présentai l'assiette à Peter, son visage s'éclaira comme si j'étais une serveuse dans un restaurant gastronomique.

— Merci, Ted, dit-il en se précipitant sur son assiette.

« Va te faire foutre », pensai-je en me sentant révoltée.

Je m'éloignai pour aller faire mes devoirs lorsque, s'arrêtant de mâcher, Peter m'arrêta :

— Et où crois-tu aller comme ça ? Tu ne vas rien faire d'autre tant que tu n'auras pas terminé toutes tes corvées.

Paul me rejoignit en haut pour nettoyer la salle de bains. C'était un vieux modèle qui avait été installé dans les années 1970. Maman avait collé du lino marron sur les murs et sur le sol et, avant, elle la tenait impeccable. À présent, sous le régime de Peter, il fallait aussi que cela brille comme neuf. J'étais penchée sur la baignoire, en train de polir l'émail, pendant que Paul brossait le lavabo avec du Cif.

— Je l'ai déjà fait il n'y a que deux jours, grommela mon frère. C'est pas comme si c'était sale. Il nous traite comme des esclaves. Moi, j'ai l'impression d'être en prison.

— Hmmm, répondis-je du bout des lèvres. Je suis sûre que, dans les prisons, ils utilisent des instruments spéciaux pour nettoyer les toilettes.

Il ne fallut pas plus d'une seconde pour que Paul comprenne ce que je voulais dire quand il me vit m'emparer de la brosse à dents de Peter pour frotter le tour des canalisations et le sol.

— Parfait, comme ça Peter nous donne un coup de main, déclara Paul d'un ton joyeux.

En souriant intérieurement, nous nettoyâmes ainsi toute la salle de bains.

— Vous avez l'air bien gai, tous les deux, dit maman en nous servant notre menu préféré pour le dîner : des galettes de bœuf panées Findus et de la purée de pommes de terre.

Je levai les yeux vers elle en souriant. Je remarquai qu'elle avait l'air particulièrement fatigué.

— Avez-vous passé une bonne journée ? demanda-t-elle tandis que j'étais en train de racler les restes de purée de mon assiette.

Je haussai les épaules.

— Pas trop mal, maman. Comme d'habitude !

Je mentais. En fait, je ne pouvais pas vraiment me souvenir d'une bonne journée dernièrement. Désormais, les seuls amusements que nous avions, Paul et moi, consistaient à nous moquer de Peter, mais j'avais compris que ma mère n'était pas d'humeur à parler et je gardai le silence.

Lorsque nous nous levâmes pour nous mettre à la vaisselle, Peter leva la main.

— Paul et Terrie, quel chemin prenez-vous habituellement pour vous rendre à l'école ? demanda-t-il.

Nous échangeâmes un regard. Je prenais toujours le même chemin, sauf si je croisais une amie ou si j'étais en retard. Dans ce cas, je coupais par le parc. Il arrivait que nous rentrions ensemble, Paul et moi, selon notre humeur et si je marchais assez vite pour le rattraper au moment où il traversait les terrains de sport de son école.

Mais je n'eus pas le temps d'expliquer quoi que ce soit que Peter reprenait la parole :

— OK, eh bien, j'ai réfléchi au trajet le plus rapide, expliqua-t-il en faisant les cent pas dans la pièce. Et vous n'aurez pas à vous en écarter. Pas de discussion possible.

Il étala alors un plan du quartier sur lequel il avait surligné en rouge le trajet que nous devions suivre ! Je fronçai les sourcils : il s'était donné tellement de mal pour ça ?

— De temps en temps, je vous suivrai sans vous prévenir afin de veiller à ce que vous preniez exactement ce chemin.

Je lâchai un rire gêné.

— Quoi ? Mais tu plaisantes ? Je n'ai plus cinq ans !

L'air plein d'appréhension, Paul se mordait la lèvre.

— Tu as bien entendu ce que j'ai dit, insista Peter. Je ne fais cela que pour aider votre mère.

— Mais ça ne va pas aider maman ! chuchota Paul pendant que nous faisions la vaisselle un peu plus tard.

— C'est seulement parce qu'il veut tout contrôler, soufflai-je. Tu n'as qu'à ouvrir grand les yeux quand tu rentres à la maison… Tu peux être sûr qu'il sera là quelque part.

L'après-midi suivant, dès la sonnerie de la cloche, je sortis de la classe pour prendre le chemin de la maison. Peter nous avait demandé d'être rentrés à quinze heures cinquante tapantes, ce qui signifiait que nous devions pratiquement courir tout le long du trajet. Lorsque j'avais cours de l'autre côté de l'école, je savais qu'il me faudrait encore accélérer pour sortir avant tout le monde afin d'être à l'heure. Une chose qui, aux yeux de mes camarades de classe, allait me faire paraître encore plus bizarre.

Alors que je me dirigeais vers la maison, du coin de l'œil, j'aperçus une voiture rouge qui m'était parfaitement familière. Même si mon cœur faisait des bonds, je continuai comme si de rien n'était, les yeux rivés devant moi. C'était bien la voiture de Peter, il n'y avait pas de doute là-dessus, bien qu'il ait retiré le cône de publicité de son auto-école, croyant ainsi se faire plus discret. Une vague de nausée déferla en moi tandis que je croisais son regard scrutateur à travers le pare-brise. Un regard qui me transperçait de part en part. Il ne sourit pas, pas plus qu'il n'agita la main. Non, il se contenta de me dévisager.

Comme un prédateur qui contemple sa proie.

J'étais folle de rage et j'avais envie de brandir mon majeur dans sa direction, mais je résistai et conservai mon poing serré dans ma poche. Faisant mine de ne pas l'avoir vu, je détournai aussitôt les yeux vers le trottoir et j'accélérai le pas.

Mes pieds semblaient avancer au rythme frénétique de mon cœur. Le fait de constater que Peter ne plaisantait pas lorsqu'il nous menaçait de nous surveiller me rendait furieuse et me terrifiait à la fois.

Lorsque j'arrivai à la maison, personne ne dit rien, et je fis ce que j'avais l'habitude de faire. Je racontai cependant à Paul ce qui venait de se passer, et nous décidâmes de rentrer ensemble le jour suivant.

Le lendemain, alors que je me dirigeais vers le terrain de sport de l'école de Paul, je croisai l'une de nos voisines, qui allait chercher sa fille.

— Bonjour, madame Robert, souris-je.

— Bonjour, Terrie. Ah ! tu vas penser que c'est bizarre, mais il me semble avoir vu ton beau-père debout derrière le gros buisson du haut de la colline.

Elle avait l'air inquiet.

— Oh ! pas de problème, répliquai-je sans hésiter. Il avait prévu de nous retrouver. Je suppose qu'il s'est caché pour nous faire une surprise.

Elle sourit alors.

— Quel homme adorable ! J'espère que tu mesures à quel point tu as de la chance !

Elle se dirigea pour aller à la rencontre de sa fille.

« De la chance ? pensai-je. C'est juste un sale pervers ! »

J'aperçus alors Paul et je courus vers lui en l'appelant et, sans reprendre mon souffle, je lui racontai la conversation que je venais d'avoir avec la maman de Debbie.

Paul écarquilla les yeux.

— Je ne peux pas le croire ! Pourquoi diable irait-il s'installer dans un buisson ?

— Contente-toi de fixer les yeux devant toi et ne le laisse pas deviner que tu sais qu'il est là.

Nous avançâmes rapidement, conscients que nous n'avions pas beaucoup de temps avant notre heure de retour à la maison. Nous n'eûmes pas l'impression de voir qui que ce soit dans les environs, mais, tout à coup, j'aperçus un éclair qui devait être le reflet de deux disques de verre. Là, accroupi dans les buissons, le visage encadré de feuillages, Peter regardait intensément dans notre direction à travers ses lunettes. Sans détourner le regard, je murmurai le plus calmement possible pour prévenir Paul :

— Peter est caché dans ces fourrés. Ne regarde pas.

L'air que prit Paul était des plus significatifs :

— Mais pourquoi fait-il cela ?

— C'est juste un gros zarbi qui n'a rien de mieux à faire.

Mon frère avait l'air terrifié et je peux dire que je l'étais aussi.

Au dîner, ce soir-là, Peter nous demanda si nous avions vu ou parlé à quelqu'un en route.

— Terrie ! gueula-t-il un autre soir après le dîner. Quel chemin as-tu pris ce matin ?

Inquiète, je levai les yeux vers lui. J'avais pris le même chemin que d'habitude, ce que je lui dis sans mentir.

— Qui était devant toi ? insista-t-il.

Je déglutis. J'étais incapable de me remémorer ce qui s'était passé le matin même.

Je n'avais pas la moindre idée d'avoir vu quelqu'un me précéder. Était-ce une nouvelle question-piège ? Je décidai d'inventer quelque chose de plausible.

— Hum, je crois que c'était une fille de sixième.

— Tu mens, cracha-t-il.

Je fronçai les sourcils pour tenter de me rappeler ce qui s'était passé. J'avais été trop occupée à réfléchir à ce qui se passait à la maison.

— Tu n'as peut-être pas emprunté le chemin que je t'avais dit de prendre, après tout, menaça-t-il.

— Mais bien sûr que si, protestai-je.

— Je ne te crois pas, répliqua-t-il. Dans cette maison, on punit les menteurs.

J'échangeai un regard avec Paul tandis que Peter se levait et se dirigeait vers le tiroir de la cuisine.

— Pourquoi devrais-je me faire du mal à la main afin que tu te comportes correctement ? vociféra-t-il. Ce n'est pas moi qui ai fait une erreur.

Il sortit du tiroir la spatule métallique de maman. Elle était encore au travail, mais j'aurais voulu qu'elle soit là pour une fois.

— Approche-toi ! lança Peter. Et penche-toi sur la chaise.

— Tu crois que je suis complètement idiote ? Je ne vais pas me pencher pour que tu puisses me frapper !

Il avait les veines du cou apparentes et je voyais sur son visage qu'il était fou de rage.

— VIENS ICI ! hurla-t-il en indiquant la chaise et en faisant un pas vers moi.

— Je n'ai rien fait de mal. Je ne vais pas me laisser faire et rester tranquille pendant que tu me frappes avec ce truc.

Il avait l'air totalement hors de lui.

— Paul, nous allons commencer par toi. Penche-toi ! Ensuite, je m'occuperai de ta sœur.

Je me plaçai devant Paul qui, pour le moment, était resté debout.

— Nous n'allons pas te laisser nous frapper avec ce truc !

J'avais envie de protéger Paul, et cela me donnait l'impression d'être forte.

Tout à coup, Peter sembla péter un câble et se dirigea vers nous en brandissant la spatule. Nous nous recroquevillâmes l'un contre l'autre.

— Voilà… ce… qui… se… passe… quand… vous… mentez… et… me… désobéissez ! braillait-il comme un maniaque en nous assénant un coup à chaque mot.

Nous pleurions tous deux de terreur, craignant qu'il ne s'arrête jamais.

Mais la spatule était trop souple et il n'arrivait pas à nous faire réellement mal. Pour finir, il s'arrêta, nous ordonna d'aller nous coucher et nous chassa de la pièce à coups de pied.

J'éprouvais un tel sentiment de colère que je ne pus résister à l'envie de le défier.

— Tu ne nous as même pas fait mal, espèce de dingue ! sanglotai-je tout en grimpant l'escalier à toute allure.

Mais, lorsque je regardai dans le miroir, je ne vis que des yeux emplis de tristesse. Combien de temps devrions-nous encore supporter Peter ? Les choses ne pouvaient pas empirer, non ?

Un peu plus tard dans la semaine, je rentrai encore à la maison avec Paul. Peter ne lui faisait pas suffisamment confiance pour lui laisser la clef de la porte, et mon frère était souvent obligé d'attendre dehors mon retour, parfois seulement quelques minutes, mais parfois jusqu'à une heure lorsque les professeurs me retenaient.

Comme Peter nous l'avait demandé, nous accrochâmes nos manteaux aux patères de l'entrée. Quelques minutes plus tard, alors que j'étais montée dans ma chambre, Paul me rappela en bas.

— Qu'est-ce qu'il y a ? demandai-je.

Il avait l'air si pâle !

— Ne lève pas les yeux, chuchota-t-il. J'ai trouvé la caméra de Peter.

— Qu'est-ce que tu veux dire par « trouvé » ?

Paul m'attrapa le bras et me fit signe de regarder par l'embrasure de la porte du salon. Sur le meuble télé en faux acajou se trouvait un gros objet rectangulaire recouvert de voile noir. J'en restai pétrifiée dans le vestibule.

— Quoi que tu fasses, murmura Paul, veille à ne pas regarder ce truc.

Tout en passant l'aspirateur et en faisant la poussière, je regardai absolument partout sauf en direction de la caméra. Soudain, je me dis que cela paraîtrait bizarre que je ne tourne jamais les yeux dans cette direction. Quoi que je fasse, j'étais perdante. Toujours.

Le lendemain matin, tandis que nous étions en train de prendre notre petit-déjeuner dans le temps imparti, Peter nous interrogea sur nos corvées.

— Combien de temps as-tu passé à faire les poussières et à passer l'aspirateur ? me demanda-t-il.

— Hum, dis-je en réfléchissant à ce qui s'était passé la veille.

Je n'en avais aucune idée. Je ne me souvenais même pas de ce que j'avais mangé au déjeuner !

— Une dizaine de minutes ? hasardai-je.

— En fait, tu as mis douze minutes, déclara Peter avec un petit sourire suffisant, alors que je t'avais demandé d'y passer quinze minutes. Cela signifie que tu n'auras pas de dessert ce soir.

Je commençai à douter que tout cela puisse être réel. Pour m'assurer que je ne rêvais pas, je plantai mes ongles dans ma paume.

Maman préparait son sac pour partir travailler et, lorsqu'elle leva les yeux, Peter s'exclama :

— Voilà qu'ils mentent encore, Cynth ! J'ai toutes les preuves qu'il me faut en images ! Je te les montrerai ce soir.

Je sentis mon cœur dégringoler. Quelque chose me disait qu'il savait que nous savions qu'il nous filmait. Pourquoi aurait-il dit cela dans le cas contraire ? Mais je n'allais certainement pas évoquer le sujet.

Au fil du temps, je me mis à surveiller constamment l'heure pendant toute la journée, à l'école, en redoutant chaque minute le moment où il faudrait rentrer à la maison. Une maison, c'est censé être un lieu où l'on peut se détendre des tensions de la journée, non ? Pas la nôtre.

Un soir que j'ouvrais la porte d'entrée, Paul me fit signe après avoir jeté un coup d'œil rapide aux alentours.

— Il l'a installée de manière à pouvoir surveiller la porte d'entrée et le salon, cette fois, murmura mon frère. Pas bête, hein ?

Je réprimai un frisson.

— Vraiment, Paul, je n'aime pas du tout ça.

Nous échangeâmes un regard. Je sentais les larmes me monter aux yeux et j'avais l'impression d'être physiquement malade. Comment en étions-nous arrivés là ?

— Je sais, dit Paul. Mais on ne va pas le laisser gagner, Terrie. On peut trouver un moyen de le contrer. Écoute, faisons une promesse. Il nous suffit d'être toujours en avance sur lui.

Je contemplai mon petit frère qui grandissait trop vite. J'étais si fière de lui.

Plus tard, lorsque maman et Peter nous envoyèrent faire la vaisselle à la cuisine, nous épiâmes leur conversation.

— Tu peux penser que le fait de les filmer est un peu exagéré, Cynth, mais c'est juste pour te prouver qu'ils ne peuvent pas s'empêcher de mentir. C'est une maladie chez eux. Regarde un peu ça.

Maman ne dit rien tandis que Peter rembobinait une nouvelle bande vidéo.

— Tu vois ? continua-t-il. Non seulement Paul est en train de manger des bonbons alors que nous lui avons demandé de cesser, mais il a également amené un copain chez nous sans notre permission.

J'essayai de me rappeler ce qui s'était passé. Paul avait effectivement amené un copain à la maison le mardi précédent, mais le garçon n'était resté que quelques minutes, le temps que mon frère lui prête un livre.

En outre, je ne comprenais pas comment Peter avait pu les filmer puisque Paul savait comment éviter les caméras, désormais. J'en conclus que Peter devait en avoir dissimulé une autre ailleurs que dans les endroits où nous les avions repérées.

Le lendemain, Paul trouva celle que nous avions manquée.

— Il a caché une caméra sur le bas d'une étagère de l'entrée, dit-il, de manière à nous voir entrer et sortir de la maison !

On aurait pu parler d'un « jeu », mais les choses allaient un peu trop loin : tous les jours, en rentrant de l'école, nous jouions donc à celui qui repérerait la caméra le premier.

En général, c'était Paul qui l'emportait, mais je fis quelques progrès. Ainsi, un soir, en entrant dans ma chambre, je remarquai que le placard de ma chambre était légèrement entrouvert : je compris aussitôt de quoi il s'agissait et, d'un coup de reins, sans même jeter un regard, comme par inadvertance, je refermai la porte. « Pas de film ce soir, pervers Peter », pensai-je amèrement.

La propension de Peter à nous punir nous portait constamment sur les nerfs. Quelques jours plus tard, un samedi matin, il nous appela dans le salon. Nous savions qu'il était fâché contre nous pour une raison ou une autre tout simplement parce qu'il s'était levé avant nous.

— OK, vous deux, commença-t-il en agitant un cheval en porcelaine de Shire sans tête qui ornait habituellement l'appui de fenêtre. Qui a cassé ceci ?

Je regardai Paul qui me regarda. Je sentais qu'il était tout aussi désorienté que moi.

— Ben, commençai-je, ce n'est pas moi.

Je supposais que c'était Paul.

— Mais ce n'est pas moi non plus ! s'écria aussitôt Paul.

En général, j'étais tout à fait capable de déceler si mon frère mentait et je suis sûre qu'à cette occasion-là, il disait la vérité.

— D'accord, tenez-vous droits, les bras sur les côtés, commanda Peter, et vous allez rester comme ça jusqu'à ce que le coupable se dénonce.

Nous nous redressâmes en regardant droit devant nous. C'était dingue !

— Non, Terrie, les bras droits sur les côtés. Et Paul, relève le menton, plus haut !

« Allez, Paul, pensai-je, avoue, bon sang ! »

Les minutes passaient. Nous commençâmes à vaciller, et Peter, à perdre patience.

— Allez, l'un de vous deux doit être responsable ! beugla-t-il.

— OK, les enfants, intervint maman plus gentiment. Allez, dénoncez-vous et tout sera terminé.

C'est alors que je me mis à pleurer. Je n'arrivais pas vraiment à garder la pose, et mes articulations commençaient à me faire souffrir. Cependant, à mesure que le temps passait, je compris que nous n'avions rien fait ni l'un ni l'autre. Cela ne pouvait signifier qu'une seule chose – et rien que d'y penser me procurait des frissons d'horreur.

Peter nous ordonna de rester debout dans le salon, le dos tourné à la télé. Les minutes se transformèrent en une heure. J'avais mal au dos et aux pieds. Paul aussi se mit à pleurer, mais, à présent, j'étais simplement obstinée. Comment osait-il nous traiter ainsi ? Une nouvelle heure suivit la première. Lorsque Paul commença à se voûter, Peter lui asséna une violente claque sur le visage.

— Tiens-toi droit ! commanda-t-il.

— OK ! ça suffit ! s'écria maman. Peter, tu peux les laisser maintenant. Je pense qu'ils ont compris la leçon. Ils ne casseront plus rien désormais.

Nous dénouâmes nos épaules et nous nous précipitâmes en haut dans nos chambres.

Je dois dire que j'avais conscience que quelque chose avait changé chez maman. Cela s'était fait progressivement et, si je le voyais, je ne savais pas expliquer ce qui en était la cause. Au cours des quelques mois depuis l'emménagement de Peter, elle avait commencé par être plus joyeuse pour perdre peu à peu sa gaieté. Elle se plaignait aussi de plus en plus souvent de l'odeur aigre de Peter.

— Peter, va donc prendre une douche, répétait-elle comme un refrain avant l'heure du coucher.

Il lui arrivait même de froncer le nez et de le repousser lorsque son souffle s'approchait trop près d'elle sur le canapé.

— Tu ne peux pas te brosser régulièrement les dents ? disait-elle d'un ton sec.

Les punitions incessantes de Peter lui portaient également sur les nerfs.

— Si vous faisiez ce qu'il vous demande, Peter n'aurait pas besoin de vous punir, soupirait-elle lorsqu'il nous réprimandait.

De temps en temps, elle lui demandait même de « lâcher la bride sur les punitions », mais Peter trouvait toujours le moyen de la convaincre que nous n'avions pas compris la leçon. Chaque fois, ses arguments paraissaient parfaitement cohérents et maman finissait par céder.

Par ailleurs, après l'histoire du cheval en porcelaine, il se produisit d'autres événements bizarres, et de plus en plus fréquemment. Un samedi, alors que nous étions tous impatients d'aller en famille à la piscine, je ne retrouvai pas mon maillot de bain.

— Mais qu'est-ce que tu fais, Terrie ? appela maman d'en bas. Nous partons dans une minute.

Je sortis toutes mes affaires du tiroir où je rangeais habituellement mon maillot avant de fouiller dans le tiroir suivant, puis dans le suivant. Je sortis ensuite complètement tous les tiroirs de leur logement pour vérifier que le vêtement n'avait pas glissé derrière.

— Allez, Terrie ! hurla Peter.

— J'arrive ! répondis-je en regardant sous mon lit.

Mais où était-il donc passé ? Il devait bien être quelque part. Je fouillai mon armoire en vain. Je ne m'attendais pas à ce qu'il s'y trouve et il ne s'y trouvait effectivement pas.

— Maman ! criai-je. Je ne trouve pas mon maillot !

À la place de maman, c'est Peter qui apparut sur le seuil de ma chambre.

— Qu'est-ce qui ne va pas, Terrie ? soupira-t-il. Tout le monde est prêt et tu nous fais tous attendre pour rien.

— Je ne trouve plus mon maillot de bain, répétai-je. Je suis sûre que je l'avais mis dans le tiroir du haut.

Maman passa la tête à la porte.

— Ted ? demanda-t-elle. Qu'est-ce que tu fabriques ?

Lorsque je lui eus expliqué ce qui se passait, elle se mit à m'aider à chercher.

Bientôt, Paul nous rejoignit dans ma chambre, et il balançait son sac pour manifester son impatience.

— OK, coupa Peter, on dirait que Terrie a perdu son maillot de bain. Alors, elle ne va pas pouvoir venir avec nous.

Il prononça ces paroles en me fixant intensément, avec une détermination tout à fait disproportionnée.

Je sentis les larmes me piquer les yeux.

— Tu devrais faire davantage attention à tes affaires, déclara maman en soupirant avant de redescendre.

Paul se mit à geindre, mais on l'envoya dans sa chambre. Je me laissai tomber sur mon lit. Je me sentais déprimée et j'éprouvais un profond sentiment d'injustice. Je savais que cela devait être ma faute, mais je n'avais aucune idée de l'endroit où ce maillot pouvait avoir disparu.

Le lendemain matin, je me réveillai avec l'impression de ne pas m'être reposée. En ouvrant le tiroir du haut de ma commode, je découvris que mon maillot de bain noir était là, soigneusement plié sur mes culottes. En le voyant, j'eus un vertige : je savais parfaitement qui l'avait mis à cet endroit !

Cette après-midi-là, Peter nous fit mettre au garde-à-vous sous prétexte que nous n'avions pas fait correctement la vaisselle. Il affirmait qu'il avait trouvé deux assiettes sales et un verre ébréché dans le placard. Cette fois, il prit soin de se munir de la spatule métallique pour nous menacer de nous frapper si nous bougions.

— Pourquoi suis-je obligé de me donner autant de mal

pour m'assurer que vous faites les choses correctement ? nous lança-t-il.

Maman était en train de prendre un bain quand il se mit à nous fesser. Il frappa plusieurs fois, et Paul se mit à pleurer. Lorsque maman redescendit, je crus qu'elle allait l'arrêter, mais elle se contenta de nous lancer un regard attristé avant de se diriger sans dire un mot vers la cuisine.

Un nouveau sentiment me tordait à présent l'estomac : je me sentais trahie. Comment pouvait-elle le laisser faire ça ? Je ne pouvais pas dire que j'en étais surprise : depuis des semaines, maman avait commencé à faire des heures supplémentaires au travail et je l'avais entendue se disputer avec Peter plusieurs fois à propos de l'argent.

— Tu ne participes jamais financièrement ! avait-elle crié. C'est moi qui dois payer pour tout. Ce n'est pas juste, Peter.

— Tu n'es qu'une abrutie, avait-il rétorqué. Je fais ma part et, bon sang ! c'est moi qui m'occupe de ces gosses tout le temps.

Le lendemain matin, Peter n'apparut pas au petit-déjeuner.

— Où est passé Peter ? demandai-je alors.

— Il boude dans son lit, répondit maman.

Il y demeura toute la journée et il y était encore lorsque nous revînmes de l'école. C'était génial. La maison était calme, et nous pûmes exécuter nos tâches tranquillement. Le soir venu, monsieur était encore au lit et le matin suivant aussi, de même que lorsque nous rentrâmes après les cours, et nous fîmes ce que nous avions à faire comme d'habitude avant de nous installer, Paul et moi, devant la télé.

— C'est l'heure de *Scoubidou* ! criai-je pour prévenir Paul que sa série préférée était sur le point de commencer.

Soudain, des pas se firent entendre dans l'escalier. Peter traversa la pièce d'un trait et alla arracher la prise du poste de télévision.

— Allez faire votre boulot ! hurla-t-il. Vous faites trop de bruit !

Puis, il attrapa Paul et le cogna à plusieurs reprises sur la tête et sur le torse.

— Arrête ! hurlai-je.

Il se tourna vers moi et me donna une claque sur le visage.

Nous patientâmes jusqu'à ce qu'il remonte et que la porte de la chambre claque. Paul rapprocha les deux fils arrachés pour les remettre dans la prise, remit la télé en marche et baissa le son au minimum. Assis sur le sol, nous continuâmes à regarder notre dessin animé.

9

Toute action engendre une réaction

Paul

Cela faisait environ six mois que Peter vivait chez nous lorsque, un soir, je vis mon reflet dans le miroir alors que j'étais en train de me déshabiller pour prendre un bain. Mon corps était plein de bleus : mes bras, mon torse et mon dos étaient couverts d'hématomes de toutes les formes, de toutes les tailles et de toutes les couleurs. J'avais l'air d'avoir été passé à tabac. Peter s'était servi de la spatule métallique sur moi à plusieurs reprises, mais il s'était également mis à me donner des claques sur la tête ou des coups de poing sur le torse. Cela s'était produit si souvent que j'en avais perdu le compte.

Ce matin-là, en regardant mon reflet avant de partir à l'école, des larmes chaudes inondèrent mon visage.

Terrie et moi, nous ne faisions que répéter : « Ce n'est pas juste ! » Au début, nous le hurlions à Peter lorsqu'il nous punissait, mais cela ne changeait rien à rien. Au contraire, on aurait dit que cela lui faisait encore plus plaisir de nous punir davantage.

— La vie n'est pas juste, rétorquait Peter en nous lançant une grimace.

Selon son humeur du moment, il valait souvent mieux ne pas répondre, au risque de se prendre une claque, un coup de poing ou une raclée en règle. J'avais appris à m'adapter et je me contentais de me mordre la langue, de réprimer tant bien que mal la rage que je sentais monter en moi.

Ce matin, cependant, je fus pris d'un frisson et je me réconfortai tant bien que mal tout en me demandant ce que je pouvais bien y faire. Je n'allais pas pouvoir continuer comme ça, et Dieu sait ce que Terrie éprouvait, mais cela ne devait pas être bien différent.

Tout ce que je pouvais dire ou faire ne semblait avoir aucun autre effet sur Peter que de l'encourager de nous faire du tort ou d'imaginer de nouvelles punitions.

Il n'était guère plus utile d'essayer d'en discuter avec maman dans la mesure où Peter l'avait convaincue que nous étions de méchants enfants et qu'il faisait simplement son devoir d'éducateur pour nous garder dans le droit chemin et qu'ainsi sa vie à elle soit plus facile. Je savais aussi que tout ce que j'aurais pu lui confier serait répété mot pour mot à Peter.

Puis, une idée commença à prendre forme dans ma tête. Si j'allais voir le directeur de l'école et que je lui montrais mes bleus et mes bosses, il serait bien obligé de faire quelque chose, non ? Peter pourrait dire ce qu'il voulait, les autorités devraient m'écouter : mon corps ne présentait-il pas suffisamment de preuves ?

— Paul, qu'est-ce que tu fiches encore là-dedans ? lança la voix de Peter depuis le rez-de-chaussée. Tu as déjà largement dépassé tes trois minutes.

— J'arrive ! répondis-je en hâte.

La colère me submergeait rien qu'au son de sa voix. Oui, demain, je ferais quelque chose, quelque chose qui nous sauverait de Peter et de son régime tyrannique une fois pour toutes.

Le lendemain main, je terminai toutes mes corvées, vérifiai mon uniforme et mon sac de cours. J'avais pris l'habitude de veiller à ce qu'il ne contienne rien qui n'ait pas de lien direct avec l'école parce qu'à une ou deux occasions, Peter avait « trouvé » un article qui lui permettait d'affirmer à maman que je continuais à désobéir, et que, par conséquent, il avait toutes les raisons de me fouiller. Aujourd'hui, je me fichais de sa fouille corporelle et de la longue marche dans le froid jusqu'à l'école parce que je savais qu'aujourd'hui, les choses allaient changer.

Ce serait au tour de Peter de comprendre que toute ACTION engendre une RÉACTION !

Il allait apprendre que ce qu'il me faisait, à moi et à Terrie, n'était pas correct. Pas correct du tout.

Toutefois, le long trajet jusqu'à l'école ne m'aida guère, dans la mesure où j'eus tout le temps de réfléchir à ce que j'allais faire.

D'abord, j'avais des papillons dans le ventre pour finir par avoir l'impression qu'une véritable guerre faisait rage en moi. J'en étais en fait arrivé au stade où je m'étais adapté à devoir être deux personnes différentes. Il y avait le Paul obéissant, calme et docile, celui qui répondait toujours « Oui, Peter » et se précipitait sur ses tâches. Et il y avait le Paul insolent, intelligent, rusé et prompt à la colère qui existait au plus profond de moi. C'est ce second Paul qui avait entamé le trajet vers l'école, celui qui me poussait à en finir une bonne fois pour toutes, mais, peu à peu, à chaque nouveau pas, il y avait la part docile qui insistait pour ne pas dénoncer quoi que ce soit, au cas où les choses tourneraient mal.

Le Paul qui avait peur d'être puni prenait de plus en plus de place, au point d'essayer de me convaincre que j'avais sans doute eu une réaction disproportionnée, que, peut-être, je méritais les punitions. Sur le chemin de l'école ce jour-là, j'avais l'impression d'être un observateur qui regardait les deux facettes de moi se lançant leurs arguments à la tête, se battant pour savoir qui allait être le vainqueur, la voix dominante.

Je me retrouvai presque automatiquement devant le secrétariat. Je pris une grande inspiration et grimpai les marches pour franchir les portes battantes.

— Bonjour, madame. Puis-je voir le directeur, s'il vous plaît ? demandai-je à la secrétaire.

— Bonjour, Paul, me répondit-elle en levant vers moi son visage souriant. C'est à quel sujet ?

— J'ai un problème familial ! m'écriai-je avant de changer d'avis.

Avec l'extrémité en caoutchouc de son crayon, elle m'indiqua un siège.

— Assieds-toi. Je vais voir s'il est disponible.

Je m'installai en balançant mes jambes sur la chaise et en essayant d'admirer les murs ornés de tableaux qui représentaient des scènes paisibles, des fruits ou des plantes.

J'essayais également d'imaginer ce que le directeur allait dire et comment Peter réagirait. Je pensais que nous irions voir la police tout de suite. Je savais que, pour commencer, maman serait un peu perturbée, mais elle finirait par accepter que cela ne pouvait plus durer, d'autant que les bleus de mon corps battu seraient des preuves évidentes.

Cependant, d'une certaine manière, c'était bien là le problème : Peter nous frappait rarement en présence de maman, et il veillait à ce que les bleus ne marquent que des emplacements que mes vêtements recouvraient.

Je ne sais pas pourquoi, mais je n'avais jamais de bleus sur le ventre alors que c'était souvent là qu'il me frappait, parfois vraiment fort. Cependant, tout ceci mis à part, il y avait une chose dont j'étais sûr : Terrie me soutiendrait. Je pouvais compter sur ma sœur quoi qu'il arrive.

Cela faisait longtemps que je n'étais pas entré dans le bureau du directeur, mais l'odeur était toujours la même, mêlée de meubles poussiéreux et de café rance qui me rappela soudain l'odeur de Peter. J'en frissonnai. J'étais tellement impatient qu'il sorte de ma vie.

Le téléphone de la secrétaire sonna enfin.

— Tu peux y aller, Paul, dit-elle. Le principal est occupé, mais la principale adjointe va te recevoir.

— Bonjour, dis-je maladroitement en me tenant devant le bureau.

J'étais bien décidé à ne pas pleurer, mais c'était difficile. J'étais vraiment nerveux et je commençai à avoir des doutes.

— Bonjour, Paul. Ça fait un petit moment, non ? Je pense que la dernière fois que nous nous sommes vus, c'était parce que tu avais besoin d'un certificat pour la course, si je me souviens bien. Alors, que puis-je faire pour toi aujourd'hui ?

— C'est le compagnon de ma mère, balbutiai-je. Il n'arrête pas de me frapper.

Je roulai mes manches pour lui montrer les hématomes violacés de mes bras. Ils avaient la forme et la taille des doigts de Peter.

La principale adjointe se pencha sur sa chaise. Elle avait l'air si inquiète que cela me rassura un peu, et je remontai ma chemise d'uniforme pour lui montrer les hématomes noirâtres où Peter m'avait frappé sur les côtes et sur la poitrine.

— Oh mon Dieu ! s'exclama-t-elle, visiblement choquée.

— Et ce n'est pas fini, continuai-je en me tortillant pour lui montrer mon dos.

Comme je me débattais avec ma chemise, je finis par la retirer entièrement. Puis, j'allais remonter mes jambes de pantalon pour lui montrer mes mollets, où Peter m'avait frappé quelques jours plus tôt (les bleus étaient encore gonflés), mais, comme j'avais toujours des pantalons trop petits et que je n'arrivais pas à les remonter très haut sur ma jambe, je me contentai de les retirer entièrement. Il me semblait important qu'elle voie toute l'étendue des dégâts.

— Je veux simplement qu'il arrête, dis-je en reniflant un peu tandis que mes yeux se gonflaient de larmes.

J'étais là, debout, en slip, et la principale adjointe me fit doucement tourner vers la droite et vers la gauche tandis que ses yeux parcouraient mon corps pâle émaillé de bleus comme la peau d'un léopard.

— OK, Paul, rhabille-toi, dit-elle. Je vais m'occuper du problème.

Elle avait l'air un peu secouée, ce qui me rassura. Je ne savais pas si elle allait appeler les urgences, la police ou ma mère, mais j'espérais qu'elle allait faire vite parce que j'avais l'impression d'être sur le point d'exploser.

Je reboutonnai ma chemise, enfilai mon pantalon et retournai m'asseoir dehors.

Pendant que j'attendais, la secrétaire n'arrêtait pas de me lancer des regards. J'avais envie de lui raconter ce qui s'était passé, mais je n'osai pas. Je pensais qu'il valait mieux attendre que les choses soient officielles et que la police vienne arrêter Peter.

Dix minutes plus tard, lorsque je levai les yeux, mon cœur faillit s'arrêter dans ma cage thoracique. Ce n'était pas la police ! C'était Peter, les mains sur les hanches. Je clignai des yeux en me disant que je devais être en train de rêver. Tout ceci n'était qu'une erreur. Ce n'était pas possible autrement.

— Je suis venu te chercher, déclara Peter en faisant tinter ses clefs de voiture.

Ses yeux porcins brillaient de colère et il me prit sans ménagement par le coude.

— Ta mère m'a demandé de passer parce que l'école

l'a appelée au travail. Apparemment, il y aurait eu un problème.

Je me mis à trembler, mais, dans ma tête, les pensées se succédaient à toute allure. J'imaginais maman au travail, occupée, harcelée par les clients. Puis, je compris d'un coup. Bien sûr que maman allait appeler Peter pour lui demander de venir me chercher. Il était à la maison et n'avait rien de mieux à faire. Elle n'avait peut-être pas cru à mon histoire. Après tout, Peter ne me frappait pas vraiment fort quand elle était dans le coin.

Peter disparut dans le bureau du directeur pendant cinq très longues minutes. En sortant, il avait sur le visage le plus grand et le plus beau de ses sourires et serrait la main de la principale adjointe en la remerciant pour sa compréhension et en lui promettant qu'il allait faire de son mieux pour m'aider à cesser mes mensonges.

« Comment a-t-il encore fait pour s'en sortir cette fois ? » me demandai-je.

Il me tira par le bras pour m'entraîner jusqu'à sa voiture, ses doigts me pinçant la peau. Dès que la portière claqua, il se tourna vers moi et me donna un coup de poing aussi fort qu'il le put dans la poitrine.

— Espèce de saligaud ! Qu'est-ce que tu crois que tu étais en train de faire ? hurla-t-il au point que des postillons sortaient de sa bouche.

Il était si près de moi que son nez touchait pratiquement le mien. Lorsqu'il tourna la clef pour mettre le moteur en marche, je fus submergé par un sentiment d'impuissance et de terreur absolues.

— Je ne comprends pas ce que tu espérais ! beugla-t-il.

Tandis qu'il changeait de vitesse, il leva le bras et frappa à nouveau de son poing fermé sur ma poitrine. Je lâchai un soupir en tombant en avant comme si on m'avait tiré dessus.

— Tu croyais VRAIMENT qu'on allait te croire ?

TOI ? insista-t-il en me frappant à nouveau, cette fois un peu plus bas.

Je grognai de douleur en me recroquevillant sur mon siège pour éviter les coups, mais je n'avais aucun endroit où me réfugier.

Tout au long du trajet de retour à la maison, à chaque arrêt aux feux tricolores, à chaque changement de vitesse, il me frappait aussi fort qu'il le pouvait. Lorsque nous atteignîmes enfin la maison, je me sentais physiquement malade et j'avais de nouveaux bleus, de nouvelles bosses et de nouvelles douleurs partout. C'est en sanglotant que je sortis de la voiture.

— Va te coucher ! hurla Peter. Et ne crois pas que tu vas avoir droit au dîner, espèce de petit merdeux de menteur !

Le lendemain, Peter arriva à la table du petit-déjeuner plus tôt que d'habitude. Il s'installa tranquillement à sa place, à côté de maman et, tout aussi calmement, il annonça :

— Aujourd'hui, ta mère va t'emmener voir le médecin généraliste.

— Mais pourquoi ? répliquai-je.

Je n'arrivais pas à comprendre pourquoi diable Peter aurait voulu que je voie un médecin. J'aurais imaginé que c'était la dernière personne qu'il aurait souhaité me laisser croiser !

— À cause de tes problèmes psychologiques, ricana-t-il. Le fait de mentir sans cesse, d'inventer des choses, de te faire du mal pour avoir des marques de coups et des entailles. Il faut étouffer ça dans l'œuf !

J'avais du mal à réaliser ce que j'étais en train de vivre alors que nous étions déjà dans le bus en direction du cabinet du médecin ce matin-là.

— Maman, je n'ai pas menti, sanglotais-je.

Elle se contenta de soupirer.

— Écoute, Paul, dit-elle avec douceur. Je ne sais pas

pourquoi tu tiens à causer tant de problèmes à Peter. Je reconnais qu'il se montre un peu tatillon au sujet de la manière dont il aime que les choses soient faites, mais je ne comprends pas que tu aies besoin de transformer tout contre lui comme tu le fais. Les choses vont bien mieux à la maison depuis qu'il est là, et je suis vraiment heureuse. Tu ne veux pas que je sois heureuse ? Tu penses que je ne le mérite pas ?

Les deux dernières phrases de ma mère correspondaient à mes propres pensées, mais il fallait absolument que je lui prouve que je n'inventais rien au sujet de Peter.

Je remontai mon haut pour lui montrer certains de mes hématomes.

— Mais, maman, comme ai-je pu me blesser comme ça ? me mis-je à geindre.

— Peter m'a raconté que tu étais tombé de cet arbre, répondit maman. Et que tu étais certainement prêt à mentir à ce sujet. Tu n'arrêtes pas de courir partout et de monter aux arbres, bref, comme tous les garçons.

J'avais envie de hurler. Comment pouvait-elle ne pas me croire ? Ou, pire, pourquoi ne se souciait-elle pas plus de moi ? En larmes, je suivis maman dans le cabinet de notre médecin. Si ma principale adjointe ne me croyait pas, qu'est-ce qu'un médecin pouvait bien faire ?

D'ailleurs, le généraliste ne me jeta même pas un coup d'œil. Il se contenta de hocher la tête pendant que maman lui racontait que je posais des problèmes parce que je ne faisais pas ce qu'on me demandait à la maison, que je faisais tout pour faire croire que Peter n'était pas gentil et à quel point je passais mon temps à mentir. Le médecin sembla inquiet d'apprendre que je me blessais tout seul et que j'essayais d'en imputer la faute à autrui, et il confia à ma mère que tout pouvait s'arranger si je prenais la peine d'aller voir un psychologue.

— Une aide professionnelle, dit-il.

Il lui remit une lettre pour l'école, où il expliquait ce dont il était question, et lui dit qu'elle recevrait des nouvelles par la poste à propos de mon évaluation psychologique.

Deux semaines plus tard, la lettre promise arriva au courrier : on m'envoyait dans un centre de thérapie familiale, un lieu qui proposait des « conseils familiaux » pour les « enfants perturbés ». Le premier rendez-vous était fixé pour la semaine suivante, et nous devions nous y rendre tous ensemble.

Peter en fit toute une histoire.

— Regarde un peu à quel point ton comportement dérange tout le monde, dit-il. Est-ce que tu crois que ta mère va pouvoir conserver un peu de dignité quand les gens seront au courant ?

Bien sûr, il prit aussi soin de déclarer la même chose devant autant de monde que possible afin de recueillir le maximum de compassion.

Que pouvais-je faire ? Rien. À ce stade, tout ce que je pouvais dire serait considéré comme un mensonge alors que tout ce que dirait Peter serait tenu pour parole sacrée. Au fond de moi, la colère ne fit cependant qu'augmenter. Je réfléchis longuement à mon problème, et la seule idée qui me vint fut de faire en sorte de créer autant de difficultés que possible à Peter.

Mon plan était tout tracé, et la part sournoise qui était en moi se mit à la tâche presque avec délectation. En apparence, je conservais une façade d'obéissance et de docilité absolues. Au fond de moi, c'était bien différent.

Le jour du rendez-vous de la première séance arriva. Nous parcourûmes le trajet dans un silence lourd de tension. Juste avant de monter dans la voiture, Peter me lança un dernier avertissement :

— Évite les mensonges.

Ce qui signifiait clairement : « Ne dis pas la vérité. »

Nous pénétrâmes alors dans un très vieux bâtiment avec de hauts plafonds et des lambris.

Après que maman eut expliqué la raison de notre présence à la réceptionniste, on nous invita à entrer dans une grande salle d'attente. Quelques minutes plus tard, une femme d'âge moyen en robe blanc crème nous invita à la suivre dans une autre pièce où nous nous assîmes en cercle.

C'était la conseillère et elle commença la séance ainsi :

— Bonjour, vous êtes donc la famille Duckett. Nous sommes ici pour essayer d'éclaircir des difficultés familiales que vous éprouvez, n'est-ce pas ? poursuivit-elle d'une voix douce et chantante.

Peter me jeta un regard d'avertissement. Moi, je gardais les yeux baissés comme si j'avais voulu que le sol nous engloutisse tous (ou au moins Peter).

— Bien, continua la dame. Je m'appelle Sally et c'est moi qui vais diriger votre séance d'aujourd'hui. Ce que je voudrais vous demander pour commencer, c'est d'être le plus sincères possible. C'est essentiel si nous voulons trouver une manière de vous aider à retrouver une unité familiale sereine.

Je jetai un coup d'œil à Terrie pour constater qu'elle devait penser exactement comme moi. Si nous disions la vérité, nous finirions par être battus dès que nous sortirions de la pièce. Une « unité familiale » ? Peter était l'ennemi infiltré. Alors, lorsque Sally se tourna vers moi en me demandant ce que j'en pensais, je me contentai de hausser les épaules.

En revanche, lorsque son tour vint, Peter avait des tas de choses à dire.

— Eh bien, Paul, par où vais-je commencer ? dit-il en remontant ses lunettes sur son nez.

Il parlait plus gentiment que d'habitude, comme s'il était vraiment inquiet à mon sujet.

À mon avis, il méritait un Oscar !

— C'est juste que nous ne pouvons plus faire face, soupira-t-il en gonflant les joues. Dieu sait que nous avons essayé, n'est-ce pas ? ajouta-t-il en regardant maman et en lui serrant la main.

Il ne prenait plus jamais la main de maman ces derniers temps, pensai-je pendant qu'il poursuivait.

— Il arrive un moment, cependant, où il faut que cela cesse, non ? Nous ne pouvons plus le supporter. Les mensonges, la manipulation, le manque de respect. Il ne fait rien de ce qu'on lui demande et n'aide pas sa mère.

Là, il laissa sa voix traîner tout en regardant les affiches évoquant les automutilations qui ornaient les murs.

— Nous avons besoin de votre aide, Sally, plaida-t-il simplement. Et je pense que c'est mon devoir de faire en sorte que ce garçon obtienne justement toute l'aide dont il a besoin.

Impressionnée par l'éclat de sincérité de Peter, Sally hocha la tête et se mit à prendre des notes et à cocher des cases. Moi, je me contentai de rester là, l'image même du garçon docile et obéissant tandis qu'au fond de moi, il y avait un autre Paul qui hurlait de rage : « MENTEUR ! TOUT CE QUE TU DIS N'EST QUE DE LA MERDE ! ET L'OSCAR DU MEILLEUR RÔLE REVIENT À… PETER ! »

La séance dura soixante minutes et, à la fin de l'après-midi, le verdict était tombé : Paul Duckett était officiellement étiqueté comme « délinquant qui nécessitait des séances régulières de soutien psychologique au centre afin que son comportement évolue ».

Peter et maman restèrent à bavarder avec la conseillère pendant quelques minutes, et je me retrouvai enfin seul avec Terrie dans la salle d'attente.

— Quels idiots ! éclata ma sœur. Elle croit vraiment tout ce qu'il dit, non ?

Tristement, je hochai simplement la tête. Nous aurions aussi bien pu être invisibles.

Ensuite, Peter sortit, un formulaire dans la main.

— OK, tout est réglé à présent.

Sally demanda à Peter et à maman quel était le meilleur moment pour les séances dans mon emploi du temps.

— Nous proposons des séances après l'école, expliqua-t-elle, et elles sont généralement très demandées pour ne pas gêner la scolarité. Mais nous pouvons aussi le prendre à la journée. Dites-moi ce qui vous paraît le mieux.

— Je pense qu'on peut aussi bien prévoir ça dans la journée, déclara Peter, les yeux rivés sur moi. Il suffira que Paul s'absente de l'école. Nous expliquerons la situation à ses professeurs. Il vaut mieux que nous prenions conscience de ses problèmes comportementaux le plus tôt possible, qu'en pensez-vous ?

— Absolument, acquiesça Sally. Plus Paul bénéficiera de l'aide pour affronter ses problèmes, plus son avenir en bénéficiera.

Elle m'adressa un sourire auquel je répondis par un regard meurtrier. Je n'arrivais pas à croire qu'elle soit aussi stupide.

Nous parcourûmes le trajet de retour à la maison en silence. Au moment où nous prenions le virage dans l'avenue Churchill, Peter déclara dans un soupir :

— Je suis très content que nous ayons pu obtenir de l'aide pour Paul dès à présent. Ça va grandement améliorer son comportement. Mieux que je ne pourrais le faire, et il sait désormais qu'il ne peut plus aller voir les gens à l'école pour leur raconter des mensonges sur ce qui lui arrive. Il va comprendre qu'il lui faut changer.

Maman hocha la tête et se tourna vers la banquette arrière pour me regarder.

— Paul, tu sais que c'est pour ton bien, dit-elle.

Bon sang ! Elle croyait vraiment toute la merde que Peter lui avait fournie !

Résigné au fait que, désormais, il n'y avait plus que Terrie et moi contre le monde entier, je montai immédiatement dans ma chambre et m'endormis dans mes pensées.

La semaine s'écoula assez vite, d'autant que Peter semblait rester sur ses gardes, comme s'il ne voulait rien ajouter avant ma première séance seul au centre. Je suppose qu'il se disait qu'il avait remporté une grande bataille et qu'il pouvait à présent faire tout ce qui lui plaisait. Après tout, n'avait-il pas tout un bataillon de professionnels qui le soutenait ?

On avait informé tous mes professeurs de ma conduite et j'avais déjà remarqué un changement d'attitude de leur part à mon égard. Certains n'hésitaient plus à me réprimander, voire à me hurler après ; d'autres me faisaient systématiquement asseoir au premier rang de la classe.

Voilà que j'avais été étiqueté officiellement comme « enfant en difficulté » de l'école et, de ce fait, on m'accusait de toutes sortes de maux, aussi bien à l'école qu'à la maison.

Le jour de la séance, je sortis de la salle de classe sans détacher les yeux de la vieille moquette, signai le registre à la loge et me dirigeai vers le taxi qui m'attendait pour me conduire au centre.

Les séances ne furent cependant pas aussi désagréables que je ne l'aurais cru. Le centre comportait une grande cour extérieure où nous pouvions jouer à toutes sortes de jeux, et nous avions le droit de faire la cuisine et de manger ce que nous avions préparé, ce qui m'apparaissait comme extraordinaire. Il y avait une fille que je reconnus immédiatement parce que c'était la fille de l'un des amis de l'armée de papa.

— Qu'est-ce que tu fiches là ? me demanda-t-elle d'un ton soupçonneux.

— Pour mensonge, désobéissance et comportement asocial général, ricanai-je. En fait, j'ai simplement dit la vérité au sujet du compagnon de ma mère qui me tape dessus. Et toi ?

— Mensonge, désobéissance et comportement asocial général, répéta-t-elle. Mon père nous bat comme plâtre, ma mère et moi.

Je compris vite ce que signifiait généralement « comportement asocial ». Nous venions tous de familles où la violence était normale, mais, au lieu de punir nos parents, c'est nous qu'on punissait.

Au cours de mes séances, j'expliquai à la thérapeute ce que Peter nous faisait subir. À travers des « hum » et des « ah, ah », elle prenait des notes dont elle ne parlait jamais lors des séances de thérapie familiale. À ces moments-là, elle écoutait avec attention Peter raconter en long en large comment je me comportais (mal) en accumulant les exemples.

— On ne peut pas lui faire confiance, expliquait Peter. Et le centre est le meilleur endroit pour lui.

10

Lorsque tout bascule

Terrie

Peu de temps après l'admission de Paul dans le centre de thérapie familiale, Peter prit rendez-vous pour rencontrer mon professeur principal. Je n'avais aucune idée du sujet qu'il voulait évoquer, mais, peu après, on me fit appeler en plein milieu d'un cours.

— Ton beau-père nous a informés qu'il fallait surveiller ton comportement de près dans la mesure où tu as déjà eu des problèmes de mensonges à la maison, expliqua-t-elle.

J'ouvris la bouche pour protester, mais elle continua à gribouiller des notes, tête penchée, sans même lever les yeux vers moi.

— Tu vas devoir subir une évaluation et j'ai demandé à ton tuteur de surveiller tes progrès. Je dispose déjà d'un certain nombre de rapports sur le nombre important de tes absences.

Je me laissai aller dans mon siège. J'avais parfaitement compris ce qui était en train de se passer : Peter avait pris les devants au cas où j'aurais eu à me plaindre de lui. Il était en train d'ouvrir son parapluie, de tisser une toile afin de s'assurer que je n'aurais personne vers qui me tourner, personne à qui demander de l'aide. C'est vrai, je séchais souvent, mais c'était seulement parce que je n'arrivais pas à me concentrer. Je savais cependant qu'il était tout à fait inutile de discuter. La manière dont elle me regardait me donna l'impression que mon cœur tombait. C'est à ce moment que je compris à quel point j'étais seule.

Ce jour-là, je fus contente pour une fois de rentrer à la maison, mais Peter était d'une telle humeur que je disparus aussitôt dans ma chambre. Comme souvent, il faisait un froid glacial, car maman n'avait pas vraiment les moyens de payer le chauffage. Nous avions dû nous y habituer et nous nous contentions d'ajouter un pull. J'ouvris mon tiroir pour y chercher mon pull préféré, mais il n'y était pas. Je me souvins alors que j'avais dû l'oublier quelque part, et la panique s'empara de moi. Peter avait instauré une nouvelle règle au sujet de ce qu'on laissait traîner : dès qu'il voyait un objet qui n'était pas à sa place, il le confisquait. Mais, comme il faisait vraiment froid, je pris mon courage à deux mains et je redescendis pour demander à Peter s'il avait vu mon pull.

— Bien sûr que je l'ai vu, dit-il. Tu connais les règles. Si je trouve quelque chose qui traîne, je le confisque. Si tu ne le réclames pas dans la semaine, c'est direct à la poubelle. Si tu veux le récupérer, tu vas devoir me faire deux cents lignes : « Je ne dois pas laisser traîner mon pull à terre, sinon il me sera confisqué. »

Je passai les deux heures suivantes à faire mes lignes parce que je voulais vraiment récupérer ce pull. Puis, Paul descendit en pleurant.

— Qu'est-ce qui t'arrive ? demandai-je d'un ton inquiet.

— Mes… voitures…, pleurait-il.

Je filai dans sa chambre et le vis qui montrait le sol. Pendant des années, il avait réussi à sauver une boîte contenant une trentaine de petites voitures.

— C'est lui ? N'est-ce pas ?

Mais je connaissais déjà la réponse.

Ce soir-là, Paul dut aussi faire deux cents lignes : « Je ne dois pas laisser traîner mes jouets au sol ou je ne les récupérerai pas. »

Les menaces et les punitions planaient constamment au-dessus de nos têtes, mais, heureusement, Peter avait cessé de me rendre visite le soir dans ma chambre. J'en étais soulagée et j'aurais aimé pouvoir l'oublier tout à fait, comme si cela ne s'était jamais produit. Hélas, les choses n'allaient pas en rester là. Le lendemain, à mon retour de l'école, j'ouvris la porte d'entrée pour découvrir Peter en train de m'attendre dans le vestibule, les yeux pleins de colère. Paul avait été invité à dîner chez son copain Mark, et maman était encore au travail. Aussitôt, mon cœur se mit à battre à toute allure.

— Espèce de petite saleté de goinfre, grogna-t-il. Tu croyais que je n'avais pas remarqué ? Tu as bouffé toute cette sauce au chocolat magique, n'est-ce pas ?

L'esprit en ébullition, j'essayais de comprendre de quoi il parlait. Paul et maman adoraient la sauce au chocolat, mais j'évitais généralement d'en manger.

— Mais je n'aime pas ça, commençai-je.

Le visage rouge de fureur, il m'entraîna par le bras dans l'escalier.

— Espèce de sale goinfre, nous savons que c'était toi ! hurla-t-il. Et ta mère m'a demandé de te punir pour ça.

Il ouvrit la porte de la salle de bains et me poussa à l'intérieur.

— Retire toutes tes fringues ! continua-t-il en hurlant et en me jetant un regard glacial.

Choquée, je lui rendis son regard en éclatant en sanglots.

— Non !

Pourquoi faisait-il cela ? En pleurant à grosses larmes, je retirai tous mes vêtements, mais je conservai mes sous-vêtements. Pas question que j'enlève ça !

— Le reste aussi ! fulmina-t-il.

Je secouai la tête en sanglotant de plus belle.

— Non ! rétorquai-je sur un ton de défi en croisant les bras sur ma poitrine.

Il prit dans sa poche arrière une paire de ciseaux et, lentement, délibérément, commença à faire glisser les lames sur toute la longueur de mes bras. Je réprimai un frisson en imaginant qu'il risquait fort de lui venir l'idée de les enfoncer pour m'entailler la peau, mais il se mit alors à découper d'un seul mouvement les côtés de ma culotte, si vite qu'il m'arracha un bout de peau, avant de s'attaquer aux bretelles de mon soutien-gorge et de le jeter à terre. Je me sentais aussi exposée que s'il m'avait dépouillée comme un lapin.

— Va te mettre dans la baignoire, ordonna-t-il.

Je ne comprenais absolument pas ce qui se passait. Tout allait trop vite et je ne voyais aucune raison logique à tout cela. Il me frappa, fort, en me faisant grimacer, et lança :

— Tes bras sur les côtés ! N'essaie pas de bouger ou tu le regretteras.

J'avais les yeux rivés sur les ciseaux qui avaient réintégré sa poche arrière, mais dont l'éclat semblait me provoquer. Je n'avais jamais été aussi terrifiée de toute ma vie. Il leva à nouveau la main et, comme par réflexe, je me courbai en me cachant derrière mes mains.

— Baisse les bras, te dis-je ! hurla-t-il en me frappant violemment sur le visage.

Docilement, je laissai mes bras pendre le long de mes hanches en plantant mes ongles dans ma chair pour me retenir de hurler. Il tira ensuite un flacon de sauce au chocolat de sa poche, ouvrit le bouchon d'un geste vif et plaça le flacon très haut au-dessus de ma tête.

— Voilà, puisque tu aimes tant la sauce au chocolat, tu vas pouvoir avaler tout le flacon pour toi toute seule ! gloussa-t-il d'un ton ironique.

Il se mit à verser un filet de sauce brune, froide et visqueuse, sur mes cheveux, mon visage et sur mon corps tout en me regardant avec une satisfaction non mêlée. Je fermai les yeux le plus fort possible et je pleurai. Je ne m'étais jamais sentie aussi écœurée et humiliée. Lorsqu'il appuya sur le flacon en plastique pour en extraire la dernière goutte, le bec verseur fit un bruit de sifflement. Relevant ensuite les manches de sa chemise, il se mit à étaler la sauce sur tout mon corps, sur mes seins, mon dos, mes jambes et mes cuisses, jusqu'à ce que je sois entièrement recouverte de chocolat luisant. Lorsqu'il glissa sa main entre mes cuisses, il enfila profondément deux doigts en moi. La douleur me coupa le souffle, et je laissai échapper un hurlement. Il retira aussitôt ses doigts et m'attrapa les cheveux pour tirer ma tête en arrière avant de poser les ciseaux ouverts sur mon cou. Je criai à nouveau, dans un hurlement strident de terreur pure. Comme si quelqu'un allait m'entendre ! J'étais terrorisée à l'idée que j'allais sûrement mourir là, dans la salle de bains.

— La prochaine fois, cracha-t-il, ça fera encore plus mal.

Il me repoussa la tête et je tombai en arrière, me cognant contre le mur au passage avant de me laisser aller dans la baignoire. Peter me jeta un regard de dégoût.

— Lave-toi ! lâcha-t-il avant de se mettre à se laver lui-même soigneusement les mains au lavabo.

Je me relevai, fermai le rideau de la douche et tournai le robinet. Horrifiée, je n'arrivais pas à cesser de pleurer.

Il tira le rideau en arrière et hurla :

— Tu mets beaucoup trop de temps !

Il empoigna à nouveau mes cheveux et, comme je me recroquevillais en boule au fond de la baignoire, il s'empara du flexible de douche pour m'arroser le visage pendant si longtemps que je crus que j'allais me noyer sous le jet. Je n'arrivais plus à respirer, mais je réussis à repousser son bras. Il se mit à me frapper sur la tête avec le pommeau de douche. Le souffle court, il replaça enfin le pommeau de douche dans son logement et régla la température de l'eau au minimum.

— Tu as cinq minutes pour te laver et nettoyer la salle de bains, déclara-t-il comme s'il s'agissait d'une demande banale. Et ne va pas croire que tu peux utiliser de l'eau chaude.

Il sortit enfin. Aussi vite que je le pus, je me lavai à l'eau glacée et je m'essuyai avec le torchon qu'il avait laissé au sol. Tout mon corps hurlait de douleur, et mes veines étaient parcourues d'un mélange insolite de terreur et d'humiliation la plus profonde. Je me rhabillai en ramassant les morceaux de sous-vêtements, et essuyai le sol et les murs carrelés avec le torchon humide. Je n'arrivais pas à croire que cela venait d'arriver. Quel genre de monstre avions-nous laissé entrer insidieusement dans notre vie ?

Car c'était le seul mot qui convenait : Peter était un monstre. Je filai à pas de loup jusqu'à ma chambre et m'allongeai sur mon lit. Secouée de frissons, je pleurai pendant des heures à essayer de comprendre l'horreur de ce que Peter venait de faire. Plus tard, j'entendis Paul et maman rentrer, mais je restai dans ma chambre jusqu'à ce qu'on m'appelle pour le dîner. Maman n'avait pas l'air plus soucieux que d'habitude et elle ne dit rien au sujet de la sauce au chocolat. Elle ne remarqua pas davantage mes yeux gonflés d'avoir tant pleuré. Peut-être s'était-elle dit que j'avais enfin compris ma leçon ? Moi, j'étais tellement effrayée d'aborder le sujet que je me comportai comme si tout était normal.

Après le dîner, nous nous installâmes pour regarder un épisode de *Magnum* à la télé.

— Eh ! Terrie, dit Peter d'un ton aimable. J'aimerais bien manger de la glace avec de la sauce au chocolat.

— Oooh oui ! Moi aussi, enchérit maman.

— Super, ajouta Peter. Tu veux aller nous en chercher pour ta mère, Paul et moi, s'il te plaît ?

Mes tempes et mon cuir chevelu me donnaient des élancements douloureux, et je sentais encore la douleur des coups qu'il m'avait assénés. Malgré la colère qui montait en moi, je pris une profonde inspiration et déglutis.

— Pas de problème, Peter, répondis-je en essayant désespérément de réprimer la terreur dans ma voix.

Je me dirigeai vers le congélateur pour préparer quatre coupes de crème glacée. Je n'avais aucune envie d'en manger, mais, en même temps, je ne voulais pas que maman et Paul se posent des questions. Sam m'avait suivie dans la cuisine et il me regardait d'un air envieux placer les boules dans les coupes. J'eus alors une idée.

— Sam ! chuchotai-je vivement en m'abaissant vers le chien.

Ses oreilles se redressèrent et il se mit assis face à moi. Je tendis la coupe destinée à Peter et contemplai mon chien en train d'enrouler sa langue autour des boules de glace.

Puis, je nappai le tout de sauce au chocolat magique.

— Merci, me sourit Peter quand je lui présentai sa coupe de glace.

À présent qu'il avait prouvé qu'il était capable de violence extrême, je devins obsédée par la crainte de la prochaine occasion où une telle chose se produirait. C'était encore pire de ne pas savoir. Je ne savais jamais à quel moment il allait apparaître dans ma chambre ou ce qu'il allait nous accuser d'avoir fait. Malgré tout, je crois que je n'aurais jamais pu imaginer ce qui allait effectivement se passer !

Une semaine seulement après l'agression de la douche, je croisai à nouveau Peter qui m'attendait dans l'entrée à mon arrivée de l'école.

— Direction le salon, ordonna-t-il cette fois.

Dans le salon, il y avait un appareil photo installé sur un trépied en face du canapé. Une fois de plus, je fronçai les sourcils en essayant de comprendre.

— Retire tes vêtements, ordonna Peter.

— Quoi ? soufflai-je en serrant mon cardigan d'uniforme d'école autour de moi. Mais non !

— Fais ce qu'on te dit, grogna-t-il. Exécute… mes… ordres.

Je commençai à trembler. Il était déjà tellement en colère qu'avant que je puisse réagir, il m'avait attrapée pour me jeter contre le mur. Puis, avec une pression de ses doigts aussi forte qu'un étau, il m'enserra la gorge.

Je tentai de reprendre mon souffle et de me débattre, mais il me frappa à plusieurs reprises.

— Exécute mes ordres ! me hurla-t-il en plein visage sans cesser de me frapper. Fais ce qu'on te dit, espèce de petite pute.

Instinctivement, je tournai le visage pour me libérer de son étau, mais en vain. J'avais la poitrine en feu et l'impression d'étouffer. Brusquement, quelques secondes plus tard, ma vue parut se déformer. Je ne voyais que des images cerclées de noir et je sentis que je perdais connaissance.

« Je vais mourir », voilà tout ce que je pensais à ce moment-là. J'en étais sûre cette fois.

Au moment où je fus convaincue que c'en était fini, il me lâcha. Je tombai à genoux, crachant et soufflant, et je me frottai la gorge, mais je n'eus pas vraiment le temps de reprendre mes esprits. Peter me tira aussitôt pour me remettre debout.

— Tu vas faire ce que je te dis ou, un beau jour, tu vas retrouver ton frère et ta mère morts ! cria-t-il. Retire tes vêtements.

Lentement et sans cesser de sangloter, je retirai ma jupe et mon chemisier, et restai debout en sous-vêtements, mais, d'un geste, il indiqua que je devais les retirer aussi. J'avais envie de vomir. J'aurais tellement aimé que quelqu'un entre à cet instant ! N'importe qui, juste pour me sauver !

Tremblante de froid et de peur, je retirai tous mes vêtements et je m'assis sur le canapé en regardant l'œil de l'appareil photo d'un air soupçonneux. J'étais folle de terreur au point que j'avais du mal à respirer, et je me sentais si gênée que je sentais mon visage en feu. Tout m'écœurait.

Peter retira également ses vêtements, et la vision de son corps blanc, poilu et spongieux me secoua d'une nouvelle vague de tremblements. En voyant qu'il était déjà excité, j'eus envie de hurler de terreur. Rien que son odeur me donnait l'impression d'étouffer.

— Mets ça ! ordonna-t-il en me tendant un tas d'horribles sous-vêtements roses en soie à frous-frous.

— Quoi ?

L'expression de son visage suffit à me décourager de poser d'autres questions, et j'enfilai ce qu'il me demandait. D'une certaine manière, j'étais presque soulagée de pouvoir me couvrir. Peter mit l'appareil photo en route et s'installa derrière tout en me disant quoi faire.

— Là, c'est bien, dit-il en souriant. Tu es si jolie. Ça ne te fait pas plaisir d'être si jolie ?

Je baissai les yeux sur mes mains qui ne cessaient de trembler. Comment pouvait-il avoir de telles idées en tête ?

Sans quitter le viseur de l'appareil, Peter me demanda de prendre des poses.

— D'abord, je veux que tu écartes les jambes et que tu places tes bras contre le dossier du canapé.

Je me mis à pleurer tout en essayant de faire ce qu'il disait. C'était si humiliant. Si mal. Si pervers.

— Détends-toi ! lança-t-il. Fais comme si tu étais heureuse, lascive, pour l'amour de Dieu.

Mes jambes étaient aussi solides que de la gelée, et mes bras me paraissaient raides comme des baguettes.

— Pourquoi veux-tu me prendre en photo ? sanglotai-je.

— Ne pose pas de questions, me coupa-t-il. Fais ce que je te dis de faire.

Toujours pas satisfait de ma position, il m'attrapa les bras pour me les tirer au-dessus de la tête et, d'un coup de pied, me força à écarter davantage les jambes. Il prit plusieurs clichés, puis, apparemment satisfait du résultat, il me demanda de les regarder. Tout ce que je vis, ce fut la terreur dans mes yeux rivés sur l'appareil. Je détournai la tête pour ne plus voir cette image de moi : j'avais simplement l'air ridicule.

— À présent, lève-toi et danse, dit-il en appuyant sur le bouton *Play* de la chaîne stéréo.

La pièce s'emplit de la chanson *Holiday* de Madonna.

— Quoi ? hoquetai-je à nouveau.

Il me tira pour me mettre debout.

— J'ai dit : « DANSE ! » cria-t-il.

« Holiday ! Celebrate », chantait Madonna sur un rythme entraînant tandis que j'exécutais des pas de danse en essayant de battre des bras en mesure.

Tout cela sans cesser de pleurer, détestant chaque seconde de cette terrible comédie.

« Espèce de salaud », pensai-je pendant que Peter continuait à vérifier le viseur tout en riant. Lorsque la chanson s'acheva, il me poussa rudement sur le canapé et grimpa sur moi pour se frotter contre mon ventre. Il ahanait comme un animal tandis que je me tortillais pour échapper à son haleine révoltante. Les poils de son pubis me brûlaient. Tout à coup, il laissa échapper une sorte de rugissement avant de se relever. Je déglutis du mieux que je pus afin de ne pas vomir sur-le-champ.

— Lève-toi et va te laver, commanda-t-il en se retournant pour se rhabiller.

Sans cesser de sangloter, je me précipitai à l'étage. J'avais l'impression d'avoir été enfermée dans un cauchemar dont je ne pouvais me réveiller.

11

Toujours plus bas

Paul

Peter ne cessait d'imaginer de nouvelles punitions et des manières de nous accuser de tout et n'importe quoi.

Cela faisait un mois que j'allais au centre de thérapie familiale lorsque j'appris que Peter pouvait aller encore plus loin dans la violence.

Un jour que je rentrai plutôt content de l'école, je vérifiai comme à mon habitude où se trouvait la caméra et j'exécutai mes corvées. Pour une fois, je me sentais relativement détendu et je ne voyais pas dans quel piège je pouvais tomber.

Le déluge débuta lorsque maman et Peter, un paquet de tabac dans la main, rentrèrent du travail.

— Peux-tu me dire d'où cela sort, Paul ? demanda-t-il d'une voix basse.

— Quoi ? répondis-je. Je n'en ai aucune idée.

Je ne fumais pas. D'ailleurs, j'avais horreur de l'odeur. Je connaissais quelques garçons qui fumaient à l'école, mais cela ne me tentait pas du tout. Après tout, je n'avais que neuf ans.

Peter ouvrit le paquet sur la table de la salle à manger devant moi. Le sachet était pratiquement vide, mais je n'avais jamais posé les yeux dessus de ma vie.

— J'ai trouvé ça dans l'allée que tu empruntes pour aller à l'école ! jappa-t-il. Je l'ai ramassé juste après ton passage !

« La moitié des gosses du quartier passe par là ! » aurais-je aimé hurler pour me justifier, mais je me dis que cela n'était sans doute pas la meilleure idée pour le calmer.

— Alors, peux-tu me dire comment tu te l'es procuré ? insista Peter.

— Ce n'est pas à moi ! m'écriai-je en sentant l'impression d'injustice percer ma voix.

Il me tira alors pour m'obliger à me lever.

— Cynthia, nous ne pouvons pas admettre ce genre de mensonge ! dit-il en se tournant vers maman. Tu veux que ton fils de neuf ans fume ?

De toute évidence, maman était choquée.

— C'est vrai, ça, Paul ? demanda-t-elle d'un air soupçonneux.

— Laisse, je m'occupe de tout, coupa Peter. Va nous faire une tasse de café. Je vais régler le problème en quelques minutes.

Sur ce, il m'attrapa par le bras et me tira hors du salon.

— Tu vas te tenir debout sans bouger jusqu'à ce que tu admettes qu'il s'agit bien de ton paquet, déclara-t-il.

En pleurant, je descendis les bras sur les côtés, au garde-à-vous, les yeux rivés devant moi juste comme il me l'avait demandé.

Peter s'installa ensuite devant la télévision pour regarder *Hit Man and Her*, une émission qui faisait le tour des night-clubs et qu'il avait enregistrée. Une heure passa. De temps en temps, Peter tendait le bras pour me donner un coup en beuglant :

— Redresse-toi !

Ensuite, il se retournait vers la télé pour continuer à regarder son émission.

— Bon sang, regarde un peu ces nichons, Paul, gloussa-t-il en pointant la présentatrice Michaela Strachan.

Je n'osais pas lui obéir de peur qu'il me frappe à nouveau et, pour être honnête, je n'étais pas vraiment intéressé par les filles et je ne comprenais pas pourquoi on en faisait une telle histoire. De toute évidence, Peter était effectivement très intéressé par les filles, car il n'enregistrait et ne regardait que des émissions où les femmes étaient à demi nues ou qui portaient des vêtements si courts qu'une bande élastique les aurait couvertes davantage.

Au moment de la publicité, il faisait avancer la bande en accéléré ou, pour passer le temps, s'intéressait de nouveau à moi.

— Alors, c'est à toi ? Où est-ce que tu te l'es procuré ? Où as-tu pris l'argent pour ça ?

— Non, ce n'est pas le mien. Je n'ai aucune autre somme que celle de mon compte bancaire, répliquai-je à voix haute tout en pensant aux deux livres cinquante cachées sous mon lit, aux cinquante pence dans la semelle de mes chaussures ou aux deux livres enterrées sur le côté de la maison.

— Avoue !

— CE N'EST PAS À MOI ! clamai-je d'une voix sans doute trop déterminée.

Une claque.

— Eh bien, tu peux rester encore un peu debout !

Je regardai l'heure numérique sur l'image de la vidéo et je vis ainsi s'écouler trois heures. J'avais si mal au dos, aux genoux et aux pieds que j'aurais pu hurler de douleur. Je commençai à pleurer. C'était insupportable. Un peu de morve se mit à couler comme une stalactite de mon nez, mais je n'osai pas l'essuyer.

— Sais-tu ce que signifie le mot « communication » ? demanda soudain Peter en rompant le silence.

— Euh, ça veut dire qu'on parle, proposai-je.

— La communication correspond à un flux d'information bilatéral, c'est-à-dire dans les deux sens. BILATÉRAL ! Je pose une question, tu me donnes une réponse. Tu comprends ce que je veux dire ?

— Oui, dis-je en me demandant ce qui allait suivre.

— Il est donc extrêmement frustrant que, lorsque je te pose une question, tu l'ignores et tu ne répondes pas. En fait, c'est grossier. C'est une marque de désobéissance que je ne peux pas admettre. Je vais EXTIRPER ce manque de discipline de toi. Faisons donc un nouvel essai, qu'en penses-tu ?

Pour moi, c'était bien plus une affirmation qu'une question.

En faisant mine d'être plein de sollicitude, Peter reprit :

— Tout ce que tu as à faire, c'est me dire si ce tabac est à toi lorsque je te pose la question.

Il inspira profondément avant de poursuivre.

— À qui appartient ce tabac ? demanda-t-il une fois de plus en agitant le misérable sachet devant mon visage.

Mais je ne pus me résoudre à répondre.

— LA COMMUNICATION CORRESPOND À UN FLUX D'INFORMATION BILATÉRAL ! hurla-t-il.

Les larmes n'arrêtaient pas de couler sur mes joues et je me balançais pour soulager le poids qui me tenaillait les jambes. Il s'approcha et me frappa du plat de la main.

— OK ! OK ! C'est mon tabac ! m'écriai-je. C'est le mien ! Je suis désolé.

Peter se rassit enfin, un sourire sournois ourlant ses lèvres sous sa moustache.

— Enfin, sourit-il.

Mais il revint m'attraper par le col et se mit à me bourrer de coups à un rythme cadencé.

— Espèce de petit branleur ! Voilà tout ce que tu mérites pour tes mensonges ! hurla-t-il en frappant.

À la maison, la tension montait chaque jour davantage et, désormais, nous avions droit à une punition quotidienne. Lorsqu'il ne s'agissait pas de lignes à copier, c'étaient des coups de spatule ou encore des séances de « garde-à-vous » pendant des heures. Parfois, lorsque Terrie était obligée de rester debout avec moi, nous patientions jusqu'à ce que Peter ait, par exemple, besoin d'aller aux toilettes avant de sauter comment des cinglés pendant quelques secondes sur le canapé. N'importe quoi pour soulager la tension insupportable qui nous tenaillait de devoir rester immobiles.

Terrie faisait toujours le guet et me faisait signe dès qu'il fallait que je m'arrête pour que je revienne exactement à la place que j'occupais précédemment sur la moquette.

— Chuuuut, disait-elle pour s'assurer que j'avais compris.

Je sais que Terrie avait horreur de voir Peter me battre, tout comme je ne supportais pas de la voir subir le même sort. Un jour, au petit-déjeuner, Peter nous annonça qu'il avait prévu que nous passerions des vacances en famille. À cette simple idée, le cœur nous manqua.

Le pire est qu'il avait loué une péniche ! Je ne pus m'empêcher de penser immédiatement à quel point nous allions être enfermés : une semaine entière sans aucune possibilité de fuir. D'un autre côté, on peut dire qu'il y aurait certains avantages puisque nous n'allions pas devoir respecter notre emploi du temps, nous occuper de notre « budget » ou de le laisser nous fouiller. Peter était aux anges. Il étala une carte pour nous montrer le trajet qu'il avait soigneusement élaboré.

— Nous voyagerons depuis Northampton jusqu'à Market Harborough et retour, expliqua-t-il en ayant plus que jamais l'air content de lui.

Je jetai un coup d'œil à Terrie : rien n'indiquait le moins du monde qu'elle était ravie !

— Est-ce que je peux emmener une amie, maman ?

Pour éviter d'être en reste, je posai aussi la question.

— Pourquoi pas ? répondit maman. Si Peter est d'accord, n'est-ce pas ?

J'avais remarqué que, depuis quelque temps, maman s'en remettait systématiquement à l'avis de Peter. Elle affirmait que c'était parce qu'il lui facilitait les choses à la maison, mais il y avait toujours quelque chose dans son ton qui me donnait la chair de poule.

Peter n'avait pas l'air enchanté que nous invitions des amis, mais maman avait déjà accepté et il n'y pouvait plus grand-chose, non ?

— OK, mais il faudra qu'ils participent financièrement, environ trente livres chacun, répliqua-t-il.

Je suppose qu'il espérait secrètement qu'aucun de nos amis n'arriverait à trouver la somme voulue.

À notre grande surprise, nos meilleurs amis, Mark et Lisa, réussirent à convaincre leurs parents de leur confier ce qui, à l'époque, était une somme relativement importante et à les autoriser à nous accompagner. Ainsi donc, le problème financier réglé, les bagages prêts, le trajet planifié, vérifié et revérifié, nous partîmes en vacances en famille.

Pour aller jusqu'au lieu d'embarquement du canal, à une heure de route, nous nous serrâmes tous les quatre sur la banquette arrière de la voiture de Peter. Nous n'étions plus partis en vacances depuis le voyage en Afrique du Sud, et l'aventure ne nous déplaisait pas. De plus, nous étions convaincus que la présence de Mark et Lisa obligerait Peter à se montrer gentil.

La péniche était assez petite mais confortable, avec deux petites cabines où nous pourrions dormir, une pièce à vivre et une minuscule cuisine.

Avec Peter qui rôdait sans cesse dans les parages, on se sentait un peu claustrophobes, mais, au moins, lui et maman occupaient l'avant de la péniche, assez loin de nous.

Dès que nous fûmes installés, je grimpai l'échelle jusqu'au pont supérieur afin de m'éloigner le plus possible de Peter, qui était en train d'inspecter minutieusement les lieux.

Pour quelqu'un aussi obsédé qu'il l'était par la propreté, je ne l'avais jamais vu ne serait-ce qu'essuyer une table. Cela ne faisait cependant que quelques minutes que j'étais monté qu'il était déjà derrière moi.

— Paul, tu ne dois pas marcher sur les plats-bords, dit-il en indiquant la partie protégée par une rambarde basse.

— Pourquoi ? demandai-je.

J'étais surpris parce que, avec toutes ces poignées, cela m'apparaissait justement comme un endroit prévu pour se déplacer.

— Parce que je le dis, répliqua-t-il sèchement. Et c'est une raison suffisante pour toi.

Dans son dos, je fis une grimace en hurlant dans ma tête : « Branleur ! »

Plus tard dans la soirée, je fis une nouvelle tentative :

— C'est prévu pour qu'on marche le long des bords, protestai-je.

Peter m'adressa un regard furieux.

— Peut-être, Paul, mais si tu glisses, tu risques de passer directement par-dessus bord, n'est-ce pas ?

— C'est pour ton bien, Paul, intervint maman.

— Et les autres alors ? insistai-je. Comment se fait-il qu'ils aient le droit de se balader là-bas ?

Au fond de moi, je savais parfaitement pourquoi il faisait ça. Il voulait exercer une sorte de pouvoir sur moi. Après tout, il ne pouvait guère nous bourrer de coups en la présence de Mark et de Lisa.

Je me contentai donc de bouder pendant que Lisa, Terrie et Mark grimpaient tous trois sur le pont supérieur et jouaient à se pourchasser à travers toute la péniche ou à se balader pour admirer la vue. Moi, je n'avais que le droit de me déplacer au milieu, de monter à l'échelle de coupée du centre, dans la timonerie, souvent en étant obligé de passer devant Peter, ce qui était assez insupportable. Le premier jour, après douze longues heures dans le bateau sans rien à faire pour passer le temps, nous arrivâmes à Leicester. Peter annonça que nous allions rendre visite à son ami Roger et sa famille. Roger faisait également partie des réservistes.

— Il a des enfants aussi, et je tiens à ce que vous vous comportiez correctement si vous jouez avec eux, nous prévint-il.

Dès notre arrivée chez la famille de Roger, nous sortîmes aussitôt dans le jardin avec ses deux fils. Il y avait là une mare pleine d'algues dont nous nous approchâmes pour jouer à remuer l'eau avec un petit filet au bout d'une canne.

L'un des garçons se mit à crier :

— Papa, il y a quelqu'un qui a jeté notre grenouille en plastique dans la mare, vite, papa !

Toutefois, ce n'est pas Roger qui apparut le premier dehors, mais Peter qui sortit de la maison comme si elle était en feu.

— Quelle grenouille ? lança-t-il d'un ton courtois.

Il faut dire que, lorsqu'il y avait une chance de se mêler d'un problème, on pouvait toujours parier que Peter serait le premier sur les rangs.

Les enfants de Roger montraient le fond de la mare où se trouvait un jouet en plastique ressemblant à une grenouille avec une sorte de pompe qui la faisait sauter lorsque vous appuyiez dessus.

— Qui a fait ça ? demanda Roger qui était désormais à côté de mon beau-père.

Peter nous dévisagea en criant « Dénoncez-vous ! » et en commençant par moi, puis Mark, Lisa et Terrie.

Les deux fils de Roger levèrent les yeux en secouant la tête :

— Ce n'est pas nous, dirent-ils dans un bel ensemble qui les faisait paraître tellement coupables que personne n'allait les croire.

Peter me tira par le bras en me secouant jusqu'à ce que j'en sois ébranlé.

— Oh ! ne vous en faites pas, c'est lui, c'est sûr ! lança-t-il.

— Ce n'est pas grave, Peter, dit Roger.

Aussi rapidement, il récupéra le jouet.

— Eh bien, c'est assez grave parce que ce petit branleur fait ça tout le temps et qu'il n'arrête pas de mentir, dit-il en me serrant fort le coude. Franchement, on ne peut aller avec lui nulle part.

Il me lança un regard qui signifiait que je ne perdais rien pour attendre, et il rentra dans la maison pour raconter toute l'histoire à maman. D'où je me tenais, je voyais seulement qu'elle secouait la tête pour exprimer sa déception tandis qu'il gesticulait en me montrant du doigt. Dire que cela ne faisait que deux minutes que j'étais dehors et que je n'avais même pas vu la grenouille ! Sans parler de la toucher ! Et qu'il y avait deux gosses rouges comme des tomates, coupables comme pas deux, qui auraient pu tout aussi bien brandir une grande pancarte disant : C'EST NOUS QUI L'AVONS FAIT !

Ce soir-là, après avoir remercié Roger et sa famille, nous retournâmes dîner à la péniche. Après le repas, Peter me lança un regard glacial.

— Parce que tu as menti aujourd'hui et que tu nous as ridiculisés, ta mère et moi, tu vas aller te coucher tout de suite, ordonna-t-il.

— Quoi ? coupa Terrie. Mais nous sommes en vacances

et nos amis sont là aussi. Il n'est que dix-neuf heures et nous savons tous que Paul n'a pas touché cette grenouille. C'étaient les enfants de Roger.

— Pour ton insolence, Terrie, tu peux aussi aller te coucher.

Quel intérêt y avait-il à protester ? À dix-neuf heures, alors qu'il faisait encore grand jour, nous descendîmes dans notre cabine pendant que les autres restaient en haut à jouer au jeu de l'échelle.

Pour ma part, je demeurai pendant des heures sans dormir cette nuit-là. Mon esprit tournait à plein régime. J'étais sûr que Peter voulait nous isoler de nos amis pour nous punir de l'avoir obligé à les inviter. J'étais tout aussi certain qu'il cherchait à ce que Lisa et Mark aient, comme tout le monde autour de nous, une mauvaise opinion de nous.

— Nous ne pouvons continuer à accepter ce genre de comportement, entendis-je Peter expliquer à maman. Et s'ils persistent à se montrer aussi grossiers ou à mentir, il faudra qu'ils en subissent les répercussions.

J'entendais le bruit des dés, puis le cri de joie de Peter qui devait s'être retrouvé au pied d'une échelle.

Pendant que tout le monde semblait s'amuser, je finis par m'endormir sur la couchette du haut.

Le lendemain matin, Peter fit toute une histoire à cause de la manière dont nous avions fait la vaisselle.

— Ils rangent les assiettes alors qu'elles sont encore trempées ! se plaignit-il à maman. Je pense qu'il serait bon de les envoyer se coucher tôt ce soir encore.

Au cours des trois premières soirées, Peter réussit à trouver suffisamment de raisons pour nous punir et nous envoyer nous coucher avant la tombée de la nuit. Et, chaque soir, nous restâmes allongés dans nos couchettes à écouter nos amis jouer avec maman et Peter. Le quatrième jour, Peter sortit de la péniche pour aller sur le bord du canal. Comme toujours, il se baladait avec son appareil photo et il prenait des clichés partout où nous passions.

Je profitai de son absence pour rejoindre les autres sur le plat-bord. Je me tenais soigneusement à la rambarde en suivant mes amis d'un pas lent, prenant toutes les précautions possibles tout en me demandant pourquoi Peter voulait m'empêcher d'y monter.

Soudain, j'entendis une voix résonner au-delà de l'eau.

— Paul ! Qu'est-ce que je t'ai dit ? hurla Peter avec une telle force que sa voix semblait rebondir sur la coque de la péniche.

Furieux, il traversa le pont voisin en quelques bonds. Les autres se mirent à rire et baissèrent la tête pour aller se réfugier dans la cabine.

Tous, sauf Terrie, qui traîna du côté de l'entrée. Je sentais qu'elle s'inquiétait pour moi. Elle savait exactement de quoi il était capable. Lorsque Peter bondit sur la péniche, son appareil photo accroché à l'épaule, je me figeai.

— Qu'est-ce que je t'ai dit ? dit-il entre ses dents serrées.

Il ne hurlait pas (je suppose qu'il ne voulait pas que les autres l'entendent), mais je pouvais sentir à quel point il était fou de rage.

— Je voulais… juste…

Il était déjà tout près de moi, son visage à quelques centimètres du mien et son odeur de café rance qui me heurtait les narines.

— Tu voulais QUOI ? siffla-t-il.

Il jeta un rapide coup d'œil au-dessus de mon épaule, en direction de Terrie, avant de m'empoigner par la gorge si vite que je n'eus guère le temps de réagir. Je tentai de me débattre comme le Coyote du dessin animé qui patauge au-dessus d'un ravin avant de tomber, mais rien à faire !

Pendant un moment, il me tint en l'air, immobile, avant de me jeter de toutes ses forces dans la timonerie – une chute de plus d'un mètre.

Toutefois, au lieu de me jeter à travers la porte, il se débrouilla pour me propulser sur le côté de manière à ce que ma tête heurte l'encadrement épais de l'écoutille. Le craquement que fit ma tête me donna la nausée, et je rebondis jusqu'en bas, dégringolant sur l'échelle de coupée, inconscient.

En ouvrant les yeux, je vis d'abord le visage flou de ma mère. Ne m'étant jamais senti si mal de toute ma vie, je me laissai aller à refermer les yeux.

Je ne me réveillai que neuf heures plus tard, cette fois dans le lit du haut de la cabine à lits superposés que je partageais avec Mark. Allongé sur la couchette du dessous, mon ami était en train de rire.

— Coucou, Paul ! Espèce de rigolo ! s'écria-t-il.

Lisa se précipita pour voir ce qui se passait et se mit à son tour à glousser.

— Paul a été malade sur tout le lit et sur l'oreiller de Mark ! lança-t-elle pour prévenir maman. Il aurait pu se retenir !

Tout le monde se mit à rire pendant que maman et Terrie se penchaient sur moi.

— Mon Dieu, tu dois avoir un traumatisme crânien ! s'écria maman. Écoute, Peter, il faut que nous l'emmenions voir un médecin. Ça pourrait être grave.

— Je ne vais pas aller perdre mon temps aux urgences ! cria Peter depuis sa cabine. Tout ce qu'il a eu, c'est un bon coup sur la tête.

— C'est la faute de Peter.

Voilà tout ce que je parvins à murmurer à maman pendant qu'elle caressait doucement ma nuque.

— Chuuut, je sais, mon chéri. Nous en avons déjà longuement parlé avec Terrie, roucoula-t-elle. C'était un accident. Il ne t'aurait pas jeté délibérément par l'écoutille, Paul.

Je me sentais trop faible pour protester.

— Peter a fait de son mieux pour te sauver, soupira-t-elle. Si tu étais tombé à l'eau, tu aurais pu finir sous l'hélice et, mon Dieu, je n'ose même pas imaginer ce qui te serait arrivé, Paul. Peter m'a tout expliqué. Tu as vraiment de la chance qu'il ait été là pour t'éviter de tomber à l'eau.

Tout en me laissant aller au sommeil, je me demandai simplement quel conte de fées avait imaginé Peter cette fois pour expliquer qu'il avait failli me tuer.

Le jour suivant, je le passai à somnoler et à vomir ; le troisième jour, je ne pouvais toujours pas sortir de mon lit et j'avais une migraine à vous briser la tête.

— Allons, Paul, siffla Peter en profitant du fait que maman s'était éloignée sur le pont de la péniche. Tu as joué à ce petit jeu assez longtemps. Tu n'as mal nulle part, lève-toi.

— Je ne peux pas, grognai-je en tenant à deux mains ma tête pleine de bosses et de coups.

J'y voyais double.

— Lève-toi ! siffla-t-il encore en approchant le visage tout près de mon oreille. Si tu avais fait ce qu'on te demandait, on n'en serait pas là. Lève-toi. TOUT DE SUITE !

Tout en geignant, j'essayai de m'asseoir sur ma couchette.

— Il fait juste semblant, dit Peter à maman qui venait d'apparaître dans le sas. Je suis sûr de l'avoir entendu rire avec Mark un peu plus tôt.

Je passai le reste de la journée tranquillement assis sur le côté. J'avais encore la vue trouble, et ma tête me faisait terriblement mal, sans parler de l'hématome et de la bosse qui marquaient mon cuir chevelu ! Mais, grâce à Peter, tout le monde semblait croire que j'étais en pleine forme.

Tout le monde sauf Terrie, qui avait vu ce que Peter avait fait. Lorsqu'il m'avait jeté du haut de l'écoutille, il lui avait lancé un regard droit dans les yeux, comme une sorte d'avertissement. Si elle parlait de quoi que ce soit, elle pourrait bien être la prochaine.

— Ça va, Paul ? ne cessait-elle de me demander chaque fois qu'elle me voyait esquisser une grimace.

Nous savions tous les deux que cela n'allait pas du tout, mais que pouvions-nous y faire ? Ma sœur n'avait que treize ans, après tout. J'étais quand même heureux de savoir qu'elle s'inquiétait pour moi.

Elle avait vu ce qu'il avait fait. Elle connaissait la vérité.

12

Au fond de l'abîme

Terrie

— Eh ! Terrie ! Il paraît que vos vacances en péniche étaient merdiques, me dit l'une des filles de l'école dès le jour de la rentrée.

Lisa était assise dans un coin avec un groupe de filles dont aucune ne m'aimait, et elles me lançaient des regards de biais en gloussant de plus belle.

— Ouais, il s'est passé quoi ? cria une autre. Couchée comme les poules tous les soirs ?

Fichue Lisa ! Je lui en voulais désormais à mort d'avoir raconté ça à ces garces. Ce n'était pas ma faute si Peter avait tout gâché. Il gâchait toujours tout. Mon seul soulagement était que Lisa n'avait pas repéré ce qu'il essayait de me faire à moi. Au moins, elle n'avait pas vu qu'il essayait de me toucher. Je croyais que le fait d'avoir une amie à bord empêcherait Peter de continuer à me harceler. C'était la seule raison pour laquelle j'avais demandé à inviter Lisa.

Le troisième jour du séjour, Peter m'avait ordonné de piloter la péniche. Je m'exécutai, mais, avant, j'enfilai un pull sur mon costume de bain afin d'être sûre de ne pas laisser voir ma peau parce que j'allais être seule avec lui.

Pendant ce temps, les autres jouaient de l'autre côté du bateau, à cinq mètres de nous.

Au début, je pris plutôt plaisir à la sensation de la petite brise dans mes cheveux, le clapotis de l'eau contre la coque. C'était la première fois depuis des lustres que je disposais d'un moment de sérénité.

Je perçus son odeur avant de le voir, sa sueur grasse mêlée de café et d'après-rasage Brut (une odeur impossible à confondre). Puis, je sentis sa main sur mon épaule.

— Terrie, murmura-t-il en passant le bras autour de ma taille pour glisser la main sous mon pull et remonter jusqu'à mes seins.

— Dégage de là ! répliquai-je d'un ton sec en me détournant.

Je n'avais aucune envie qu'il me tripote, mais, à cet instant, j'étais surtout terrorisée à l'idée que Lisa puisse voir ce qu'il me faisait. Que penserait-elle ? Elle serait écœurée et imaginerait que tout était ma faute.

Peter recula d'un pas.

— Ne me provoque pas ! prévint-il. Sinon, tu sais ce que je ferai à ta précieuse famille.

Vingt-quatre heures plus tard, il empoignait Paul à la gorge, croisait mon regard et jetait mon frère dans l'écoutille. Je compris alors que Peter était sérieux. En l'espace de cette nanoseconde, je mesurai soudain tout le pouvoir qu'il avait sur moi. Il savait à quel point j'aimais mon frère, mais il s'en fichait éperdument. Il était capable d'aller jusqu'au bout. Il était prêt à jouer avec la vie de mon frère pour obtenir ces trucs dégoûtants qu'il voulait que je fasse.

La scène où Peter envoya Paul dans le bas de la cabine fut l'un des pires moments de ma vie. J'avais fini par surmonter les violences physiques, aussi horribles qu'elles soient, j'avais accepté la domination et je pensais que je pouvais même supporter ses comportements pervers. Mais là, c'était mon petit frère, mon petit Paul, si gentil qu'il ne ferait pas de mal à une mouche. Lorsque Peter empoigna Paul au point de lui faire quitter le sol, qu'il l'envoya valser en l'air pendant une seconde avant que Paul n'atterrisse avec le craquement le plus sinistre que j'aie jamais entendu, je fus presque surprise de voir que le crâne de mon frère était encore entier. Lorsque je constatai que maman se penchait sur lui, le visage blanc comme un linge, je crus vraiment qu'elle allait faire quelque chose. Comment pouvait-elle se contenter de regarder Peter traiter son fils de cette manière ? Mais Peter ne cessa pas une minute de parler, de la convaincre que Paul allait bien, qu'il avait sauvé, lui Peter, son fils d'un sort bien pire.

Le fait que maman gobe tous ces mensonges me donna la nausée. Un peu plus tard, j'essayai de lui parler, mais elle refusa tout net de m'écouter. Après ces vacances, chaque soir, j'étais terrorisée à l'idée de rentrer à la maison. Je savais qu'il n'en avait pas terminé avec nous. Ce qu'il avait fait à Paul était déjà suffisamment effrayant en soi (Paul mit des semaines à s'en remettre), mais je savais que les choses iraient encore plus loin. Je savais que Peter trouverait un moyen de me punir parce que je ne l'avais pas laissé me toucher pendant ces vacances.

Le lendemain de notre retour à la maison, j'entendis maman et Peter se disputer dans leur chambre.

— Tu ne travailles pas assez, Peter, disait maman. Tu n'as pas dépensé un sou pour la famille depuis au moins un an. Et cette autre facture de carte de crédit que j'ai trouvée n'arrange pas les choses. Tu dois déjà de l'argent aux impôts. Comment allons-nous nous en sortir ?

— Oh ! nous trouverons bien une solution, répondit Peter. Écoute, tes enfants te prendraient beaucoup plus de temps si je ne t'aidais pas à t'en occuper. Et puis, disons les choses comme elles sont : qui voudrait de toi maintenant ? Tu n'es qu'une grosse vache avec des gosses délinquants qui passent leur temps à mentir. Tu sais, tu as de la chance de m'avoir.

J'entendis maman pleurer tandis qu'il continuait à la critiquer.

— Je t'aiderai à payer tes factures de carte de crédit, finit par dire doucement maman plus tard.

Je fus surprise du ton abattu qu'elle avait. Brisé. Je compris alors que Peter n'était pas seulement en train de nous enfoncer ; il avait également réussi à s'insinuer dans l'esprit de maman. Peter contrôlait tout.

Tous les jours, je tremblais en glissant la clef dans la serrure de l'entrée. Je ne savais jamais ce qui m'attendait derrière la porte. Paul serait peut-être rentré, prêt à rire et à plaisanter avec moi, à se dépêcher à exécuter ses corvées… Ou serait-ce Peter qui m'ordonnerait d'aller dans le salon pour prendre d'autres photos et des films dégueulasses ?

Non, je ne savais jamais ce qui m'attendait derrière la porte, et c'était presque pire.

Une semaine plus tard environ, j'arrivai devant la maison lorsque je vis la voiture rouge de Peter garée devant. Mon cœur sembla me lâcher, et mon estomac se noua tandis que je tournais la clef dans la serrure. J'avais à peine franchi le paillasson que Peter était à mes côtés.

— Direction le salon. Tout de suite, commanda-t-il.

Comme j'avais mes règles, j'avais encore moins envie de me déshabiller que d'habitude (si on peut dire les choses ainsi) et je me mis à pleurer dès que je vis l'appareil photo de Peter déjà installé sur son trépied.

— S'il te plaît, non. J'ai mes règles. Je t'en prie, suppliai-je, pas aujourd'hui.

— OK, dit Peter simplement avant de sortir de la pièce pour revenir avec son agenda.

Il y avait inscrit toutes les dates et les horaires de notre emploi du temps à l'école, et des endroits où nous étions censés être et à quelle heure. Ce jour-là, il ajouta : *Terrie : règles*.

— Parfait, continua-t-il. À présent que j'ai un repère, je le saurai pour la prochaine fois, mais tu vas quand même enfiler ces sous-vêtements.

Cette fois, c'étaient des dessous en soie noire. Sans cesser de pleurer, je commençai à me changer.

— Grouille-toi un peu ! cria-t-il en me donnant plusieurs claques sur la tête. Fais-le avant que ta mère rentre à la maison.

Il était déjà à moitié nu et tripotait son appareil photo. Puis il me fit mettre les bras et les jambes en position pour ses « poses ». Ensuite, il étala une serviette de toilette sur la moquette du salon.

— Nous ne voulons pas salir le sol avec tes cochonneries, n'est-ce pas ? grogna-t-il.

Tandis que les larmes inondaient mon visage, il se mit à se frotter sur moi. Puis, il me releva pour que je m'agenouille devant lui et il défit sa braguette pour forcer son sexe sur mon visage.

— Peter, non, s'il te plaît, non, sanglotai-je tandis qu'il empoignait mes cheveux.

Il s'enfonça dans ma bouche et, alors que j'essayais de ne pas étouffer, il s'enfonça encore.

— Allez, fais-le ! Fais-le, bon sang ! hurla-t-il en me donnant des claques sur les tempes. Espèce de petite pute ! Suce !

La panique m'envahit totalement et je sentis la nausée monter en moi jusqu'à vomir complètement mon déjeuner.

Peter recula d'un bond.

— Espèce de petite salope dégoûtante. Nettoie-moi tout ça ! hurla-t-il.

Je filai à l'étage pour aller cracher dans le lavabo de la salle de bains. Je m'emparai de ma brosse à dents et frottai jusqu'à ce que mes gencives saignent. Je voulais retirer totalement son goût de ma bouche. Je me sentais si sale que je passai sous la douche et me frottai tout le corps avec la brosse à ongles. Mais j'avais beau frotter, je me sentais toujours aussi sale.

Je descendis dîner malgré mon épuisement parce que maman était rentrée. Elle avait remarqué que j'avais pris ma douche plus tôt que d'habitude.

— C'est bien. Tu es parfaitement organisée aujourd'hui, Terrie, dit-elle.

Sans répondre, je m'assis à table pour manger nos œufs et nos frites. Un jour ou deux plus tard, la même scène se reproduisit. Cette fois, Peter utilisa du gros ruban adhésif toilé pour m'attacher les poignets tandis qu'il prenait des photos de moi sous lui.

— Espèce de pervers ! hurlai-je. Fiche le camp ! Je te déteste !

Je ne voulais pas m'arrêter de me débattre. Je savais parfaitement que, physiquement, je n'avais aucune chance, mais il y avait quelque chose en moi qui voulait lui faire comprendre qu'il ne pouvait pas me dominer mentalement.

— Ha ! ha ! Continue ! Dis ce que tu veux ! riait-il.

Lorsqu'il eut terminé de se soulager, il planta ses dents dans mon cou, comme Dracula, et se mit à sucer ma peau à fond. En s'éloignant, il souffla et ricana en montrant la marque sur mon cou.

— Tu pourras essayer d'expliquer ça à l'école, demain, dit-il en riant.

Après un regard à la pendule, il rangea tout son matériel photo. Il était toujours très efficace quand il s'agissait de ranger ses affaires avant que les autres ne rentrent à la maison. Je n'avais aucune idée de l'endroit où il les cachait, mais je pensais que c'était dans le grenier ou dans le garage.

— Va te rhabiller avant le retour de ta mère ! cria-t-il.

Alors que j'étais en train de m'attacher les cheveux le lendemain matin avant d'aller à l'école, je remarquai la marque rougeâtre du suçon sur mon cou. Je passai délicatement les doigts dessus en grimaçant légèrement de douleur. J'aurais voulu disparaître dans le trou du lavabo. Les minutes passaient et je n'avais pas envie d'ajouter une paire de claques à mon emploi du temps. Je remontai le col de mon chemisier en espérant que personne ne se rendrait compte de rien. Pas de chance, dès le deuxième cours de la journée, en maths, une fille s'écria :

— Ouah ! Terrie ! On dirait bien que c'est un suçon !

Tout à coup, j'eus l'impression que toute la classe s'était retournée vers moi pour examiner l'objet du délit.

Je tentai de relever mon col, mais c'était trop tard. Je n'avais même pas les cheveux assez longs pour le cacher. Je fermai les yeux pour oublier les regards et les rires.

Je n'avais qu'une seule envie, c'était de me recroqueviller dans un coin et me laisser mourir. Les garçons ne m'intéressaient absolument pas. La simple idée d'en embrasser un, sans parler de le laisser me faire un suçon dans le cou, me dégoûtait à un point inimaginable. Peter y avait veillé.

Comme si cela ne suffisait pas, à mon retour à la maison, maman remarqua, elle aussi, le suçon. Ce soir-là, Peter était sorti avec les réservistes.

— Terrie ! hoqueta-t-elle. C'est quoi, ce truc, sur ton cou ? C'est un suçon, n'est-ce pas ?

En frissonnant, je posai délicatement ma main sur ma peau.

— D'où cela sort-il ? insista maman tandis que je gardais les yeux rivés sur mon assiette.

La honte me fit monter le rouge aux joues. J'avais envie

de hurler la vérité : « C'est ce salaud de Peter ! » Mais je savais que cela ne servirait à rien.

— J'ai laissé un garçon le faire ce midi à l'école, murmurai-je simplement.

Maman secoua la tête.

— Oh ! Terrie, j'aurais cru que tu avais davantage de respect pour toi-même.

C'était la trahison ultime. Je sentis les larmes jaillir dans mes yeux et la nausée monter en moi. Je ne pouvais pas supporter que maman me méprise à ce point, mais je ne pouvais pas m'empêcher de penser que, si elle apprenait ce que Peter me faisait faire, elle me mépriserait encore plus.

Je ne comprenais pas comment Peter s'organisait pour que maman et Paul soient hors de la maison si souvent, mais c'était le cas. Moi, comme je n'avais que très peu d'argent de poche et pas vraiment de camarades de classe, je n'avais guère d'autre choix que de rentrer directement à la maison après l'école.

Toutefois, un jour, alors que j'étais encore en classe, j'eus l'idée d'un plan génial pour obtenir de passer davantage de temps à l'extérieur. Pendant le cours de littérature, une matière que j'adorais, je me retournai pour bavarder avec la fille qui se trouvait derrière moi après que notre professeur nous eut justement demandé de nous tenir tranquilles. Le plan fonctionna et je récoltai des heures de colle. C'était parfait. Cela me permettait de contrer les projets de Peter et de ne rentrer à la maison que lorsque Paul y serait déjà.

Le seul autre répit que j'obtins fut lorsque j'allais chez Nany et Papy. J'adorais leur rendre visite, mais je n'arrivais jamais à me résoudre à leur parler de ce que Peter me faisait. Je pense que, ce qui m'arrêtait, c'était un mélange de crainte et de honte. Et puis, je préférais ne pas y penser. Je préférais oublier Peter pour profiter pleinement de cette parenthèse avec mes grands-parents. En outre, ils avaient déjà décidé que les changements qui s'opéraient en moi étaient à mettre sur le compte des hormones.

— Mais on n'est jamais trop vieille pour un câlin, disait Nany en me serrant dans ses bras.

— Déjà que je ne t'entends plus gazouiller comme avant et on dirait que tu boudes chaque fois que tu te mets à table.

Je haussai les épaules. Elle avait raison : j'étais plus discrète et je portais souvent des vêtements amples et sombres.

— C'est normal, poursuivait-elle. Ta mère était exactement comme ça, concluait-elle en me serrant gentiment le bras.

Cela me donnait des frissons. Elle ne pouvait pas savoir à quel point j'avais juste envie de cacher mon corps, d'être invisible et de faire comme s'il n'y avait rien afin d'empêcher Peter de jouer à ses jeux de pervers avec moi.

Depuis que Peter s'était installé chez nous, nous avions pris l'habitude de marcher sur des œufs. Son humeur pouvait changer du tout au tout en l'espace de quelques secondes. Parfois, il se montrait parfaitement incapable de se maîtriser.

Un matin d'avril, alors que je terminais de passer l'aspirateur sur la moquette marron en plaques pour la seconde fois (Peter avait affirmé qu'il y avait encore des moutons dessus), il nous appela tous dans la cuisine.

— Bien, commença-t-il, je veux savoir qui a cassé le sablier.

Sachant que ni Paul ni moi ne nous servions de ce truc, je secouai la tête, tout comme Paul.

— Cynthia, dit Peter en se tournant vers maman. Est-ce toi qui as cassé le sablier ?

— Mais non, Peter.

— Sam, as-tu cassé le sablier ? dit-il au chien qui se contenta d'un geignement.

— Alors, cela doit être MOI ! annonça-t-il.

Sur ce, comme un petit diable, il se mit à sauter dans toute la cuisine en se frappant avec la spatule et en criant qu'il était un vilain garçon.

— Vilain Peter ! Vilain Peter qui a cassé le sablier !

Je croisai le regard de Paul et nous éclatâmes de rire. Le même soir, Paul s'amusa à rejouer la scène et nous fûmes pris d'un fou rire inextinguible. Tout à coup, cependant, nous nous arrêtâmes net.

— Tu sais, Paul, commençai-je. Je n'aime pas la manière dont il te fait mal.

Nous n'avions pas l'habitude d'être aussi sentimentaux. Par bien des aspects, nous ne pouvions nous permettre de faire preuve de compassion. Pour ma part, je me disais que, si je commençais à pleurer, je ne pourrais jamais m'arrêter. Mais là, je voulais que mon frère sache. C'était mon petit frère ! N'aurais-je pas dû être capable de le protéger ? Je voulais lui dire que je l'aimais. Je voulais qu'il le sache.

— On pourrait le faire à tour de rôle, déclara Paul. Tu admets la prochaine bêtise et tu as droit à la punition, et moi je prends la suivante. On peut essayer de faire en sorte que ce soit équitable.

Je lui rendis un petit sourire triste.

— OK, c'est d'accord.

En posant les yeux sur son adorable sourire espiègle et la volée de taches de rousseur qui ornait son nez, j'éprouvai une bouffée de fierté ce jour-là. Comme moi, mon frère était un survivant.

— Je ne veux pas qu'il te fasse aussi mal qu'à moi, murmurai-je.

Mais Paul était déjà passé à autre chose. Il était incapable de rester assis à bavarder aussi intimement pendant longtemps, et, comme il était déjà en train de fouiller sous son lit pour me montrer son butin secret de bonbons, je laissai tomber les déclarations.

Une semaine plus tard, maman était allée rendre visite à des parents, et Paul était chez son copain Mark. C'était la première fois que je me retrouvais seule avec Peter dans la maison depuis un moment. Bien sûr, Peter n'avait pas manqué de le remarquer et, dès que j'ouvris la porte, je vis qu'il était impatient de récupérer le temps perdu.

— OK, Terrie, dit-il aussitôt en se déshabillant et en vérifiant son appareil photo. Aujourd'hui, tu vas faire quelque chose d'un peu différent.

Je me mis aussitôt à trembler.

— Fous le camp, espèce de gros cochon. Je ne veux rien faire du tout !

Bon sang, je le haïssais de tout mon être. J'avais beau savoir que mes paroles n'allaient qu'augmenter sa colère, je devais absolument essayer de me battre. Il me tendit un long tube en plastique légèrement plus gros qu'un bâton de rouge à lèvres.

— C'est quoi ce truc ? demandai-je.

Son sourire était effrayant.

— Un vibromasseur. Je veux que tu te l'enfiles.

L'estomac noué, je recommençai à pleurer.

— Je ne peux pas, pleurai-je.

Je ne comprenais pas pourquoi il voulait que je fasse un truc pareil. Pour moi, cela n'avait aucun sens.

— Tu peux le faire et tu vas le faire, dit-il.

Je posai l'objet dur et froid à côté de moi. J'avais déjà des haut-le-cœur et je me sentais violée. Je ne savais pas comment je devais procéder, mais, tout en filmant, Peter hurlait ses instructions. Lorsqu'il eut terminé, je demeurai allongée sur le lit à sangloter. J'avais l'impression d'être prisonnière. L'après-midi suivant, Peter apparut sur le seuil de ma chambre avec un vibromasseur plus gros, et je me mis aussitôt à pleurer.

— S'il te plaît, non ! suppliai-je, mais il se contenta de ricaner et de m'ordonner de descendre.

Comme d'habitude, tout son équipement était prêt, la caméra placée sur le trépied avec la lumière rouge qui indiquait que l'enregistrement était en marche, sans oublier la serviette sur le sol. Ma poitrine était secouée de sanglots lorsqu'il se pencha pour forcer l'objet en moi. Je hurlai de douleur, et la petite lueur rouge de la caméra enregistra chaque seconde de la séance. La vie était devenue un enfer insupportable.

La seule manière dont je pouvais affronter la situation était de me déconnecter totalement pendant les séances de torture sexuelle. Ma vie me faisait horreur. Je détestais l'école et je détestais la maison. Je me sentais de plus en plus isolée. Une seule pensée occupait constamment mon esprit : ce qui m'attendait à la maison. Je vivais dans la crainte perpétuelle de ce que Peter allait pouvoir encore inventer. Deux mois plus tard, j'allais découvrir toute l'étendue de sa perversité.

C'était un mercredi de juin et je venais juste de rentrer de l'école. Quelques minutes plus tard, Peter me poussait dans sa chambre (ou plutôt la chambre de maman comme je l'appelais encore). Il m'obligea à retirer mes vêtements et à m'allonger sur le dos sur le lit.

— Écarte les jambes ! ordonna-t-il.

Je tournai la tête et fermai les yeux. Je me sentais si exposée, si vulnérable !

— Je ne vais pas te faire mal, dit-il d'une voix étrangement douce.

J'ouvris les yeux pour constater qu'il avait déjà retiré ses vêtements. J'avais envie de vomir et je me mordis la lèvre inférieure.

— Je ne veux pas..., commençai-je tandis que les sanglots secouaient ma poitrine.

J'avais compris ce qu'il avait en tête.

— Tiens-toi tranquille et laisse-le glisser, expliqua-t-il en montant sur moi.

Il tendit la main sur la table de nuit pour prendre un sachet en aluminium avant de déballer soigneusement le préservatif.

Puis, il me viola.

Tandis qu'il ahanait sur moi, son odeur graisseuse empuantissait mes narines au point de me secouer de spasmes de nausée.

— Tu la sens ? soufflait-il. C'est bon, hein ?

Je tournai la tête pour fixer le papier peint familier, les yeux rivés sur la nuance beige pour laquelle maman avait eu le coup de foudre, tout en me demandant comment une chose pareille était possible.

Lorsqu'il eut terminé, il se laissa couler sur le côté et se releva. Je serrai dans mes poings le couvre-lit brun de maman tandis que la terreur cédait la place à la rage pure.

— Tu es répugnant ! hurlai-je. Je te hais ! Tu n'es qu'un pervers cochon. Je vais le dire à mon père ce que tu fais. Il va venir et il te tuera ! Tu ne feras plus JAMAIS une chose pareille !

Peter revint alors brusquement vers le lit et me plaqua la main sur la gorge.

— Je te prendrai... comme je le veux... quand je le veux... et je ferai exactement ce que je veux ! hurla-t-il.

Une veine palpitait sur son front.

Pendant que je luttais pour reprendre mon souffle, je sentis ma bravoure m'abandonner.

— À présent, lave-toi, espèce de chienne, termina-t-il en me lâchant.

Je demeurai sur le lit à pleurer en attendant qu'il libère la salle de bains. Je n'avais pas encore quatorze ans et je venais d'être violée. On m'avait volé ma virginité, et la vérité était que je ne pourrais jamais raconter à mon père ce qui se passait. C'était impossible. D'ailleurs, je n'avais aucune confiance en mon père. Pourquoi me croirait-il alors que personne ne le voulait ? Je me sentais si seule. Personne n'allait me sauver. Personne sauf moi-même. J'élaborais constamment des projets de fugue. Souvent, je passais des heures à retourner dans ma tête toutes les personnes que je connaissais. À qui aurais-je pu parler ? À l'époque, personne ne parlait jamais de sexe, sauf pour en rire à l'école. Comment quiconque aurait pu croire à ce qui m'arrivait ? Moi, une adolescente perturbée, difficile, que personne n'aimait ?

Un jour, j'entendis Esther Rantzen expliquer dans l'émission *That's Life* qu'elle avait fondé une association baptisée *Childline* et elle affirmait que c'était « pour les enfants qui ont désespérément besoin de parler alors qu'ils n'ont personne à qui s'adresser ». Tout ce qu'il suffisait de faire, c'était de composer un numéro. Je retins ce numéro. C'était peut-être là ma chance ?

Le soir, dans mon lit, je m'imaginais en train de courir jusqu'à la cabine téléphonique du coin de la rue pour passer l'appel. En réalité, j'étais sûre que je ne m'en sortirais jamais aussi simplement. Peter était capable de faire pleurer un caillou. J'avais l'impression qu'il n'y avait aucun espoir, c'est tout.

Il raconterait certainement à la police à quel point j'étais « perturbée » et que j'avais beaucoup de mal à l'accepter comme mon beau-père. Et alors, quoi ? Il finirait sans doute par tuer Paul et ce serait ma faute.

J'avais réussi à me convaincre que cette *Childline* n'allait même pas croire ce que je leur raconterais. Non, cela ne valait pas la peine de prendre le risque, raisonnai-je. Mais il fallait quand même que je fasse quelque chose ; je ne pouvais pas en supporter davantage.

Le jour suivant, au lieu d'aller à l'école, je courus jusque chez Nany et Papy. C'était à six kilomètres de chez nous, mais il ne me fallut qu'une demi-heure à plein régime. À mon arrivée, je n'avais plus de souffle. La vue du sourire sur le visage de Nany lorsqu'elle m'ouvrit la porte me donna envie de pleurer, mais je me mordis les lèvres pour résister.

Je ne savais pas par quoi commencer.

— Oh ! Terrie ! s'exclama-t-elle. Que se passe-t-il ? Pourquoi n'es-tu pas à l'école ?

Je me contentai de hocher la tête et j'entrai sans rien dire. D'un air inquiet, Nany appela mon grand-père :

— Papy, Terrie est là !

Puis, en se tournant vers moi, elle ajouta :

— Comment es-tu venue jusqu'ici ?

— J'ai marché, répondis-je d'un ton misérable. Je n'ai pas d'argent pour le bus.

Je regardai le doux visage souriant de Nany tourné vers Papy qui descendait l'escalier… J'avais tellement envie de laisser jaillir toute la vérité, de raconter tout ce qui m'arrivait. Je voulais hurler les mots, mais je ne savais pas comment commencer.

« Peter me viole. Peter me touche. Peter me force à mettre des choses dans mon vagin. »

Non ! Comment aurais-je pu raconter des trucs aussi affreux à mon adorable grand-mère ? Je savais qu'elle en serait atterrée. Elle pourrait même ne pas comprendre. Dans son monde suranné de valeurs, de normes, de morale, il n'y avait rien qui lui permettrait de comprendre ne serait-ce que la gravité de la perversité de Peter… Et comment pourrais-je admettre que je faisais partie intégrante du monde répugnant de Peter ?

Je repoussai tristement l'idée de leur raconter quoi que ce soit. Je voulais simplement qu'ils me laissent rester chez eux.

— Nany, réussis-je enfin à dire. Est-ce que je peux rester un peu chez vous ? Est-ce que je peux dormir dans la chambre d'amis ?

Papy émit un petit rire.

— Oh ! ma Terrie ! Peter nous a expliqué que tu devenais une grande fille à présent, avec tes propres idées et tes propres opinions. Ne t'inquiète pas, c'est normal. Ça fait partie de la croissance. C'est une question d'hormones. Ça arrive à tout le monde, tu sais.

Je fus alors prise de panique. Là, juste sous le regard compréhensif de Nany, avec le sourire qu'elle avait toujours. Puis, Papy mit la main dans sa poche pour en sortir une pièce.

— Tiens, Terrie, voilà cinquante pence pour prendre le bus et retourner à l'école. Va, ma petite fille, tu ne dois pas être en retard.

— Tu sais que nous sommes toujours contents de te voir. Tu peux venir quand tu veux, ajouta Nany, mais tu as déjà une maison.

Je baissai les yeux sur la pièce dans la main de Papy, et mon cœur dégringola.

Bien sûr que cela n'allait pas marcher ! Rien n'allait marcher. Peter avait tout prévu. En déglutissant, je pris la pièce.

— Merci, Papy, dis-je, et désolée !

— Ne sois pas désolée, sourit Nany en me disant au revoir. À bientôt, d'accord ?

Je m'éloignai de leur maison confortable, avec son parfum familier de lavande mêlé de l'arôme des petits plats mijotés au coin du feu, pour retourner dans un monde dont je ne pouvais m'échapper.

13

Œil pour œil

Paul

À l'âge de dix ans, j'avais déjà largement aiguisé ma capacité à réfléchir, et à réfléchir vite. J'étais désormais capable de considérer une situation et d'analyser pratiquement instantanément toutes les possibilités afin de sélectionner celle qui offrait le minimum de conséquences négatives et le maximum de points positifs.

Peter essayait sans cesse de nous prendre en défaut, Terrie et moi, ou de nous accuser de telle ou telle faute. En pratique, son histoire de « communication bilatérale » signifiait que je ne disposais généralement que de très peu de temps pour décider quel parti prendre. Devais-je avouer une faute, même si je ne l'avais pas commise, et risquer d'être battu ? Souvent, il valait mieux que je nie au risque de devoir rester au garde-à-vous pendant des heures entières ou rédiger des centaines et des centaines de lignes.

Lorsqu'il se mettait à nous espionner et à nous suivre partout, nous devions également réagir le plus rapidement possible. Si, par exemple, je voyais sa voiture passer devant l'école, je me glissais aussitôt entre mes deux camarades, Mark et Elouise, ou j'empruntais le manteau d'un copain pour qu'il ne me repère pas. Je savais que je n'avais pas le droit de rentrer de l'école en compagnie de camarades. À ce sujet, Elouise fut un véritable don du ciel. Nous étions devenus amis à l'école et, pendant des années, elle me prêta ses yeux et ses oreilles, et devint une complice sur laquelle je pouvais compter en toute situation.

Chaque fois que j'arrivais à déjouer les plans de Peter, je me sentais mieux. Qu'importe qu'il ne s'agisse que de petites victoires, c'était déjà quelque chose.

Environ une semaine après notre retour de vacances en péniche, Terrie s'amusa à marcher au pas de l'oie devant Peter et à le saluer d'un *Heil Hitler*. Je réprimai un fou rire, d'autant que je souffrais encore de maux de tête des suites du traumatisme crânien que j'avais subi, et je me mordis la langue au sang pour m'empêcher d'éclater. Ma sœur reçut des coups de spatule métallique, mais je ne l'en admirais pas moins pour ce qu'elle avait osé faire.

— Qu'est-ce qui t'a pris ? lui murmurai-je plus tard dans la cuisine.

Conscient que Peter s'était dernièrement rendu compte qu'on pouvait entendre ce qui se disait dans l'autre pièce par la bouche d'aération, je gardais un œil sur la grille. Par la suite, nous exploiterions cette possibilité avec d'excellents résultats.

— J'en ai ras le bol de ce vieux salaud dégoûtant, dit-elle.

Cela ne lui ressemblait pas de jurer. J'avais remarqué qu'elle était plus furieuse que jamais contre lui, mais, comme l'avait dit Nany, Terrie était au lycée désormais et elle grandissait vite. Je me contentai de la regarder en haussant les sourcils et je m'éloignai.

Certains des actes de Peter dépassaient l'injustice ou la méchanceté pour ressembler davantage à de la cruauté pure et simple, comme s'il faisait le mal uniquement pour le plaisir de faire du mal.

Depuis quelque temps, je m'intéressais aux sciences, notamment aux sciences naturelles, et je passais des heures à étudier des peaux d'oignon, des ailes des mouches et pratiquement tout ce que je pouvais placer sous un vieux microscope que la mère de Peter m'avait donné.

Je pense que Peter comprit que j'aimais ça et que, pour moi, cela constituait une sorte d'échappatoire. Et ça, il ne pouvait le supporter. Calculateur comme il l'était, il attendit le jour de mon anniversaire. Je n'avais jamais vraiment fêté mes anniversaires, mais, cette fois, maman m'avait acheté un microscope spécial qui projetait l'image de la lamelle sur le mur. Le plus beau cadeau que j'aie jamais reçu !

Je commençai à déballer le papier cadeau avec enthousiasme lorsque Peter s'exclama :

— Est-ce que tu as sorti le chien ?

— Non, répondis-je, pas encore.

Il attrapa le microscope qui n'était même pas encore totalement sorti de sa boîte et le jeta contre le mur avant de le piétiner encore et encore.

En voyant ainsi brisé le cadeau dont j'avais rêvé, j'éclatai en sanglots. Terrie vint alors voir ce qui se passait. Il s'empara de sa montre qui faisait sa joie et sa fierté, une Timex, et la lui arracha du poignet pour la piétiner également.

— Allez vous faire foutre. Tous les deux ! cracha-t-il comme un venin.

Alors que nous filions sans demander notre reste, Terrie fit de son mieux pour me remonter le moral.

— Là, je ne sais pas comment on va pouvoir suivre sa règle qui dit qu'on doit avoir sa montre sur soi tout le temps !

Cela ne m'aida guère. Toutefois, plus Peter exerçait sa cruauté, plus cela nous rapprochait, ma sœur et moi. Nous échangions des idées, réfléchissions à des chemins différents pour rentrer à la maison, agissions pour nous aider mutuellement et éviter de nous laisser surprendre. Tout ce qui pouvait nous aider à faire capoter ses projets.

— Waouh ! Paul, comment as-tu réussi à les faire passer sous le nez de Peter, demanda Terrie un après-midi lorsqu'elle me vit revenir à la maison depuis l'école avec des autocollants de foot Panini.

Je les avais glissés hors de la chambre par la fenêtre la veille au soir et les avais ramassés le matin en partant pour l'école.

— Ça n'a pas fait un pli, dis-je en souriant d'un air malin.

Bien entendu, il fallait de temps en temps que je fasse tomber une « trouvaille », un truc que je n'étais pas censé trimbaler dans mon sac de cours, pour qu'il ne commence pas à avoir des soupçons. Mais l'herbe du jardin de derrière notre maison n'avait rien d'une pelouse de golf, et elle était assez haute pour y cacher tout ce que je voulais.

Peter continuait de me fouiller régulièrement lorsque je quittais la maison, mais, la vérité était que, jeune garçon sans beaucoup d'amis, j'avais besoin d'apporter des jouets et autres trucs juste pour me faire une place. Je ne voulais pas être le gosse qui n'est jamais invité à jouer, et les autocollants Panini pesaient lourd dans la balance. Apparemment, j'étais aussi très doué en matière de troc.

Terrie était impressionnée, et elle décida d'aller encore plus loin en dissimulant des choses sous des mottes de terre dans notre jardin, jusqu'à ce qu'un voisin lui demande si elle cachait quelque sombre butin qu'elle aurait volé.

C'est à cette époque qu'a vraiment commencé notre lutte clandestine pour retourner les stratégies de Peter contre lui. L'astuce était d'être toujours en avance d'un pas sur lui en lui laissant croire qu'il continuait de garder la main.

Mon côté rusé se mit à chercher comment récupérer de l'argent de manière disons « officieuse ». Mon grand-père avait l'habitude de dire : « Un homme avec de l'argent en poche peut faire tout ce qu'il veut. »

Bien, je n'étais peut-être pas encore un homme à proprement parler, mais j'aurais aimé avoir un peu d'argent. Je ne cherchais pas non plus à devenir millionnaire, mais je me serais contenté de quelques sous de plus pour commencer. L'argent véritable viendrait plus tard.

Chaque semaine, dans notre quartier, un camion Corona venait tourner avec de grandes bouteilles de soda. Nous en achetions peut-être une ou deux par mois, ce qui était toujours un véritable festin, mais, pour moi, tout l'intérêt de l'affaire résidait dans le bouchon : quand on rapportait le bouchon et la bouteille à n'importe quel kiosque à journaux, on récupérait dix pence pour la consigne.

J'eus donc l'idée d'aller frapper aux portes du voisinage pour leur proposer de rapporter leurs bouteilles pour une commission de un ou deux pence, mais je ne trouvais pas de solution pour le faire sous le nez de Peter ou éviter que quelqu'un finisse par en parler à maman par hasard.

Quand, soudain, j'eus une idée de génie ! Le mur arrière du kiosque à journaux du quartier avait été gravement endommagé par un orage et, dans la cour, il y avait des caisses et des caisses de bouteilles vides. Et si je me glissais dans la cour pour en récupérer une ou deux à la fois avant de les rapporter pour récupérer la consigne ? Je me sentais un peu coupable, parce qu'il s'agissait de vol, mais je réussis à me convaincre que j'avais réellement besoin de l'argent, et que cet argent m'apporterait un peu de liberté. Il fallut huit semaines pour que les réparations du mur soient achevées, et, au cours de cette période, je récupérai vingt-quatre bouteilles, c'est-à-dire trois par semaine. Je me fis la promesse de rembourser le marchand de journaux d'une manière ou d'une autre, promesse que j'ai tenue des années plus tard.

Je surveillais également de près l'agenda de Peter en y jetant un œil chaque fois que possible pour vérifier son emploi du temps, lorsqu'il travaillait ou que j'étais sûr qu'il ne serait pas à la maison ou lorsqu'il était en congé, autant d'informations que je partageais avec Terrie et que nous exploitions au mieux.

Il surveillait le moindre de nos mouvements ? OK, nous ferions de même. Pareillement, nous étions toujours en train de chercher à dénicher ses dernières cachettes pour les caméras. En général, elles étaient placées sous la télévision, sous trois petites tables gigognes, sous les rayonnages de livres, dans l'entrée sous l'étagère à chaussures ou dans l'une de nos chambres, la mienne, celle de Terrie ou même celle de maman. Leur place changeait sans cesse, mais la petite lampe LED rouge était toujours couverte de la même manière avec un gros morceau de ruban adhésif noir. Une fois, nous en dénichâmes une dans le grenier !

C'est vrai qu'il nous arrivait souvent de nous y cacher. C'était un endroit chaud et calme, généralement loin des yeux fureteurs de Peter, mais, lorsqu'il tomba sur une boîte vide de chocolats Poppet que Terrie avait oubliée dans le grenier, il devint fou de rage.

Notre chasse aux caméras cachées consistait à aller et venir le plus normalement possible dans la maison, par exemple en faisant mine de chercher le chien ou la source de l'odeur qui attestait que Sam avait commis quelque accident sur la moquette. Cela nous donnait une excuse toute prête pour aller partout. Lorsque nous repérions une caméra, nous ne la regardions pas. Au contraire, nous passions devant elle sans nous arrêter, nous contentant de chercher encore un peu le chien ou la provenance de l'odeur.

Un jeudi après-midi d'hiver où il crachinait, je rentrai à la maison, le ventre affamé comme souvent, et je fus heureux de constater que Peter n'était pas là. Après avoir cherché dans tous les endroits habituels, je décidai avec soulagement qu'il n'y avait pas de caméra. Ouf ! Je savais que je devais m'attaquer à mes corvées : il fallait aller promener Sam, je devais nettoyer la salle de bains, les placards de la cuisine (dedans et dehors) et passer l'aspirateur, mais je n'arrivais pas à penser à autre chose qu'à manger. Je me fis donc en vitesse un sandwich pain beurre et je me laissai tomber sur le canapé du salon pour le déguster tranquillement.

Assis là, je levai les yeux par hasard pour découvrir un reflet au-dessus de la bibliothèque : une lentille de caméra. Comment avais-je pu la louper ? « Merde de merde ! » pensai-je.

Il y avait bien une caméra. Je ne sais pas comment j'avais pu la manquer, mais mon esprit se mit à tourner à toute berzingue. J'avais déjà été pris en faute par la caméra, en train de manger de la nourriture à laquelle je n'avais pas droit au lieu de sortir le chien aussitôt à mon retour de l'école comme c'était prévu. Je sentais la terreur monter dans mon ventre alors que je commençais à imaginer la sanction qu'inventerait Peter.

Il fallait que je réfléchisse… et vite.

Je fis les cent pas dans la pièce en me frottant les tempes, mon cœur battant la chamade. Tout à coup, je compris qu'il me verrait sur le film et, sans réfléchir, je fis le tour du gros magnétoscope et tapai sur le bouton *Stop*. À présent, je n'avais plus le choix : il fallait que je trouve une idée si je voulais éviter que Peter ne me tue. Non seulement j'avais repéré la caméra, mais j'avais aussi eu l'audace de la toucher et de l'arrêter. C'était sans doute la pression, la terreur absolue qui me saisit, mais j'eus soudain l'idée du siècle.

L'esprit toujours en ébullition, je courus dans la cuisine, attrapai une chaise en tremblant sous l'effet de l'excitation, la tirai à travers le couloir jusqu'au porche, sous le disjoncteur, et grimpai dessus pour y voir plus clair.

Je passai mes doigts sur les boutons avec l'impression d'être un cambrioleur sur le point de déchiffrer un code secret. « Paul, tu es un petit génie, mon gars », gloussai-je. Pourquoi n'avais-je pas pensé à cela avant ?

Je retournai dans le salon et rembobinai la bande. Assis sur le canapé, je me regardai sur l'écran en train d'entrer, de m'affaler et de dévorer mon sandwich avant de lever les yeux et de repérer la caméra. « Espèce de salaud », pensai-je en imaginant Peter en train de regarder le film le soir même. Une preuve de plus pour montrer à maman que j'étais un vilain petit garçon.

Lorsqu'on appuyait sur le bouton d'enregistrement, il fallait à la caméra quelques secondes avant de commencer effectivement à enregistrer des images, des secondes essentielles qui allaient me permettre de régler l'appareil pour me laisser le temps de quitter la pièce en toute hâte. « Prends donc ça, Peter », me dis-je en laissant la caméra filmer une pièce vide. Je filai dans l'entrée et, au bout de quelques minutes de silence absolu, je remontai sur la chaise et coupai le courant. Aussitôt, toute la maison sombra dans un silence total, les lumières s'éteignirent, les horloges se mirent à clignoter et le réfrigérateur arrêta son bourdonnement.

— Oui ! hurlai-je en donnant des coups de poing en l'air pendant que Sam se mettait à aboyer. « Ouais, bonne nouvelle ! » criai-je en tapotant la tête du chien. À présent qu'il n'y avait plus de courant, plus de petit jeu d'espionnage pour Peter. Non seulement, il n'avait plus aucune image de ce que j'avais fait en arrivant, pas une trace, mais je pouvais désormais faire ce que je voulais. Alors, comme j'étais loin d'être rassasié, je filai vers le frigo pour en sortir un carton de lait que j'avalai d'un trait, et de la confiture pour tartiner mes toasts. Je venais à peine de mordre dans la tartine que j'entendis la porte d'entrée. Serait-ce déjà Peter ? Heureusement, ce n'était que Terrie.

— Que se passe-t-il ? demanda-t-elle d'un ton inquiet en arpentant la maison absolument silencieuse.

— Si tu veux un peu de tranquillité, il suffit de couper le courant ! dis-je en riant. Peter ne s'en rendra jamais compte !

Ce soir-là, Peter et maman furent agacés de voir que le courant avait été coupé. Et Peter d'autant plus qu'il ne pouvait pas vérifier ce que nous avions fait.

— Je me demande si les voisins ont été touchés, eux aussi, soupira maman.

Mais ça marcha ! Peter ne devina jamais ce que j'avais fait et personne n'eut aucun soupçon.

La technique de la coupure de courant fut si efficace que je ne pus résister à l'utiliser encore et encore. Et encore. Puis, deux semaines plus tard environ, je rentrai à la maison pour tomber sur la caméra fixée dans l'entrée, face au disjoncteur. Et, cette fois, elle n'était pas branchée sur le secteur. Non, elle fonctionnait apparemment avec une batterie.

« OK, pensai-je. Peter m'a démasqué. Que faire d'autre ? »

Je me creusai la tête, d'autant que la maison vide me donnait fichtrement envie de prendre un peu de temps libre. Puis, j'eus un autre de mes « moments eurêka » : je m'emparai d'une paire de ciseaux et la fis tourner dans mes mains tout en examinant une prise dans ma chambre à coucher. « Cela devrait faire l'affaire », me dis-je.

Quand j'y repense, cela me paraît complètement idiot, mais je dois préciser que j'en étais à la dernière extrémité.

J'étais prêt à tout pour quelques minutes de liberté. Alors, sans réfléchir davantage au danger que je courais, je plantai les lames des ciseaux dans la prise.

Le bruit et le choc furent instantanés. Les ciseaux s'arrachèrent de mes mains pour aller se planter quelque part, et mon bras fut parcouru par un élancement tandis que j'étais propulsé de l'autre côté de ma chambre. Hurlant de douleur, je me relevai pour constater que la lumière s'était éteinte. Tout était sombre et silencieux.

Je ne pus m'empêcher d'éclater de rire malgré le choc qui me vrillait la tête. Mon succès me rendait presque hystérique. J'avais réussi ! La douleur qui continuait à faire trembler mon bras n'avait aucune importance puisque j'avais encore trouvé un moyen de contourner la dictature de Peter.

Je me hâtai de nettoyer la tache de brûlure brune de la prise aussi bien que je le pus et je fourrai les ciseaux dans la poubelle, car ils avaient été brûlés à moitié par le court-circuit.

Puis, aussi calme que possible, je me mis à l'œuvre pour exécuter mes corvées du jour, tandis que la caméra de l'entrée ne quittait pas des yeux le disjoncteur intact.

Lorsque j'eus terminé, je me dis que j'allais un peu profiter de mon temps libre et je montai dans la chambre de maman pour sauter sur son lit comme un dingue en touchant le plafond de mes mains. Ensuite, je me préparai un autre sandwich que je dévorai dans ma chambre tout en comptant mes autocollants de football que j'avais réussi à faire entrer en douce.

Une fois de plus, maman et Peter rentrèrent ce soir-là en s'interrogeant au sujet de la coupure de courant, mais, comme la caméra de Peter le prouvait, personne n'avait touché au disjoncteur. Je m'étais encore débrouillé pour m'en sortir sans dommage et j'avais en outre appris une précieuse leçon : n'utilise jamais la même technique trop souvent.

Ainsi, de temps en temps, je laissais Peter me prendre sur le fait à faire des choses que je n'étais pas censé faire. Parfois, je rentrais de l'école et je m'affalais pour regarder des dessins animés pendant dix minutes avant de sortir Sam.

Je savais que la caméra me filmait, mais je me disais que, ainsi, Peter s'imaginait que ses stratégies étaient toujours efficaces et qu'il n'aurait pas l'idée de changer sa manière de nous espionner. Lorsqu'il me prenait sur le fait (en train de faire des trucs que je n'avais pas le droit de faire) il avait toujours l'air si content de lui que cela valait la peine de subir une ou deux raclées. L'important, c'était d'être toujours en avance sur lui.

Toutefois, pour chacune de mes petites victoires obtenues haut la main par mes astuces et mes petits jeux, il y avait des sanctions terribles que je ne pouvais éviter. Un soir, assez tard, je descendis me chercher un verre d'eau. En regardant par la fenêtre, j'aperçus Peter en train de se pencher pour tirer notre compteur électrique indépendant jusqu'à la voiture. Maman avait économisé pendant des mois afin de pouvoir s'en offrir un et nous permettre d'avoir l'électricité, et nous passions notre temps à récupérer de la monnaie pour le faire fonctionner.

— Qu'est-ce que tu fiches debout ? hurla Peter en se précipitant vers la porte pour me tirer par le bras jusqu'à l'escalier.

J'ouvris la bouche pour répondre, mais, avant que je ne puisse dire quoi que ce soit, il me donna une violente claque sur le visage avant d'ajouter un coup de poing dans l'estomac en me disant de fiche le camp dans mon lit et de m'occuper de mes affaires. Après ça, nous n'eûmes plus besoin de chercher à récupérer des pièces pour le compteur mobile, et, lorsque le gars de la compagnie d'électricité vint relever les compteurs, nous fûmes obligés de nous cacher derrière le canapé. Visiblement, ce soir-là, Peter n'avait pas fait des choses très catholiques.

Toutefois, en dépit du fait que Peter n'avait visiblement que mépris pour Terrie et moi, il continuait à insister pour que nous passions des moments « en famille ». Un samedi, il nous emmena tous à la piscine du parc d'Overstone. Peter conduisait et, en chemin, Terrie me donna un coup de coude tout en me montrant un petit morceau de thon qu'elle avait récupéré la veille dans une serviette en papier (nous avions eu des pâtes au thon pour le dîner).

— C'est un petit cadeau pour Peter, chuchota-t-elle.

— Qu'est-ce que c'est ? s'écria Peter qui avait entendu notre conversation malgré le bruit que faisaient le ventilateur et la radio de la voiture.

— Je suis juste en train de dire que nous sommes impatients d'aller nager ! répliqua Terrie à voix haute.

Elle renferma aussitôt le morceau de thon dans la serviette en papier et glissa le tout entre les deux sièges de la banquette arrière.

Je ne savais toujours pas nager puisque nous ne pouvions nous permettre de suivre des leçons, et maman avait déclaré qu'elle était incapable de m'apprendre, mais j'adorais aller à la piscine. Et, en dépit de tout, je suppose que j'espérais à moitié que Peter aurait pu m'aider.

— Il serait temps que tu apprennes, dit-il lorsque nous sortîmes du vestiaire des hommes.

— Tu sais, j'en ai vraiment envie, commençai-je en essayant de me mettre sur la même longueur d'onde que lui.

— Ouais, ben, c'est pas si difficile, répliqua-t-il d'un ton sec en me guidant du côté le plus profond de la piscine.

Soudain, sans prévenir, il m'empoigna et, sans aucune hésitation, me jeta dans l'eau.

Saisi de panique, je descendis jusqu'au fond, mais, en

agitant mes jambes tant que je le pus, je parvins à retrouver le chemin de la surface. Je soufflais comme un phoque en cherchant ma respiration. Je réussis tant bien que mal à m'accrocher au bord, crachotant et ahanant. Quand je levai les yeux, ce fut pour découvrir Peter qui me regardait avec un air narquois.

— Tu ferais mieux d'apprendre rapidement dans ce cas.

Ce fut tout ce qu'il dit.

Personne n'avait bougé, pas même les maîtres-nageurs qui semblaient n'avoir rien remarqué.

Je parvins tant bien que mal à rejoindre l'échelle pour remonter sur le bord et je sortis de l'eau en frissonnant. Pendant tout ce temps, Peter se contenta de me fixer d'un air glacial. Enfin, sans ses lunettes de myope, le regard était sans doute moins glacial qu'il ne l'aurait souhaité !

— Tu t'en sors, Paul ? insista-t-il.

— Non, maître ! répondis-je.

— Ne m'appelle plus « maître », rétorqua-t-il. J'ai changé d'avis et je veux que tu m'appelles « Dieu » !

J'avais envie de rire, mais l'expression de son visage me dit que ce n'était pas une bonne idée.

Et c'est ce que Peter était désormais dans notre maison : un dieu, un petit dieu qui avait le contrôle sur tout ce que nous faisions, tout ce que nous mangions, tout ce que nous buvions, où nous allions, l'argent que nous dépensions, ce que nous faisions depuis l'instant où nous ouvrions les yeux jusqu'au moment où nous les fermions. Dieu. Il aurait tout aussi bien pu être Dieu lui-même.

Dans la voiture sur le trajet du retour, maman nous tendit à tous les deux des sandwiches au jambon qu'elle avait prévus pour le déjeuner. Je donnai un coup de coude à Terrie afin de lui montrer que je glissais le morceau de jambon dans la poche arrière du siège de Peter. J'espérais que le jambon et le thon pourriraient pendant longtemps pour empuantir sa voiture.

Ce petit jeu des odeurs nous paraissait être d'autant plus une bonne idée que maman commençait à en être vraiment agacée et que cela semblait créer des dissensions entre Peter et elle. Le nombre de fois où nous l'entendîmes ronchonner à propos du fait qu'il ferait mieux de passer sous la douche ! Le lendemain de notre séance de piscine, je récupérai l'un des harengs saurs de maman dans la poubelle pour le glisser dans la « niche », c'est-à-dire l'endroit où dormait Sam et qui était situé à côté de la VMC. Cela marcha mieux que je ne l'espérais et, en l'espace de quelques minutes, toute la maison puait le poisson pourri. C'était horrible, mais cela en valait la peine, ne fût-ce que pour assister à la dispute entre maman et Peter.

— Mon Dieu, Peter ! éclata maman dès qu'elle rentra du travail. C'est quoi, cette puanteur ? As-tu pris un bain aujourd'hui ?

Continuant à faire ce que nous étions censés faire et réprimant des fous rires, Terrie et moi écoutions leur dispute par l'intermédiaire de la bouche d'aération de la cuisine.

— Ce n'est pas moi, assura Peter.

— Peut-être, mais je suis allée chercher le plan dans ta voiture et ça pue autant qu'ici, continua maman. Et tu es le seul à avoir été là toute la journée !

C'était drôle, jusqu'à ce que Peter se mette à harceler maman. Il ne paraissait guère affecté par ses critiques, mais il répliquait en lui répétant qu'elle était grosse et moche, et maman éclatait en sanglots. Il était toujours sur son dos à piétiner sa dignité.

Par ailleurs, les accusations de Peter au sujet de notre comportement se faisaient de plus en plus bizarres.

— Qui a jeté une brique de Lego dans les toilettes ? demanda-t-il un jour après l'école.

C'était une question tellement ridicule ! Ce n'était certainement pas moi et j'étais pratiquement sûr que cela ne pouvait pas être Terrie non plus, mais Peter ne voulait pas lâcher le morceau.

— OK, il faut que quelqu'un se dénonce, hurla-t-il, ou vous devrez tous les deux me copier des lignes !

— Ce n'est pas moi, insistai-je.

— Ni moi ! enchérit Terrie. Pourquoi vouloir jeter une brique de Lego ?

— Mais c'est quand même l'un de vous deux ! cria Peter. Je vous donne cinq minutes pour avouer !

Terrie et moi nous dirigeâmes vers la salle à manger pendant que Peter allait regarder quelque chose à la télé au salon avec maman.

Nous savions que Peter écouterait, puisqu'il avait compris qu'on entendait tout par la bouche d'aération, et nous nous en servions souvent pour notre propre bénéfice. Mais, lors de cette histoire, ni elle ni moi ne voulions accepter le blâme.

Nous savions parfaitement que Peter avait lui-même jeté la brique de Lego dans les toilettes, mais je suppose que nous avions eu notre compte de raclées pour la semaine. En outre, il arrivait que, lorsque nous refusions tous les deux d'admettre une accusation, nous nous en tirions sans punition… quand nous n'en avions pas tous les deux pour notre compte !

— Je te promets que ce n'est pas moi, protesta Terrie suffisamment fort.

— Ce n'est pas moi non plus, insistai-je.

Au bout de cinq minutes, Peter se tourna vers Terrie.

— Alors, je vais avoir droit à un aveu ou quoi ? demanda-t-il.

Je voyais dans les yeux de Terrie qu'elle en avait assez. Elle bondit d'un coup pour se précipiter vers l'escalier en hurlant : « Je te hais ! » avant d'aller s'enfermer dans les toilettes. Peter grimpa sur ses talons en m'entraînant avec lui. Devant la porte des toilettes, il me fit un sourire rusé et, d'une voix assez forte pour que Terrie puisse entendre, il déclara :

— Je sais bien que ce n'était pas toi, Paul.

Les yeux écarquillés, je n'arrivais pas à croire qu'il ait dit une chose pareille. Qu'était-il en train de faire ? De nous monter l'un contre l'autre ? Puis, il poursuivit :

— As-tu été sage toute la semaine, Paul ?

On aurait dit l'ancien Peter, le gentil Peter, celui que nous avions connu lorsqu'il s'était installé chez nous, ce qui me paraissait être des dizaines d'années plus tôt.

— Oui, Peter, répondis-je en essayant désespérément de comprendre ce qui était en train de se passer.

— Non, dit Peter, ce n'est pas « Oui, Peter » que tu dois dire, mais « Oui, chef ! »

— Oui, chef, dis-je, de plus en plus désorienté par son attitude.

Il n'était pas possible qu'il s'attende à ce qu'on l'appelle comme ça désormais ?

— Bien, continua-t-il. Que penses-tu que nous devrions faire à ta sœur ? Réfléchissons. Elle a menti et elle a essayé de t'accuser, toi. Bien. Si cela avait été toi, quelle punition aurais-tu méritée ?

Je haussai les épaules. Je ne voulais pas que Terrie soit punie. Je n'avais pas envie de prendre parti contre elle. Il y avait quelque chose qui n'allait pas du tout.

Je l'imaginai en train de sangloter de l'autre côté de la porte, mais les yeux de Peter me transperçaient à travers ses lunettes : il attendait ma réponse.

— Je suppose que je mérite une fessée, dis-je d'un air désinvolte.

— Ah oui ! rétorqua Peter, je suppose que tu as raison. Mais, tu comprends, elle a menti deux fois, non ? Elle a menti au sujet du Lego et elle a menti ensuite pour que ce soit toi qui aies des ennuis. Elle mérite donc une autre fessée pour cela, non ? Qu'en penses-tu ?

Je haussai de nouveau les épaules sans dire un mot. Je ne voulais pas être mêlé à ce qui allait, de toute manière, se passer. Terrie était ma sœur et je l'aimais.

Il fallut patienter une heure avant que Terrie ne sorte des toilettes, mais Peter patienta pendant tout ce temps devant la porte sans dire un mot. Dès que Terrie sortit, il l'empoigna et l'entraîna en bas pour la forcer à se pencher sur une chaise. Et là, il lui donna une vraie fessée, ne s'arrêtant que lorsqu'elle hurla enfin sous la brûlure.

Après, j'allai la voir dans sa chambre. Elle était simplement allongée sur son lit, les yeux gonflés de larmes.

— Oui, chef ! Non, chef ! ricana-t-elle, les yeux lançant des éclairs.

Je me mordis les lèvres : d'une certaine manière, je sentais que je méritais ses sarcasmes. J'étais vraiment en colère contre Peter, non seulement parce qu'il avait frappé Terrie, mais parce qu'il avait réussi à creuser un fossé entre nous.

14

Vacances en enfer

Terrie

Alors que cela faisait deux ans qu'il vivait chez nous, Peter annonça que nous allions tous partir en vacances en Espagne, à Torremolinos. J'eus la sensation que mon cœur dégringolait. Après le séjour infernal sur la péniche, je ne pouvais imaginer pire. À cette occasion, il avait failli tuer Paul et s'en était sorti sans une égratignure. Qu'allait-il donc se passer cette fois ?

Mon moral remonta un peu lorsque j'appris que nous allions séjourner dans un appartement indépendant avec les amis de Peter, Jim et Sandra, ainsi que leurs enfants. Pour moi, c'était la sécurité du nombre. Avec autant de gens (et d'adultes) dans les environs, Peter ne pourrait sûrement pas lever le petit doigt sur moi de toute la semaine. Une perspective heureuse !

Peter réserva des places dans un car qui nous emmènerait jusqu'en Espagne, car c'était beaucoup moins cher que de prendre l'avion. Nous montâmes donc dans sa voiture pour rejoindre le point de ralliement, mais, lorsqu'il tourna la clef du démarreur, la voiture rendit un son affreux suivi d'un bang qui nous fit tous sauter en l'air – sauf Paul.

— Mais qu'est-ce que c'est ? souffla Peter en bondissant hors de la voiture.

Il alla vérifier le pot d'échappement et ramassa les vestiges d'une pomme de terre brûlée qui avait été glissée dedans.

— Les petits crétins ! s'exclama-t-il en scrutant du regard toute l'avenue Churchill.

En jetant un œil à Paul, je me rendis compte qu'il avait l'air prêt à avoir un anévrisme tant il réprimait son envie de rire. Il ne fallait pas être un génie pour additionner deux et deux et comprendre ce qu'il avait fait. J'aimais encore plus mon petit frère pour son courage à ne pas céder. Ses petites farces nous aidaient à ne pas sombrer.

Le fait de contempler Peter exploser de colère ou d'irritation devant les petits tracas de la vie, depuis un lacet de chaussure qui cassait net ou une manchette de chemise qui tombait de sa manche lorsqu'il enfilait sa chemise (un sabotage orchestré par Paul et moi) jusqu'à l'odeur qui envahissait la maison (sabotage signé Paul et Terrie) et qu'il ne supportait pas, tout cela contribuait à nous donner l'impression de nous évader et de reprendre un peu le contrôle de la situation. Oui, nous étions encore capables de lui créer des difficultés. Chaque acte de défi nous donnait une certaine force.

Tandis que Peter continuait à jurer et à envoyer tout le monde au diable, nous nous dirigeâmes vers la double voie, première étape de notre voyage vers l'Espagne. Éreintés par les heures passées dans le bus, nous arrivâmes enfin à destination, et Peter nous fit visiter les appartements. Je partageais une chambre à deux lits avec Paul ; maman et Peter étaient dans une autre chambre. L'endroit était ravissant, et il y avait même une piscine sur le toit de la résidence.

Très vite, nous adoptâmes une routine qui consistait à se lever tard pour prendre un petit-déjeuner aussi tardif avant d'aller se baigner. Sur mon maillot de bain, je portais un gilet en crochet. C'était la mode, à l'époque, mais je me souciais de la mode comme d'une guigne : tout ce que je voulais, c'était couvrir mon corps le plus possible. Je détestais la manière que Peter avait de me regarder, me dévisageant des pieds à la tête, même en présence des autres. Comme si j'étais un morceau de viande ou un objet qui n'appartenait qu'à lui.

Un après-midi, nous nous rendîmes ensemble au cinéma pour visionner une copie piratée de *E. T.*, mais, au moment de partir, nous fûmes surpris par un orage torrentiel qui nous obligea à nous réfugier dans l'une des boutiques voisines. Avec Paul, je traînai en examinant les cartes postales quand il s'empara d'une carte et se mit à glousser d'un air gêné.

— Beurk, regarde ça, Terrie ! dit-il en agitant la carte devant moi. Pourquoi ces hommes mettent-ils leur zizi dans la bouche des femmes ?

Au souvenir de Peter qui me forçait à le prendre dans la bouche, je sentis la bile remonter dans ma gorge. Sa tête entre ses jambes, ses mains emprisonnant mes cheveux.

— Laisse tomber, Paul, je n'ai pas envie de voir ce genre de trucs ! répliquai-je sèchement.

Maman aperçut alors ce que Paul tenait dans la main et lui arracha la carte.

— Arrête ça, Paul. Ce n'est pas bien. Ne regarde pas ces choses !

« Si seulement tu savais ! » pensai-je amèrement en refoulant mon sentiment d'humiliation encore plus profondément en moi.

Peter, qui avait entendu la dispute, s'empara des cartes postales.

— Paul, espèce de petit branleur ! cracha-t-il non sans examiner les cartes soigneusement. Non, tu ne dois pas regarder de telles choses. Ce n'est pas du tout convenable, surtout pour un gosse aussi jeune que toi !

Écœurée, je m'éloignai.

— Qu'est-ce qu'il y a, Terrie ? me demanda Paul en me rattrapant.

Jamais je n'aurais supporté que Paul soit au courant. C'était un enfant. Un petit garçon innocent. Mon instinct continuait à me pousser à le protéger en dépit de tout ce qu'il subissait.

Paul agaçait Peter, c'était clair. Tout le temps. Le pauvre gamin était si content de passer des vacances à l'étranger qu'il ne tenait jamais en place et posait d'incessantes questions sur le programme et sur ce que nous allions faire ensuite, et ce, malgré les regards lourds de menaces que lui lançait Peter.

— Tu ne peux pas te tenir tranquille, au moins en public ? grognait-il.

Et moi, je voyais les mains de Peter trembler de rage et d'envie de lui donner une paire de claques.

Un matin, j'étais assise au bord de la piscine en train de lire, quand Peter s'approcha de moi.

— Dis donc, Terrie, on dirait que tes nichons sont de plus en plus gros, dit-il sur le ton de la plaisanterie.

En frissonnant, je fis de mon mieux pour couvrir mes seins, les seins qu'il avait mordus et pincés jusqu'à ce que je hurle de douleur.

— Laisse-la donc tranquille, dit maman dans un rire.

Pour ce voyage, Peter avait acheté un nouvel appareil photo qu'il emportait partout. Ce soir-là, nous avions prévu d'aller dans un bar du coin où l'on pouvait danser et nous nous amusions à gesticuler sur la piste pendant que Peter prenait des photos sans se soucier que son flash éblouisse les autres vacanciers qui dansaient à côté de nous.

— Eh ! s'écria l'un d'entre eux. Arrête ton cirque !

Peter se mit à bouder jusqu'à ce qu'il repère une jolie blonde et, sans lui en demander l'autorisation, il se mit à prendre des clichés d'elle.

— Elle me fait penser à Debbie Harry, de Blondie ! cria-t-il joyeusement pour se faire entendre malgré la musique.

Je me sentis gênée en me demandant ce que maman pouvait penser à ce moment, mais elle se contenta de l'ignorer.

Le soir suivant, nous allâmes manger des tapas dans une taverne où on servait aussi de la bière. J'avais obtenu le droit d'en boire un verre que Peter ne cessait de remplir.

— Non, merci, disais-je.

Je trouvais ça trop amer.

Très tôt, je me sentis suffisamment fatiguée pour avoir envie de rentrer. Paul était déjà retourné à l'appartement une heure plus tôt, et je n'avais plus qu'une envie : le rejoindre.

— Je file, maman, dis-je.

L'appartement n'était qu'à dix minutes de là, et je ne craignais pas de rentrer seule.

— Pas de problème, répondit-elle.

Peter posa sa bière et se leva.

— Je vais t'accompagner ! lança-t-il. Juste pour être sûr que tu ne cours aucun danger.

— Non, tout va bien, insistai-je.

— Mais si, j'insiste, continua-t-il en me lançant un coup d'œil narquois. D'ailleurs, j'ai fini mon verre.

Il s'empara de son verre de bière pour en avaler la dernière gorgée.

— Allez, dit maman, laisse-le t'accompagner.

La mine sombre, je haussai les épaules. De savoir que Paul était dans notre chambre me rassurait un peu. Peter n'allait certainement pas tenter quoi que ce soit.

Il était sans doute un peu ivre et, sur le chemin du retour, il trébuchait légèrement. Il fit même une tentative pour lancer un semblant de conversation, mais je demeurai absolument silencieuse. Le simple fait de marcher à ses côtés en public me donnait la chair de poule. Lorsque nous arrivâmes en vue de l'appartement, je me mis à courir pour franchir les quelques mètres qui me séparaient de la porte. Je voulais tellement qu'il s'en aille ! Mais il me rattrapa au moment où j'ouvrais la porte et me précipitais dans ma chambre.

— Bonne nuit ! lançai-je par-dessus mon épaule en espérant qu'il allait disparaître.

Non, il me suivait comme mon ombre. Lorsque je fus près de mon lit, il se colla dans mon dos.

— Paul est là, murmurai-je en me retournant. Ne le réveille pas !

L'expression du visage de Peter suffit à me faire comprendre qu'il s'en souciait comme d'une guigne et qu'il n'allait pas partir de sitôt. Il se mit à tripatouiller sa braguette.

— Arrête ! Non ! chuchotai-je un peu plus fort. Dégage !

Il me cogna sur le visage.

— Ferme-la et allonge-toi, jeta-t-il. Ça ne prendra qu'une minute.

— Non ! hurlai-je à demi.

J'étais envahie par une fureur indicible, une rage pure à l'idée que ce type ait l'audace de vouloir me violer pendant que mon pauvre petit frère était allongé tout à côté. Paul ne savait rien de cet aspect répugnant de Peter, et je tenais à ce qu'il continue de l'ignorer. Un garçon de dix ans ne pouvait pas comprendre ce que signifiait un viol !

— Espèce de salope, cracha Peter. Tiens-toi donc tranquille et laisse-toi faire.

Il avait réussi à descendre son pantalon et se mit à tenter d'arracher mon haut.

— Va te faire foutre ! hurlai-je. Dégage, connard !

Je lançai un regard en direction de Paul. Dans la faible

lumière qui éclairait la chambre, je ne voyais qu'une bosse en forme de corps là où mon frère devait être.

Peter m'asséna quelques claques sur la tête avant de m'empoigner les cheveux par les racines. Il se mit à me pousser vers le matelas de ma couchette avant de mettre l'oreiller sur mon visage pour m'empêcher de hurler tandis qu'il tripotait ma culotte. Il venait à peine de glisser son pénis en moi lorsque je réussis à lui décocher un coup de genou.

— Espèce de petite garce ! hurla-t-il.

J'essayai de reprendre mon souffle en dépit de l'oreiller qui m'écrasait le nez. La panique me faisait couler de sueur et j'arrivais à peine à respirer. Il me donna un grand coup dans l'estomac et je me recroquevillai. C'était pire que de mourir, mais, soudain, quelque chose en moi me dit de laisser couler. De toutes mes forces, j'obligeai mon corps à rester immobile. « Imagine que tu es morte », ne cessais-je de me répéter pour forcer mes jambes et mes bras à ne pas résister.

En l'espace de quelques secondes, il me lâcha. J'entendis le glissement de sa braguette qu'il remontait et le cliquètement de la boucle de sa ceinture, puis des pas rapides et un claquement de porte. Je patientai encore quelques secondes avant de retirer l'oreiller de mon visage. Le tissu était trempé de larmes et de sueur.

Le connard avait dû penser qu'il m'avait tuée, mais il n'avait même pas eu le courage de vérifier. Je regardai aussitôt de l'autre côté de la chambre : Paul n'avait pas bougé, mais je devinais qu'il était réveillé à présent. Le vacarme aurait réveillé un mort. Cependant, je ne pus me résoudre à lui parler. Je ne voulais pas savoir ce qu'il pensait. Je ne supportais tout simplement pas d'en parler. Si mon frère ne posait pas de questions, je n'aurais pas besoin de lui raconter ce que Peter avait essayé de me faire.

Le lendemain matin, Peter m'adressa à peine un regard. Après le petit-déjeuner, il m'évita et alla se promener tout seul. Heureusement, le reste du séjour se passa sans qu'il cherche à m'agresser de nouveau.

À la piscine, je restais loin de lui et de son appareil photo et, au dîner, je faisais comme s'il n'existait pas. J'aurais aimé penser qu'il avait été choqué par ce qu'il avait fait, mais je ne pouvais en mettre ma main à couper.

En général, nous prenions nos vacances hors saison dans la mesure où c'était la seule manière dont nous pouvions nous le permettre financièrement. Quoi qu'il en soit, j'étais contente de ne pas aller à l'école, car les choses étaient toujours encore plus lamentables lorsque nous rentrions.

Le lundi matin, au retour de nos vacances, je me réveillai en me disant que je ne pouvais pas affronter un nouveau jour d'école. À la maison, avec Peter, la vie était infernale et il y avait des jours où je ne pouvais tout simplement pas me concentrer. Paul m'avait appris que Peter travaillait désormais tous les jours, et je volai un couteau à beurre pour ouvrir la fenêtre de Paul dans la journée.

J'appelai Lisa parce que je n'avais personne d'autre et nous allâmes nous promener dans le parc jusqu'à ce que nous puissions retourner à la maison sans risque.

Nous grimpâmes par-dessus la clôture de derrière, puis sur le toit de l'appentis, et jc glissai le couteau entre les panneaux vitrés. Lorsque j'eus réussi à dégager une ouverture, j'ouvris la fenêtre et je fis signe à Lisa de me rejoindre. Nous nous glissâmes à l'intérieur, ravies d'avoir pu pénétrer si facilement dans la maison.

— Qu'est-ce que tu as envie de faire ? demandai-je à Lisa.

Nous décidâmes de sortir les magazines qu'elle venait d'acheter et de les lire. J'adorais *Smash Hits* et *Just 17.* J'aurais aimé mettre le 33 tours de Blondie, mais je n'osai pas au cas où les voisins nous entendraient ou si jamais Peter rentrait à la maison sans prévenir. Après avoir passé un peu plus d'une heure à bavarder sur mon lit, nous commençâmes à jouer aux cartes quand j'entendis un bruit.

C'était Mary, notre voisine. Maman lui avait confié une clef pour sortir Sam dans le jardin au cas où Peter ou elle seraient absents au travail.

— Sam ! s'écria-t-elle. Mais quel horrible garçon ! Tu ne peux pas avoir fait ça ! Tu sais que Cindy ne va pas être contente du tout.

Je mis ma main sur ma bouche et, tandis que nous réprimions des rires, Lisa et moi écoutâmes Mary en train de parler à Sam.

— Oooh ! ça sent vraiment mauvais, continua-t-elle. Tu es un vrai cochon, Sam !

Étouffant nos rires, nous fîmes de notre mieux pour ne pas nous trahir. Enfin, nous l'entendîmes sortir, ravies de savoir qu'elle ne nous avait pas découvertes, en haut, à jouer aux cartes.

C'était si agréable de prendre un peu de plaisir.

Une vingtaine de minutes plus tard, du coin de l'œil, je vis une lueur rouge clignoter sur le verre givré de ma chambre. Cette fois, je n'avais plus envie de rire. Une lueur rouge ne pouvait signifier qu'une chose : c'était la voiture de Peter !

— Vite ! soufflai-je à Lisa. C'est Peter. Il faut qu'on se cache.

Je glissai les cartes sous le matelas et balayai des yeux ma chambre pour m'assurer que rien n'avait changé. Le cœur battant, j'attrapai le bras de Lisa.

Nous n'avions pas le temps de ressortir par la chambre de Paul parce qu'on entendait déjà la clef de Peter cliqueter dans la porte d'entrée. Je montrai la penderie à Lisa.

— Voilà où nous allons nous cacher, murmurai-je, en proie à la panique.

Je poussai Lisa, qui continuait à rire comme s'il s'agissait d'une bonne blague, et, blottie contre elle, je ramenai les portes pour les fermer en faisant le moins de bruit possible.

Heureusement, Lisa jouait ce qu'elle pensait être un jeu et gardait le silence.

— Ferme-la, sifflai-je en serrant les dents. Je t'en prie ! Nous ne devons pas faire un seul bruit !

Le visage de Lisa devint soudain plus sérieux.

— Tu as vraiment peur de lui à ce point ? demanda-t-elle.

— Oui, répliquai-je. Il est parfaitement capable de me tuer.

Elle ne pouvait même pas imaginer à quel point c'était vrai.

Nous demeurâmes ainsi pendant que les pas de Peter résonnaient dans l'escalier. Sous les manteaux et les vestes, je serrai mes genoux et je posai la tête sur mes bras croisés. Mon cœur battait si fort que j'étais sûre qu'il l'entendrait. Tout mon corps était secoué de tremblements de terreur. Le bruit sourd de ses chaussures s'approchait de ma chambre. Nous l'entendîmes pénétrer dans les toilettes qui se trouvaient juste en face, et le jet de son urine qui tombait dans la cuvette fit comme un coup de tonnerre dans le silence de la maison. Je ne voulais pas céder à la panique et j'essayais de reprendre mon souffle pour calmer ma respiration tout en restant persuadée qu'il était capable d'entendre les battements de mon cœur.

Nous entendîmes la cascade de la chasse d'eau, le bruit plus discret des pas qui s'approchaient. Soudain, il fut là, dans ma chambre. Je savais qu'il fouillait dans le tiroir de mes sous-vêtements. Un tiroir, puis un autre, puis le tiroir du bas.

Je l'entendis revenir au tiroir du haut, celui où je rangeais mes sous-vêtements. Plus un bruit. Une pause. L'idée qu'il était en train de palper mes sous-vêtements me fit honte. Comment osait-il ?

Au bout de plusieurs minutes, et d'autres pas, le grincement des charnières de la porte annonça qu'il venait de la refermer. Enfin, nous entendîmes claquer la porte d'entrée et la voiture s'éloigner.

Je me projetai pratiquement hors de la penderie, le souffle court, tandis que Lisa me suivait sur la moquette, où nous restâmes affalées

— Ouah ! dit-elle. Qu'est-ce qu'il fabriquait ?

— J'en sais rien, dis-je d'un ton aussi désinvolte que possible. Je suppose qu'il cherchait quelque chose.

Je savais qu'elle devait trouver ça vraiment bizarre que mon beau-père vienne fouiner dans ma chambre à coucher. Désormais, j'avais également la preuve que Peter venait régulièrement vérifier mes affaires, et cela ne faisait qu'ajouter à la haine qu'il m'inspirait.

Lorsqu'il revint, plus tard, Peter me trouva seule dans ma chambre.

Il me montra des photos d'une fille vêtue d'affreux sous-vêtements en satin, un peu comme les trucs qu'il me forçait à porter. La fille avait de grands yeux noisette, tristes et plutôt terrifiés.

— Tu veux bien poser pour mon ami Stephen ? demanda-t-il.

— Pas question ! soufflai-je.

— Et pourquoi pas ? C'est de l'argent facile à gagner et il a un vrai studio de professionnel.

— Je préférerais être morte ! rétorquai-je en m'éloignant pour aller m'occuper de mes corvées.

J'étais surtout stupéfaite qu'il se soit soucié de me poser la question.

Une part de moi était terrifiée à l'idée qu'il pouvait me forcer à le faire.

Ce n'était pas seulement Paul et moi qui étions perturbés par la quantité de corvées que nous avions à exécuter : Nany et Papy s'étaient rendu compte que nous étions de plus en plus occupés, de plus en plus souvent, même lorsqu'ils nous rendaient visite. Il leur arrivait de venir déjeuner le dimanche. Par exemple, j'avais aidé maman à préparer du poulet rôti ou de la dinde, avec tout un assortiment de légumes et de pommes de terre sautées. Après le repas, Nany et Papy s'installaient sur le canapé « pour digérer » tandis que Peter sortait sa collection de bandes vidéo.

— Vous n'avez pas envie de regarder un film ? demandait-il.

— Pourquoi pas ? disait Nany.

Je voyais bien qu'elle n'aimait pas vraiment Peter. Oh ! elle était toujours très polie avec lui, mais, dès qu'il avait le dos tourné, elle adressait un regard soucieux à Papy. Peter lançait la vidéo dans son magnétoscope tandis que Paul et moi nous perchions sur les bras du canapé sans cesser de nous demander si nous avions le droit de nous joindre à eux.

Or, bien sûr, se détendre devant la télé n'entrait pas dans nos privilèges. Dès que le film démarrait, Peter me jetait un regard par-dessus ses lunettes.

— As-tu rangé ta chambre, Terrie ? demandait-il.

J'avais beau répondre par l'affirmative, il insistait.

— Vraiment ?

— Mais oui !

— Peux-tu aller vérifier ? disait-il.

Je montais dans ma chambre, où il me suivait.

— Tu appelles ça rangé ? lançait-il en tirant des vêtements de dessous mon lit. Plie-les et range-les ! ordonnait-il.

Je redescendais un peu plus tard, mais, dès que j'étais assise, Peter me lançait un regard.

— Pourrais-tu aider Paul à terminer la vaisselle ? commandait-il sans avoir l'air d'y penser.

En soupirant, je me relevais. Lorsque nous avions terminé nos corvées, nous retournions dans le salon pour essayer de reprendre le fil du film ou bavarder avec Nany et Papy. Mais, dès que nous avions réussi à nous blottir contre eux, Peter nous jetait un de ses regards de glace.

— Dites donc, vous deux, disait-il. Vous avez pensé à essuyer l'évier ?

Paul croisait mon regard.

— C'est bien ce qu'il me semblait. OK, retournez-y et, tant que vous y êtes, essuyez bien le plan de travail et nettoyez le sol.

Lorsque nous avions terminé nos tâches, le film aussi était terminé.

Le dimanche suivant, Papy commença à faire grise mine en me voyant aller et venir, faire la poussière sur le dessus de la cheminée et jusqu'au-dessus de la télévision.

— Terrie, ma chérie, pourquoi ne t'assieds-tu pas cinq minutes, histoire de te détendre un peu ? insista-t-il une fois que j'eus passé l'encaustique en retirant les bibelots un par un exactement comme Peter le souhaitait.

Je lui rendis son regard. Je n'osais absolument rien dire pour critiquer Peter, même s'il était hors de portée de voix dans la cuisine.

— Tout va bien, Papy, grommelai-je.

Comprenant que je n'allais pas m'arrêter, Papy se mit à s'agiter. Il n'arrêtait pas de gigoter dans son siège et de surveiller si Peter allait revenir dans la pièce. Lorsque Peter apparut, Papy semblait avoir atteint un point de non-retour.

— Bien, je crois que cela suffit, Peter ! coupa-t-il alors que Peter était justement en train d'aboyer ses ordres à

Paul pour qu'il range son coffre à jouets. Quand nous vous rendons visite, nous avons à peine le temps de voir les enfants, parce qu'ils sont sans cesse occupés à toutes sortes de corvées. Nous venons pour passer du temps avec eux, pas pour regarder des films dans notre coin.

Peter laissa alors échapper un soupir.

— Bien sûr, George, vous avez raison, répondit-il avec un calme olympien. Mais, voyez-vous, s'ils avaient effectué tout ce qu'ils étaient censés faire avant votre arrivée, ça ne se passerait pas comme ça. J'essaie seulement de leur mettre un peu de plomb dans la tête !

En écoutant Peter, je songeai que tout ce qui sortait de sa bouche pouvait paraître si normal, si raisonnable, si cohérent – comme s'il était vraiment soucieux de notre éducation et de notre bien-être.

Cela me donnait envie de hurler. Il manipulait tout le monde à un tel point que nous passions toujours pour les coupables !

Après le départ de Nany et Papy, vers vingt heures trente, Peter se tourna vers nous, le visage rouge de colère :

— Si vous avez encore l'occasion de remettre mon autorité en cause, dit-il lentement, vous devrez en payer le prix.

Au lieu de s'attaquer à moi, il se mit à agresser Paul. Il courut jusqu'au tiroir de la cuisine, mais la spatule n'y était pas. De temps en temps, lorsque Paul pensait qu'il y avait une raclée à l'horizon, il la cachait.

— Bon sang, c'est quoi, ce bordel ? hurla Peter en fouillant dans les couteaux et les cuillers.

Il tira alors le tiroir du dessous pour en sortir un autre ustensile.

Les yeux brillants, il empoigna Paul par le cou et le poussa sur une chaise en levant au-dessus de sa tête une nouvelle arme : un marteau à attendrir la viande (avec plein de petites pointes sur le dessus).

— Non ! hurla Paul tandis que Peter repoussait sa tête de manière à ce que mon frère reste penché.

— Espèce de petit salaud ! hurla Paul. Si tu crois que toi et ta sœur vous pouvez me défier !

Après la raclée, Paul se réfugia en larmes dans sa chambre. Il arborait sur les bras les marques rouges en forme de rectangles émaillés de points qui correspondaient au marteau à attendrir la viande… Un instrument bien pire que la spatule !

Une fois encore, je tentai de lui remonter le moral en lui faisant voir le côté drôle de la chose.

— Au moins, tu vas gagner des points à l'école. Personne ne peut se vanter d'avoir des bleus de cette forme. On dirait une grille.

Je ne sais pas pourquoi, mon frère (Dieu soit loué) parvint à esquisser un sourire.

Tandis que Peter choisissait des ustensiles de plus en plus vicieux pour frapper mon frère, nos séances de viol face à la caméra devenaient également plus régulières, jusqu'à plusieurs fois par semaine. La plupart du temps, il nous mettait en scène, seulement tous les deux, pour une simple demi-heure.

Peter semblait être passé maître dans l'art de l'organisation et du timing. Il préparait tout ce dont il avait besoin (les articles que je devais utiliser ou les vêtements qu'il voulait que je porte) dans le salon, me violait en me filmant et rangeait tout avant que quiconque ne rentre à la maison.

Un soir, maman nous annonça qu'elle devait s'absenter pendant deux nuits pour un séminaire concernant son travail.

— Je vais devoir passer ces nuits à l'hôtel, dit-elle. Peter, je compte sur toi pour tenir le fort.

Dans son dos, Peter m'adressa un sourire radieux. Je savais exactement ce qu'il avait en tête. Il disposerait de deux jours et deux nuits pour faire ce qu'il voulait de moi. Quelques heures plus tard, je l'entendis déclarer à Paul qu'il pouvait aller dormir chez son copain Mark.

J'en eus la nausée.

Tandis que le week-end prévu approchait, je fus envahie par une sensation de désespoir absolu. Que faire d'autre sinon prendre mes jambes à mon cou ? J'avais l'impression que je n'avais aucune solution pour éloigner ce type de moi. Dans un dernier sursaut désespéré, je me dis que je pouvais me montrer aussi répugnante que possible et je cessai de me laver et de me brosser les dents. Je croyais qu'il suffirait de sentir mauvais pour le repousser. Mes cheveux étaient gras et, au bout de deux jours, j'avais une haleine terrible.

Je me dégoûtais moi-même et je me sentais mal à l'aise, comme souillée, mais je me dis que cela en valait la peine. Quatre jours de suite, je montai faire couler l'eau dans la salle de bains, mais je ne me lavais pas.

Autant d'efforts en pure perte !

Dès que la maison fut vide, Peter se jeta sur moi. Et si j'avais espéré que mon odeur change quoi que ce soit, je compris mon erreur. Lorsqu'il retira mon haut, je sentis l'odeur âcre de mes aisselles, mais il ne fit absolument aucun commentaire. D'ailleurs, son corps et son haleine sentaient si mauvais que son odeur dominait pratiquement la mienne.

Cette fois, il m'entraîna dans la chambre de maman pour me violer sur le sol. Ensuite, il ne voulut pas me laisser sortir, et je demeurai ainsi sur le sol toute la nuit, frissonnant et pleurant sans pouvoir m'arrêter.

Comment allais-je pouvoir en supporter davantage ?

15

Un planning à toute épreuve

Paul

Le bruit que firent Terrie et Peter dans ce lit en Espagne continua de résonner dans ma tête longtemps après notre retour à la maison. Je ne comprenais pas bien ce qu'il lui faisait, mais j'étais horrifié d'entendre ma sœur pousser de tels cris. J'avais compris qu'il l'avait frappée à plusieurs reprises, mais il avait dû s'allonger sur elle et j'avais entendu son souffle court.

Je fermai les yeux et fis mine de dormir parce que je savais que, si je me manifestais, j'aurais droit à la raclée du siècle. Après, Terrie ne parla de rien, et nous nous endormîmes chacun de notre côté. Je pense qu'il y avait entre nous un lien tacite qui revenait à éprouver du soulagement chaque fois que l'un de nous deux n'était pas battu, comme si cela pouvait signifier que l'autre ne l'était pas non plus. Notre séjour en Espagne nous avait fait manquer une semaine d'école, mais, bientôt, ce furent les vacances d'été. Et là, cela signifiait que nous étions avec Peter à la maison pratiquement tous les jours. Une perspective horrible. Bien sûr, Peter avait des projets pour nous.

— Vous devrez rester dehors toute la journée, tant que votre mère est au travail, annonça-t-il simplement. Et faites attention si je vous prends à essayer de revenir en douce à la maison.

Revenir en douce à la maison ? Aucune chance, pensais-je. Pour ma part, j'avais l'intention de rester aussi loin de lui que possible. Il ouvrit la porte d'entrée juste après le départ de maman et nous répéta que nous n'étions pas censés revenir avant qu'elle rentre du travail. Aucune allusion à notre repas ou à de l'argent. D'ailleurs, maman n'avait rien à nous donner. Du point de vue financier, la situation était pire que jamais. Alors que la maison se remplissait de nouvelles caméras et autres gadgets, et que les factures de cartes de crédit s'empilaient dans la boîte à lettres, maman travaillait simplement toujours plus.

Peter adorait aussi nous envoyer nous coucher sans manger. C'était l'une de ses punitions favorites, et nous étions constamment affamés. Pour compenser, nous allions dans tous les vergers et les ronciers des environs. Nous nous nourrissions de mûres, de pommes, de poires, de cerises, de prunes et de noix, et, lorsque nous n'avions pas le choix, de pommes sauvages qui vous donnent l'impression d'avoir la bouche sèche dès que vous mordez dedans. On peut dire que nous avions un régime extrêmement sain ! Toutefois, au bout de quelque temps, les fruits ne suffisaient plus à nous rassasier. Nous n'étions pas végétariens et, la plupart du temps, nous avions faim.

Désormais, l'œil de faucon de Peter était capable de repérer pratiquement toutes les quantités de nourriture des placards, et il nous fallait faire preuve d'une attention de tous les instants. Nous passions des heures à nous concentrer sur la position des boîtes et des conserves sur les étagères afin de tromper la mémoire apparemment photographique de Peter. Il avait même marqué au feutre le niveau des boissons afin de vérifier ce que nous buvions. Dans ce cas, il suffisait cependant d'ajouter un peu d'eau. Un jour, la voiture de Peter demeura garée dans l'allée toute la journée, et nous savions qu'il était à l'intérieur, en train de regarder la télé et de boire du café.

Nous ne pouvions donc pas accéder à la maison, mais nous ne supportions pas d'attendre le dîner pour manger. Terrie alla piquer une barre de Mars à l'épicerie du coin, mais elle se fit prendre, et M. Oakley le raconta à maman la fois suivante où elle alla acheter du lait. Elle revint à la maison furieuse et en parla à Peter qui, comme il fallait s'y attendre, n'hésita pas à nous donner une raclée avec sa spatule.

— Je suis désolé, Cynth, affirma-t-il ensuite alors que Terrie sanglotait de douleur. Tu vois à quel point Terrie est en train de déraper ? À présent, elle se met à voler !

Le lendemain, nous étions installés sous un arbre dans le parc quand il me vint une idée.

— Essayons de nous chronométrer afin de vérifier combien de temps il nous faut pour entrer et sortir de la maison par la fenêtre de ma chambre. Je fais le guet et tu files dans la cuisine pour aller récupérer quelque chose à manger.

— Espèce de sournois ! répondit Terrie.

Je vérifiai l'agenda de Peter (qu'il avait oublié sur les rayonnages) pour être sûr du jour où il allait travailler et, ce soir-là, Terrie chronométra Peter afin de vérifier le temps qu'il mettait entre la porte d'entrée et sa voiture. Vingt et une secondes exactement.

Ensuite, nous chronométrâmes toute l'opération qui consistait à entrer et sortir de la maison : moi, j'étais en train de faire le guet depuis la chambre du haut pour être sûr que Peter n'allait pas rentrer pendant que Terrie volait de la nourriture.

— Deux minutes et cinquante-trois secondes, annonçai-je fièrement !

Juste avant de partir, Terrie s'empara également d'une boîte de pommes de terre qu'elle avait choisie parce qu'elle était au fond du placard, avant de ramener les autres boîtes vers l'avant, de manière à ce que Peter ne se rende pas compte qu'il manquait quelque chose. Chaque étiquette devait se présenter vers l'avant comme il l'avait laissée.

En toute hâte, nous regrimpâmes à l'étage pour nous glisser dehors par le toit de l'appentis en refermant la fenêtre derrière nous. Nous nous entraînâmes jusqu'à ce que toute l'opération ne nous prenne qu'une minute et quarante-cinq secondes. Toutefois, il y avait un autre problème à résoudre : nous devions être précisément au courant de l'heure à laquelle Peter allait rentrer les jours prochains. Il laissait toujours son agenda à côté de l'ordinateur, et je me décidai à y jeter un œil lorsqu'il n'était pas attentif. Je mémorisai ses rendez-vous et, une fois dans ma chambre, je notai les dates et les heures de la semaine à venir. Le fait de savoir quand nous pouvions rentrer à la maison pour dérober à manger sans que personne ne s'aperçoive de quoi que ce soit nous donnait l'impression d'être deux petits génies.

Au cours des deux jours qui suivirent, nous nous faufilâmes ainsi à plusieurs reprises, récupérant des tranches de pain et quelques boîtes de conserve que nous mangions dehors. Toutefois, il ne fallut pas longtemps à Peter Œil-de-Faucon pour réaliser qu'il y avait quelque chose qui ne collait pas. Un soir, il me dévisagea sévèrement au-dessus de ses lunettes.

— Pourrais-je savoir si quelqu'un a pris une boîte de boulettes de viande ? demanda-t-il. J'ai remarqué qu'il en manquait une.

Je pris l'air aussi innocent que possible. Nous adorions les boulettes Princes, au point que nous pouvions les manger froides au sortir de la boîte de conserve.

— Mais oui ! s'exclama Terrie. J'en ai préparé l'autre soir, tu ne t'en souviens pas ?

Avec un sourire, elle ajouta :

— Il y a une semaine, je crois que c'était mardi dernier.

Je poussai un soupir de soulagement en voyant son air perplexe qui céda rapidement la place à une expression plus détendue. Je savais que, s'il remarquait l'absence de produits, il nous faudrait trouver une autre solution. Le lendemain soir, j'étais en train de mélanger de la nourriture pour chien et des croquettes pour Sam. Cela faisait partie de mes corvées.

— Mmm, ça m'a l'air bien bon, plaisantai-je.

J'allai même jusqu'à lécher la cuillère.

— Mais qu'est-ce que tu fais ? C'est dégoûtant ! s'écria Terrie. Si tu continues, tu vas te mettre à aboyer et à faire le beau.

— Je voulais juste goûter. En fait, ce n'est pas si mauvais que ça ! lançai-je en soufflant et en me mettant à pourchasser Terrie à quatre pattes tandis qu'elle hurlait de rire.

Le fait de découvrir que la nourriture pour chiens n'était pas si mauvaise avait un autre avantage, parce que c'était l'une des choses que Peter ne surveillait pas de si près. Ainsi, lorsque nous rentrions dans l'après-midi, affamés comme toujours, nous pouvions, Terrie et moi, subtiliser une boîte ou deux et des croquettes destinées à Sam. Ensuite, il nous suffisait de courir aussi vite que le vent jusqu'au parc et de nous asseoir sous notre arbre favori pour déguster nos trouvailles. J'avais enterré le vieil ouvre-boîte de l'armée de papa sous un arbuste tout près.

— J'ai du mal à croire que nous en sommes arrivés à ce niveau de découragement, déclara tristement Terrie tout en grignotant les croquettes de Sam.

Les yeux grands ouverts, je lui adressai un sourire digne d'une publicité pour dentifrice.

— Mmmm, j'adore les morceaux moelleux de viande de Pal, dis-je en riant et en me léchant les lèvres.

Elle se mit à rire à son tour.

— Tu ressembles tout à fait à une pub pour de la nourriture pour chiens.

Quand il pleuvait, nous avions un problème de taille dans la mesure où nous n'avions littéralement nulle part où aller. Souvent, nous restions blottis l'un contre l'autre sous un grand chêne à essayer de nous réchauffer. Bien que de nombreux gosses de notre quartier n'aient pas eu beaucoup d'argent, je parie que rares étaient ceux qui avaient si faim qu'ils n'avaient d'autre choix que de rester assis sous la pluie à manger de la nourriture pour chiens. Bientôt, un jour du mois d'août, nous parvînmes à nous faufiler à l'intérieur jusqu'au grenier. Peter, qui détestait que nous y mettions les pieds, nous l'avait strictement interdit. Lui, il n'arrêtait pas d'y monter pour vérifier sa gigantesque collection (et de plus en plus importante) de vidéos classées par ordre chronologique.

Donc, ce jour-là, nous nous étions glissés dans le grenier et, après avoir remonté l'échelle, nous nous sommes mis à jouer aux cartes. Nous jouions à la bataille corse en plaquant les cartes à toute allure au point qu'il nous arrivait de nous taper sur la main en posant les cartes. Alors que je plaquais une carte sur le plancher grossier, le plafond trembla sous l'effet de la porte d'entrée que l'on claquait. Figés, nous interrompîmes aussitôt notre jeu, le cœur battant si fort que nous avions l'impression que toute la maison allait l'entendre.

— Il est revenu, sifflai-je. Chhhhuuut !

Immobiles, nous osions à peine respirer. Nous écoutâmes Peter aller et venir. Il se mit à bavarder avec Sam, ce qui déclencha des fous rires que nous avions du mal à réprimer.

— Tu sais que tu pues, mon garçon, disait-il tandis que Sam poussait de petits gémissements.

— Il n'est pas le seul ! murmurai-je, ce qui força Terrie à étouffer son rire en fourrant son pull dans sa bouche.

Peter ne demeura dans la maison que quelques minutes, mais j'avais compris quelque chose.

— Terrie, as-tu remarqué que Peter laisse souvent son agenda bien en vue ?

— Oui, tu as sans doute raison.

— D'habitude, il le garde toujours près de lui, mais, depuis quelques jours, il n'a pas hésité à le laisser sur l'escalier ou dans l'entrée. Je pense qu'il le fait exprès. Il avait indiqué dans son agenda qu'aujourd'hui il serait dehors toute la journée, mais, écoute, il est revenu, sans doute dans le seul but de vérifier que nous n'étions pas à la maison ! J'en suis sûr.

— D'accord, mais comment pouvons-nous contourner ce problème ? demanda Terrie.

Je lui souris parce que je venais d'avoir une idée géniale.

— Je vais appeler BSM et demander quels sont les horaires de Peter pour la semaine. Comme ça, nous serons sûrs de nous.

— Quoi ? s'écria Terrie. Mais c'est plutôt risqué, non ?

— Pas du tout, répondis-je. Qui ira se demander chez BSM si quelqu'un de la famille de Peter est en train de le surveiller ?

Le lendemain, j'appelai la responsable de Peter, une certaine Shirley, et lui demandai d'un ton joyeux son planning. Elle n'hésita pas une seconde à me le fournir ! C'était tellement facile ! J'étais certain qu'elle ne vérifierait pas auprès de Peter.

Plus tard, ce soir-là, lorsque maman rentra du travail, Peter était de mauvaise humeur. Maman lui avait préparé un steak pour lui faire plaisir, mais il se contenta de le regarder fixement pendant un moment, comme s'il s'agissait d'un vieux bout de charogne, avant d'en découper un morceau.

— Ce n'est pas comme ça que je l'aime ! lâcha-t-il.

Il repoussa brutalement l'assiette de l'autre côté de la table en faisant une grimace de dégoût.

— Je veux que tu m'en fasses un autre et, cette fois, il faut que ça ressemble à un steak et pas à une semelle qui a besoin d'un demi-litre d'eau pour la réhydrater.

Maman leva les yeux de son assiette.

— Je n'en ai pas d'autre, dit-elle. Tu devras te contenter du mien.

Peter se plaignait de plus en plus souvent de la manière de cuisiner de maman. La veille au soir, il lui avait déclaré qu'il n'aimait pas les haricots rouges qu'elle servait sur les toasts.

— La prochaine fois, sers-moi les haricots À CÔTÉ des toasts et pas dessus ! hurla-t-il. Sinon, les toasts sont tout mous. C'est dégueulasse.

Les yeux brillants de larmes, maman était retournée à la cuisine pour lui servir une nouvelle portion de haricots. Et voilà que, ce soir, elle se passait de steak ! Après le dîner, Peter s'installa sur le canapé en nous surveillant du coin de l'œil pendant que nous regardions *Hawaii police d'État*. À un moment, il glissa son doigt dans son nez, retira ce qu'il y avait à en retirer et roula le résidu entre son index et son pouce avant de jeter la boulette vers moi.

— Va me faire un café ! brailla-t-il.

Ravi de m'éloigner, je bondis vers la cuisine avant de revenir avec une tasse de mon spécial « mousse », c'est-à-dire du café additionné d'une goutte de liquide vaisselle.

Comme il le faisait toujours, Peter avala les premières gorgées d'un trait avant de s'arrêter au beau milieu de la tasse.

— Beurk, on dirait que ça a le goût de liquide vaisselle, dit-il.

— OK, désolé, m'excusai-je de ma voix la plus humble. C'est peut-être parce que Terrie ne l'a pas correctement rincée.

Terrie me jeta un regard furieux, mais je lui répondis en haussant les sourcils. C'était non seulement une explication suffisamment cohérente, mais j'étais ravi de voir que Peter en avait déjà avalé de longues gorgées. J'avais appris que le liquide vaisselle finissait par provoquer des maux de ventre terribles !

16

Un nouvel enfer

PAUL

La semaine suivante, la pluie tomba si fort que nous décidâmes que nous ne pouvions rester dehors plus longtemps. Comme nous avions vérifié ses horaires chez BSM, nous savions que Peter serait effectivement à la maison toute la journée. Nous décidâmes donc d'aller (à pied bien sûr) jusque chez Nany et Papy. Nous étions si contents et si soulagés de les voir ! Nany s'indigna de nous voir trempés comme des soupes, et elle nous aida à nous sécher avant de nous faire des frites. Elle faisait des chips toutes fines, avec un appareil qui formait des ondulations, et les faisait frire dans une véritable friteuse (le genre qui vous réduit votre espérance de vie de plusieurs années).

— Pour le dessert, j'ai des Mars surgelés, annonça-t-elle avec un grand sourire.

Nany avait toujours en réserve quelque friandise pour les occasions surprises.

Nous passâmes une bonne partie de l'après-midi à bavarder et à ne rien faire, lorsque, soudain, je repérai une voiture rouge qui passait en ralentissant devant la fenêtre du salon.

— Mon Dieu, c'est Peter ! m'écriai-je. Désolé, Nany, mais nous ne sommes pas censés être ici.

Papy leva les yeux.

— Pas de problème, je vais m'en occuper.

Terrie et moi sortîmes de table en toute hâte tandis que Papy nous glissait une pièce de cinquante pence dans la main.

— Sortez par l'arrière et passez par-dessus le mur, dit-il.

Nous filâmes comme des voleurs en sautant par-dessus les murs comme s'il s'agissait d'une course de haies, lançant au passage des excuses aux voisins.

En prenant le bus, nous parvînmes à rentrer avant Peter. Par la suite, nous apprîmes qu'il avait simplement une leçon de conduite dans le quartier de nos grands-parents.

Le jour suivant, Terrie était en train de m'aider à faire des pâtés dans le jardin. Nous profitions de ces quelques heures de liberté parce que nous savions que Peter devait donner deux leçons à cette heure-là. Nous étions en train de rire et de nous lancer des mottes de terre pendant que maman prenait un bain de soleil à côté. C'était comme au bon vieux temps, juste après le départ de papa, lorsque nous n'étions que tous les trois. À ce moment, on pouvait même oublier totalement la présence de Peter. Toutefois, alors que nous étions encore en train de nous lancer de la terre, une ombre se profila sur le seuil de la porte de derrière. Je reconnus aussitôt la silhouette de Peter, même si, au départ, je ne compris pas ce qu'il tenait dans la main.

Puis, nous entendîmes un claquement sec. Je laissai aussitôt tomber ma motte de terre et me relevai.

— Mais oui, vous feriez mieux de dégager plus vite que ça ! cria Peter en tirant en l'air avec sa carabine à air comprimé.

Au cas où un voisin observerait la scène, il était en train de faire fuir les oiseaux des arbres. Comme Terrie, je bondis sur mes pieds et je sentis les poils de ma nuque se dresser. J'étais pétrifié et je voyais bien que Terrie l'était tout autant. Ses yeux roulaient au point qu'on en voyait le blanc.

— Bon Dieu, souffla-t-elle.

Maman aussi s'était levée.

— Peter, arrête ça ! cria-t-elle en essayant de l'arrêter.

Il l'ignora totalement.

— Allez ! hurla Peter. Il faut courir un peu !

Le jardin était plutôt petit, mais nous nous mîmes à courir tout autour en essayant de comprendre ce qu'il voulait vraiment. Puis, Peter releva la carabine et se mit à viser.

Comme deux lapins effarés, nous n'arrêtions pas de nous bousculer ou de cogner la clôture alors que nous étions en train d'essayer désespérément d'échapper aux tirs de Peter. La panique nous empêchait de réfléchir.

— Vite, Terrie ! hurlai-je à un moment où nous nous croisions.

Le jardin n'était pas vraiment assez grand pour ce genre de sport. Le souffle court, l'estomac noué, je sentais l'adrénaline courir dans mes veines. Soudain, comme si on avait planté des millions de clous dans mon mollet, je ressentis une douleur insupportable.

Je hurlai en me tenant la jambe, le souffle coupé par la douleur.

- C'est ta faute, Paul, riait Peter. Tu ne cours pas assez vite, petit crétin.

Terrie se précipita pour me venir en aide, mais Peter visa à nouveau pour lui envoyer une volée de plombs dans les cheveux.

Elle se mit à hurler à son tour en se tenant la tête. Il l'avait ratée de peu. Elle m'aida à me remettre debout et, cahin-caha, je recommençai à courir sans cependant cesser de pleurer.

— Plus vite, plus vite ! hurlait Peter en tirant au jugé dans notre direction.

Nous nous étions réfugiés derrière la clôture, mais ses yeux balayaient les environs, et nous avions l'impression de nous agiter comme des poissons dans leur bocal.

Puis, enfin, au bout de dix minutes de folie, Peter annonça qu'il en avait terminé. Nous avions couru comme des dératés et, nous massant les endroits où il nous avait touchés, nous tombâmes comme deux lévriers après une course. J'avais la tête qui tournait et je soufflais comme un phoque.

— Quel connard ! s'écria Terrie.

Maman était furieuse.

— Tu cherchais quoi ? hurla-t-elle en direction de Peter.

— Ah ! la ferme ! C'est juste un jeu pour les petits branleurs ! rétorqua-t-il.

Le nouveau « jeu » de Peter pouvait commencer à n'importe quel moment, quand il lui en prenait la fantaisie, notamment lorsque nous étions en train de jouer tranquillement dans le jardin. Une fois, il tira même sur les orteils de maman, mais rien ne semblait pouvoir l'arrêter, pas même les cris de douleur de notre mère. Rien, sauf lorsqu'il finit par se lasser du jeu et qu'il y mit fin de lui-même.

Ce soir-là, j'évitai soigneusement Peter, mais, après l'incident de la carabine, je compris qu'il était en colère. Pendant que nous faisions la vaisselle, j'étalai une fine couche de beurre sur la poignée de la spatule métallique. Tout fonctionna à merveille parce que la spatule lui glissa des mains dès le moment où il s'en empara pour se préparer à nous administrer une raclée spéciale. La spatule s'envola littéralement jusqu'à la fenêtre, brisa le carreau et le traversa.

Peter devint encore plus furieux, mais cela en valait largement la peine, ne serait-ce que pour voir son expression d'étonnement. Je jure qu'il devait être en train de se demander comment il allait expliquer ça à maman !

Le lendemain matin, c'était la rentrée des classes. Je me réveillai en me disant que j'aurais aimé avoir encore quelques heures de repos devant moi parce que mes fesses et mes jambes souffraient encore de toutes ces minutes à courir pour éviter les tirs de carabine. J'étais épuisé et je n'arrivais même pas à me souvenir de ma dernière nuit de vrai sommeil.

Lorsque mon réveil se mit à sonner, je me hissai péniblement du lit malgré l'effort que cela me demandait, parce que je voulais coller à mon emploi du temps pour éviter une nouvelle sanction.

Peter n'oublia pas de vérifier mes sacs, mon manteau et même mes fesses, et je repris mes petites habitudes pour emporter mes articles de contrebande à l'école et revenir en un seul morceau. J'avais trouvé une nouvelle manière de cacher mon butin. Pendant des mois, je m'étais débrouillé pour conserver mes affaires dans mon casier au lieu de les ramener à la maison, mais c'était compter sans la sournoiserie de Peter.

Un jour, sans prévenir, il annonça qu'il allait me conduire à l'école et vérifier mon casier. Je ne sais pas comment l'idée lui était venue, mais je savais que c'était signe de problèmes. J'avais investi une part de l'argent gagné avec les consignes de bouteilles dans des figurines Warhammer. J'avais donné de l'argent à Chris, un copain qui peignait les figurines que je revendais ensuite pour un petit bénéfice.

Cela me permettait de disposer d'un revenu « clandestin ». En outre, il y avait dans mon casier toute une collection de livres et de jouets, notamment mon yo-yo favori, ainsi que quelques articles divers du genre autocollants et revues. Bref, le petit château que j'avais réussi à bâtir était sur le point de s'écrouler.

Nous allâmes donc jusqu'à mon casier, qui se trouvait dans le couloir juste à côté de ma salle de classe, et le visage de Peter s'éclaira comme un sapin de Noël.

— Tu vas avoir droit à une raclée comme jamais quand tu rentreras de l'école, clama-t-il en s'emparant de tout ce que contenait mon casier.

— Tu ne peux pas les prendre, ils ne sont pas à moi ! hurlai-je dans une tentative désespérée. Je prête mon casier à un copain qui n'en a pas !

Malgré tout, je savais qu'il n'allait pas me croire.

— Espèce de petit menteur de mes deux…, chuchota Peter d'un ton menaçant, mais il fut soudain interrompu par une voix.

— Salut, Paul. Est-ce que je peux récupérer mes affaires ? J'ai enfin obtenu ma nouvelle clef de casier, disait Glenn, un camarade de classe, tout en agitant devant nous une clef qui brillait comme neuve.

C'est alors que Peter devint rouge comme une tomate et marmonna quelque chose comme « à ton retour à la maison » tout en remettant les objets dans le casier avant de filer sans demander son reste.

— Seigneur, Glenn, dis-je. Tu n'aurais pas pu choisir meilleur moment pour intervenir. Je dois dire que je te dois une fière chandelle.

— J'ai vu que tu semblais avoir quelques problèmes, répondit-il d'un ton joyeux tout en entrant dans la classe. Content d'avoir été utile, ajouta-t-il simplement.

Peu après, j'eus l'idée de me débrouiller pour obtenir un second casier. Lorsque Peter aurait envie de procéder à une petite vérification, je pourrais lui montrer un casier vide tandis que j'aurais entreposé mes précieuses possessions ailleurs.

Cela fonctionna pendant un temps, mais, après deux ou trois vérifications surprises, je compris que les soupçons de Peter augmentaient. Sauf que je ne pouvais me permettre qu'il découvre mon second casier. Alors, je laissai « incidemment » la clef du second casier dans mon sac. Comme prévu, Peter tomba dessus lors de l'une de ses fouilles matinales et en fit toute une histoire.

— Ha ! ha ! s'exclama-t-il en repoussant ses lunettes sur son gros nez gras. Et qu'est-ce donc que cela, Paul ?

— La clef d'un casier, répondis-je de ma voix la plus pitoyable possible. C'est la clef du casier d'Erm, un copain.

Son regard se fit plus perçant.

— Vraiment ? insista-t-il d'une voix plus forte.

— Mais oui !

— Je ne te crois pas, dit-il en plissant ses yeux bouffis.

— Je le jure !

— Toute ACTION engendre une RÉACTION, Paul. Tu n'as pas oublié, n'est-ce pas, Paul ? À présent, je veux la vérité.

Je traînai les pieds sur la moquette.

— Ben, ouais, désolé. J'ai un second casier à l'école, je l'avoue, dis-je en levant les mains comme je l'avais vu faire dans les films lorsque les gens montrent qu'ils sont désolés.

Alléluia, Peter goba toute l'histoire (comme je l'avais prévu).

Il plissa donc les yeux.

— Espèce de petit con, tu crois que tu peux me la jouer comme ça ?

Il m'attrapa le bras pour me rapprocher tout près de son visage.

— Je vais aller à l'école avec toi, grogna-t-il en bondissant vers sa voiture.

Tout au long du trajet, il ne cessa de me lancer des

regards meurtriers et, lorsque nous arrivâmes à l'école, il m'accompagna d'un pas décidé jusqu'aux casiers. On peut dire qu'il adorait se donner en spectacle devant mes camarades de classe !

— Où est ce casier ? demanda-t-il d'un ton sec.

Je le lui montrai et il se mit à essayer de l'ouvrir avec la clef. Au bout d'un moment, il y parvint pour découvrir deux livres que j'avais déjà lus et des autocollants qui n'étaient que des copies.

— Espèce de petit abruti, dit-il dans un murmure tout en ramassant mes affaires.

Puis, il claqua la porte du casier et la verrouilla avant de laisser tomber la clef dans sa poche avec un sourire de jubilation.

— Tu vois, tu ne peux rien me cacher ! Et tu seras puni pour ça, bien sûr !

Il s'en alla alors que la sonnerie de la première heure retentissait.

Je patientai un moment pour m'assurer qu'il était bien parti, puis je souris en moi-même. J'avais caché dans ma chaussure une autre clef que je sortis à ce moment-là pour ouvrir mon troisième casier, celui où j'avais caché toutes mes précieuses possessions. Peter n'en saurait jamais rien ! Puisqu'il avait découvert mon deuxième casier, il n'imaginerait jamais que j'en possédais un troisième ! Lorsque j'expliquai à Terrie mon système de casiers, elle fut plutôt impressionnée.

— Bon sang, Paul, tu penses à tout ! s'exclama-t-elle en riant.

Le week-end suivant, il faisait une chaleur de canicule, genre été indien. Peter déclara qu'il avait attendu de trouver une sanction qui convenait à cette histoire de second casier, et il avait décidé que le jour était venu. Il alla dans le garage qu'il louait derrière la maison pour revenir avec un truc qui ressemblait à un costume de cosmonaute.

— Voilà, Paul. Ceci est une combinaison pour se protéger des risques nucléaires, biologiques et chimiques, et c'est avec ça sur le dos que tu vas travailler.

— Quoi ? dis-je. Mais pourquoi ?

Je ne comprenais pas. Il devait savoir quelque chose que j'ignorais, pensai-je en levant les yeux vers le ciel.

— Tu vas porter cette combinaison pour passer de la créosote sur toute la clôture et sur le nouvel abri cet après-midi. La combinaison te permettra de te protéger des vapeurs toxiques.

La combinaison était plutôt caoutchouteuse et épaisse. Elle était complétée par un masque à gaz en caoutchouc noir.

— Enfile-la ! grogna Peter. Et va faire ce que je t'ai demandé.

Je déglutis en comprenant soudain pourquoi il voulait que je porte cette combinaison. Cela n'avait rien à voir avec l'intention de me protéger des vapeurs de la créosote. Il faisait si chaud dehors qu'on aurait eu l'impression de brûler même en short et en tee-shirt. Cela n'allait pas être facile, mais je savais que je n'avais guère le choix. J'enfilai donc la combinaison.

Peter se tenait à côté de moi, et il m'aida à remonter les fermetures à glissière et à boutonner les boutons, allant même jusqu'à vérifier que tout était bien fermé. Cela ne faisait que quelques secondes que j'étais enfermé là-dedans que j'avais déjà l'impression de suffoquer.

Peter me poussa de l'index.

— Dehors ! rugit-il d'une voix qui me parvint étouffée par les épaisseurs de la combinaison.

Lentement, avec l'impression d'être un monstre de l'espace, je franchis la porte pour aller dans le jardin de derrière. Je savais déjà que je n'allais pas apprécier la punition lorsque j'avais « autorisé » Peter à découvrir mon deuxième casier.

Peter me mit un pot de créosote et un pinceau dans la main, que j'attrapai maladroitement en raison de l'épaisseur du caoutchouc.

— Allez, grouille-toi ! lança Peter.

Je tournai les yeux vers la clôture. Elle faisait une dizaine de mètres de long et je calculai qu'il me faudrait des heures pour la recouvrir. Sans parler de l'abri qui trônait au coin du jardin et qui m'obligerait à recouvrir encore trois ou quatre mètres dans un espace confiné. Je me mis à inspirer et expirer régulièrement tout en me penchant pour tremper mon pinceau dans le seau avant de me relever et d'étaler le liquide.

Bientôt, je sentis la sueur couler entre mes omoplates tandis que j'avais l'impression que ma bouche était gorgée de sel. J'avais envie de pleurer, mais je savais que les larmes ne feraient qu'empirer la condensation du masque ; j'essayai donc de me concentrer sur ma respiration et sur la peinture. « Penche-toi, trempe le pinceau, respire, étale la peinture, respire, penche-toi. » Je tentai de m'en tenir à un rythme régulier, conscient que, plus vite je travaillais, plus vite je sortirais de ce cauchemar.

Au bout d'une demi-heure, je commençai à avoir des vertiges. Ma bouche était sèche comme du papier de verre et j'étais submergé par des vagues de nausée.

De temps en temps, Peter venait voir où j'en étais.

— Bordel ! Mais c'est tout ce que tu as fait ? hurla-t-il. Grouille-toi un peu ! Va plus vite !

— C'est impossible ! éclatai-je. Peter, s'il te plaît ! J'ai l'impression que je vais tomber dans les pommes !

En grommelant, Peter retourna à l'intérieur. Je me demandais ce qu'il allait sortir de nouveau. Je m'attendais plus ou moins à ce qu'il me tire dessus avec sa carabine à air comprimé. Non, il revint avec une bouteille à l'allure insolite.

— C’est la bouteille qui a été conçue pour la combinaison, ricana-t-il en déroulant un long morceau de tuyau sur le devant du masque.

Il fixa la « paille » à l’extrémité de la bouteille et m’ordonna de sucer !

L’eau était chaude et avait un goût de plastique, mais je bus avidement tant j’avais soif. Après quelques gorgées seulement, Peter retira la paille. Il avait l’air content de m’avoir laissé boire sans que je puisse retirer mon masque.

Deux heures plus tard, j’avais enfin terminé mon travail et j’avais l’impression d’être sur le point de tomber d’inanition (si telle chose était possible avec une combinaison aussi raide).

J’étais trempé, j’avais les cheveux qui rebiquaient, mais j’avais accompli ma tâche.

Peter sortit dès qu’il vit que je m’étais arrêté.

— Ah ! tu crois que tu as terminé, n’est-ce pas ? lança-t-il en allant et venant pour inspecter le moindre centimètre de clôture.

— Là, annonça-t-il en me montant un endroit. Il faut que tu recommences ici. Allez, continue !

Il me fit refaire plusieurs endroits pour satisfaire ses exigences. Pour finir, je pense qu’il eut trop chaud pour continuer à rester dehors et il me dit d’arrêter. Il en avait marre, c’était la seule raison.

Lorsque je retirai cette combinaison, ce fut comme si je me libérais d’un instrument de torture. Je me précipitai vers le robinet de la cuisine et bus trois verres d’eau de suite. Je restai là pendant un moment, à essayer de recouvrer mes forces, incapable de croire ce que Peter m’avait fait subir.

Là, devant l’évier, je compris enfin que Peter n’était qu’un psychopathe cruel qui inventait toujours de nouvelles tortures. Je compris aussi que personne, jamais personne, n’allait m’aider en quoi que ce soit.

J'avais essayé d'en parler avec maman, avec mes professeurs. J'avais même essayé d'en parler aux éducateurs du centre de thérapie, mais personne n'écoutait jamais. Personne ne me croyait jamais.

Et j'étais terrifié à la perspective de ces nouvelles tortures.

17

Trahison

Terrie

J'aimais Paul aussi pour sa façon d'essayer d'être toujours en avance sur Peter, mais je savais que, malgré son intelligence, il ne pourrait jamais vraiment rivaliser avec lui et le neutraliser.

De le regarder depuis la fenêtre de ma chambre en train de souffrir dans cette combinaison biologique fut l'un des pires spectacles auxquels j'ai dû assister, mais je crois que j'étais encore plus perturbée par mon impuissance. Je mourais d'envie de hurler pour dire à Peter d'arrêter, mais quel intérêt ? Dieu sait ce que les voisins pensaient. Ils avaient dû entendre Paul geindre, mais aussi les coups de carabine ou les hurlements de Peter.

Pour Peter, l'important était également de me coincer quand j'étais seule, et il profitait de chaque moment.

Maman, Paul et moi avions rendez-vous chez le dentiste. Nous prîmes le bus pour aller au cabinet qui se trouvait juste à côté de la piste de course. Nous n'avions besoin que d'un contrôle annuel et d'un détartrage, et Peter proposa de venir nous chercher.

Il reconduisit d'abord maman à son travail avant de laisser Paul à l'école. Je me retrouvai donc seule avec lui dans la voiture pour aller au lycée. Ce jour-là, j'avais particulièrement envie d'assister au cours d'arts plastiques, sans doute parce que mon travail artistique me permettait de me libérer de l'enfer que je vivais.

Tout à coup, je compris que nous ne prenions pas la bonne route, et mon estomac se mit à faire des nœuds. Nous étions en train de retourner à la maison.

— Non, Peter, s'il te plaît ! Je veux juste aller à l'école ! suppliai-je. Je ne veux pas aller à la maison !

Le cœur battant, je réalisai qu'il ne disait rien. Le cochon était en train de faire comme si je n'avais rien dit. L'idée de retourner à la maison seule avec lui me terrifiait. Peter gara la voiture et vint m'ouvrir la portière, jouant son rôle de beau-père modèle. Agrippant mon bras, il me poussa dans la maison, comme s'il craignait que je prenne la fuite. N'importe quel voisin aurait pensé que la scène était totalement innocente. Dès qu'il referma la porte d'entrée, il ne perdit pas de temps.

— Retire tes vêtements, ordonna-t-il.

— Non, je veux aller au lycée ! hurlai-je.

Soudain, j'en eus assez. Je ne voulais plus jouer son jeu. Pas cette fois.

Peter empoigna mes cheveux et les tordit autour de ses doigts.

— Fais ce que je te dis. Tu sais qu'il est inutile de me contrarier, dit-il.

Non, cette fois-là, je ne bougeai pas d'un pouce. « Non, Peter, pensai-je. Non. »

Sans prévenir, il me donna un coup de poing dans l'estomac. Je me pliai en deux, le souffle coupé, avec l'impression de me sentir creuse à l'intérieur. Il m'attrapa les mains, me repoussa à terre le visage contre le sol, et me sauta sur le dos en s'asseyant sur moi de manière à ce que je ne puisse plus respirer. Il appuyait ma bouche et mon nez sur la moquette. J'essayai de hurler, de me débattre en lui lançant des coups de pied tandis que, des genoux, il me bloquait les mains.

Puis, il me retourna et je laissai échapper le hurlement le plus strident que je pus émettre. Il retira ma cravate d'uniforme et me la fourra dans la bouche avant de déchirer mon chemisier blanc et de découper mon soutien-gorge avec une lame.

Il s'empara de mes seins et pinça les pointes le plus fort qu'il le put. Ensuite, il me frappa les seins et se mit à me mordre vicieusement.

Je souffrais le martyre et je ne pus m'empêcher de hurler, mais, alors qu'il continuait à me mordre, il se passa une chose étrange.

Tandis que j'étais en train d'essayer de respirer malgré la douleur, mes larmes cessèrent de couler et je me retrouvai en train de fixer Peter comme si mon corps ne m'appartenait plus.

Il me retourna à nouveau et arracha mon gilet et mon chemisier. Puis, il attrapa un bout de corde et ligota mes deux mains avant de me frapper la tête à plusieurs reprises sur le sol jusqu'à ce que je sois complètement sonnée. Ensuite, il arracha ma culotte. J'étais entièrement nue, et il attacha grossièrement mes mains et mes jambes dans mon dos. J'étais secouée de tels tremblements que j'avais l'impression que mon cœur allait éclater dans ma poitrine. J'arrivais à peine à respirer.

Pour finir, il se releva et fit quelques pas en arrière comme pour admirer son œuvre.

— Alors, Terrie, tu te sens vulnérable, non ? demanda-t-il. Que penserait ta mère si elle rentrait pour te trouver comme ça ?

Je fis de mon mieux pour rester calme et me concentrer sur ma respiration, mais je ne pouvais pas m'empêcher d'être terrifiée à l'idée de ce qu'il allait faire ensuite.

Comme un ressort tendu à craquer, mon corps tremblait sans aucun contrôle.

— Alors, on a la trouille, non ? insista-t-il avec un sourire narquois.

— Non ! hurlai-je malgré la cravate qui m'étouffait.

J'étais terrorisée, c'est vrai, au point que j'avais l'impression que la panique était plus intense que d'habitude, au point que je ne pouvais plus reprendre le dessus. J'avais la poitrine si oppressée que j'en étais à vouloir que cela se termine. Oui, je voulais mourir.

— Qu'éprouverais-tu si tu te réveillais un jour pour trouver ta mère et ton frère morts étouffés ou la gorge coupée ? demanda-t-il d'un ton lugubre.

« Espèce de salaud », pensai-je. Il savait parfaitement que c'était ce que je craignais le plus.

« S'il te plaît, suppliai-je intérieurement mon corps. Laisse-moi tranquille. Laisse-moi mourir. Je ne veux pas continuer. »

Peter ramena son pied en arrière pour me donner un coup violent dans les hanches.

Je hurlai de douleur à nouveau, mais je décidai de me concentrer pour reprendre mon souffle, de me concentrer sur l'air qui entrait et sortait de mes narines afin d'arriver à dominer ma panique.

— Ne sois pas insolente, dit-il, ou tu le regretteras.

Après un silence, il ajouta d'un ton ironique :

— Je vais peut-être te laisser là jusqu'à ce que ta mère et Paul te trouvent.

Tout en écoutant ce qu'il disait, tout en attendant ce qu'il allait faire ensuite, je continuai de me concentrer pour que ma respiration adopte un rythme régulier.

« Ne panique pas, me disais-je. Inspire, expire. Inspire, expire. »

Soudain, il s'allongea près de moi et se mit à me mordre les jambes et les fesses aussi fort qu'il le put. Puis, il passa à mes épaules et mes bras. Il s'éloigna ensuite brièvement avant d'enfoncer quelque chose de froid et de dur en moi.

La brûlure fut si aiguë que j'eus l'impression d'avoir été pénétrée par une aiguille. Il ne cessait de pousser et je ne pus m'empêcher de me tordre sous la douleur, tandis qu'il continuait vicieusement à me traverser avec quelque chose qui me donnait l'impression d'être déchirée par une lame.

Je pensai soudain au lycée. Les arts plastiques étaient ma matière préférée. J'imaginais les filles en train de se mettre en rang avant d'entrer dans la classe. M. Mutton, le professeur, avec ses cheveux rouge feu et sa barbe qui évoquaient la crinière d'un lion, serait en train de distribuer les couleurs tout en réclamant le silence. Pour cette leçon, il était prévu que nous représentions une planète originale.

De nouveaux pincements sur mes fesses et sur mes jambes me ramenèrent à la réalité. J'avais l'estomac retourné et je sentais la bile remonter dans ma gorge. Dans un nouvel accès de panique, je m'imaginai en train de m'étouffer avec mon propre vomi.

« Respire, me dis-je fermement. Respire, c'est tout. Inspire, expire. Inspire, expire. »

Je pris des inspirations aussi profondes et lentes que possible jusqu'à ce que je sente mon rythme cardiaque ralentir un peu. Je fus alors envahie par un calme presque surnaturel.

Je sentais toujours les dents de Peter sur ma peau, mais, d'une certaine manière, je dépassais la douleur, je respirais, et les larmes cessèrent.

Ce fut comme si, soudain, mon esprit devenait totalement vide, et je flottai dans une sensation de calme absolu. Je savais qu'il continuait de me mordre, mais j'étais détachée, et je continuais à respirer régulièrement comme si tout cela arrivait à quelqu'un d'autre qu'à moi.

D'une certaine manière, c'était le cas. J'avais comme laissé mon corps derrière moi, sur cette moquette ; le corps dénudé qui subissait les morsures d'un homme que je haïssais. L'horreur de ce qu'il était en train de faire était trop phénoménale pour qu'elle puisse atteindre mon esprit.

Soudain, il se releva et s'éloigna, et je restai allongée là comme un zombi, sans aucune sensation. Jusqu'à ce qu'une nouvelle morsure me ramène à nouveau à la réalité.

Il retira la cravate d'uniforme de ma bouche, mais, tandis que j'aspirais une grande goulée d'air frais, il serra la cravate autour de mon cou.

— Le moment est venu de mourir, dit-il simplement.

Alors que j'avais désespérément eu envie de mourir des heures plus tôt, j'essayais à présent de ne pas me débattre pour me protéger. Je ne voulais pas mourir. Pas ici. Pas de cette façon. Pas dans les mains de ce salaud. Je savais instinctivement que tous mes efforts seraient futiles et je laissai donc mon corps se détendre à nouveau. Des taches dansaient devant mes yeux et je sentais l'obscurité m'envelopper. Je ne sais pas si cela dura quelques secondes ou plusieurs minutes, mais, lorsque je repris connaissance, il m'avait détachée.

— Rhabille-toi, ordonna-t-il.

Je bondis sur mes pieds et me rhabillai le plus vite possible.

— Tu es répugnant ! hurlai-je. Je te déteste et j'espère que tu brûleras en enfer.

Les yeux écarquillés de rage, il bondit sur moi pour me serrer à nouveau le cou et me jeter contre le mur.

— À moins que tu ne veuilles porter la responsabilité de la mort de ta famille, tu ferais mieux de la fermer ! hurla-t-il à son tour.

Il m'enfonça le genou dans l'aine.

— La prochaine fois, ajouta-t-il, ce ne sera pas mon genou.

Il me lâcha et détona :

— Prépare tes affaires pour l'école !

J'empoignai mon sac et je courus hors de la maison, les marques de morsure encore brûlantes sur tout mon corps. Peter me suivit et ouvrit la portière de la voiture.

Dans le silence, il me conduisit jusqu'au lycée, avec un air calme et normal, celui du beau-père attentionné. Il me laissa devant les grilles et je me précipitai vers la salle d'arts plastiques. Alors que je tentais de me faufiler parmi mes camarades sans me faire remarquer, le professeur leva les yeux.

— Ah ! mademoiselle Duckett, vous êtes en retard !

— Désolée, monsieur, répondis-je en cherchant une place.

Tout me paraissait si irréel : vingt minutes plus tôt, j'étais en train de me battre pour rester en vie sur le sol de la maison et, là, j'étais une lycéenne comme les autres qui se faisait réprimander pour son retard.

La tête me tournait et je pris quelques profondes inspirations pour réprimer le désir de rétorquer brutalement quelque chose comme : « Espèce d'abruti, tu as de la chance que je sois là ! »

Non, bien sûr, je ne formulai rien de tel. Une fois encore, je refoulai ma colère et ma frustration pour me mettre à peindre, dessinant des volutes en orange et noir sur le papier. J'essayai de penser à autre chose qu'à Peter.

À la fin du cours, M. Mutton fit un commentaire appréciateur.

— Qu'as-tu voulu représenter, Terrie ? demanda-t-il.

— C'est une planète ardente, pleine de rage et de fureur, répondis-je. Un trou noir brûlant.

J'avais essayé de réfléchir à la meilleure manière de me venger de Peter, mais je décidai qu'il valait mieux faire preuve de patience. Puis, comme le banquet annuel de l'Association de la marine royale approchait, une idée se forma dans mon esprit. Notre grand-père était le président du conseil local de l'association, et le banquet était l'événement de l'année.

Ce serait donc le moment idéal pour mettre Peter dans l'embarras. Bien sûr, ce ne serait qu'une goutte d'eau dans l'océan par rapport à ce qu'il m'avait fait, mais j'avais besoin d'agir. Paul et moi, nous avions convenu que le moindre détail qui pouvait l'irriter en valait la peine.

Je patientai jusqu'au départ de maman et de Peter qui étaient invités à une soirée avec des collègues de travail. Peter nous avait dit de nous coucher à huit heures et que, dans le cas contraire, nous en verrions de belles. Paul avait fouillé la maison en quête d'une caméra, et il était certain que Peter n'en avait caché aucune. Je me glissai par conséquent dans leur chambre et dans la penderie de Peter. Tous ses vêtements étaient affreux. Comme il était trop radin pour s'en acheter de nouveaux, il portait encore les énormes cravates et les chemises à cols pointus qui étaient à la mode dans les années 1970.

En veillant à ne rien déranger, je réussis à décrocher le pantalon hideux en polyester et à pattes d'éléphant qu'il enfilait toujours pour les grandes occasions.

Je m'étais équipée d'une paire de ciseaux pour découdre quelques points sur l'arrière du pantalon et je passai du poil à gratter sur toutes les coutures intérieures.

J'avais vendu une vieille paire de boucles d'oreilles à une fille du lycée pour pouvoir acheter la poudre à la boutique de farces et attrapes qui se trouvait sur le trajet de chez Nany et Papy. J'avais également acheté du sucre laxatif, mais je réservais ça pour une autre occasion.

Le lendemain, nous nous présentâmes tous, tirés à quatre épingles, dans le grand hall du mess. Comme prévu, Peter portait son pantalon spécial, mais il n'avait pas encore remarqué le sabotage. Fidèle à son habitude, il avait veillé à ce que nous soyons occupés toute la journée.

Nous avions dû préparer des centaines de sandwiches, et j'avais été désignée pour tenir le vestiaire tandis que Paul resterait à l'entrée pour vérifier les tickets.

En arrivant, je confiai à Paul l'idée du pantalon. Je mourais d'envie de lui en parler depuis que je l'avais fait. Il se plia en deux de rire.

— Voilà pourquoi je ne pouvais pas t'en parler plus tôt, Paul. Essaie de te calmer et ouvre l'œil pour le grand déballage !

Moi-même, j'avais du mal à ne pas rire.

— Je suis content d'avoir une grande sœur comme toi !

Là-dessus, Paul se précipita vers l'entrée pour prendre les derniers tickets.

Comme à chacun de ces événements, la grande salle du mess était bourrée à craquer. De même, Peter se montrait sous son meilleur jour, prenant les manteaux des dames, leur tirant leur chaise, etc. De loin, on pouvait comprendre que tout le monde le trouve si charmant.

— Il est toujours si attentionné, caqueta une femme à côté de moi sans savoir qui j'étais. Je veux dire, parce qu'il s'occupe de la famille Duckett. Avec ces deux enfants qui, dit-on, sont si difficiles.

Mon estomac fit des nœuds. Peter réussissait à tromper tout le monde, et de manière très efficace. Il planifiait le moindre détail et avait tout prévu, y compris le cas où nous risquerions de nous plaindre de lui : personne ne nous croirait jamais.

Cette pensée me fit douter un instant de ma propre santé mentale. J'avais l'impression de vivre dans un monde complètement tordu.

Paul me rejoignit et, ensemble, nous dévorâmes le repas que nous avait donné Nany. Nous n'arrivions pas à détacher les yeux du pantalon de Peter. Cela n'allait pas tarder à présent, non ? Après quelques discours et le dîner, l'orchestre commença à jouer. À un moment, je vis que maman parlait durement à Peter en lui montrant le bas de son dos et en levant les yeux au ciel.

L'air perplexe, Peter se rassit sur sa chaise tout en se mettant à se gratter furieusement l'aine.

Paul, qui avait fait le service des boissons, revint me voir en ricanant dans le vestiaire.

— Terrie, ça a marché ! s'écria-t-il. Son pantalon est entièrement fendu en deux. Il ne va pas pouvoir danser ! Il va devoir rester assis toute la soirée !

Nous rîmes à en perdre haleine.

— Toute action engendre une réaction !

À notre retour à la maison, Peter était fou de rage. Il n'avait aucune idée de la manière dont son pantalon avait pu se déchirer ainsi, mais il ne pouvait s'en prendre à personne. Maman était tout aussi fâchée et elle n'arrêtait pas de lui dire qu'il ne se gratterait pas autant s'il se lavait plus souvent.

Quelques semaines plus tard, maman réussit à convaincre Peter de reprendre contact avec sa mère qu'il n'avait pas vue depuis de très nombreuses années.

— Elle devient de plus en plus vieille, Peter. Tu ne sais pas combien de temps elle va encore durer, dit-elle.

À contrecœur, Peter organisa une visite pour que nous allions tous la voir dans sa maison HLM de Hemel Hempstead. Elle s'appelait Inge et était aussi grande que Peter, avec son mètre quatre-vingts, et avait des cheveux grisonnants. Elle portait des lunettes à monture métallique, était tirée à quatre épingles et parlait avec un fort accent allemand.

— Appelez-moi Oma, nous dit-elle, à Paul et à moi. Cela signifie « grand-mère » en allemand.

Je comprenais à présent d'où Peter tenait son obsession pour la propreté (sauf pour lui-même). L'appartement d'Oma était immaculé, et chaque chose était à sa place. Elle avait l'air d'être extrêmement stricte, et elle s'attendait à ce que nous nous comportions comme des enfants bien élevés, mais elle nous parut sympathique. Elle nous prépara de délicieuses crêpes garnies de viande hachée et nappées de sauce au fromage, et un stupéfiant gâteau allemand composé de fines couches de pâte, de chocolat et de crème. En outre, elle parut s'intéresser véritablement à nous et nous posa de nombreuses questions sur notre travail scolaire et sur notre vie en général.

Lorsque nous nous installâmes pour manger, Paul et moi, affamés comme nous l'étions toujours, nous mangeâmes de bon appétit.

— Ouah ! c'est vraiment bon, dit Paul, la bouche pleine comme un hamster.

Dans la mesure où, à la maison, nos portions étaient toujours si petites et si mesurées, nous nous jetions toujours sur la nourriture comme des animaux mourant de faim.

— Je suis vraiment contente que cela vous plaise ! sourit Oma.

— Ne sois donc pas si gloutonne, lâcha Peter d'un ton sec tandis que je tendais mon assiette pour une seconde part dc gâteau.

— Peter ! gronda alors Oma. Il y a suffisamment de quoi, et la nourriture est là pour être mangée.

En se tournant vers moi, son visage se fit plus doux.

— Mange autant que tu veux, ma chérie.

Pour une fois, c'est ce que nous fîmes.

À la fin de la visite, elle nous serra chaleureusement dans ses bras en nous faisant promettre de revenir bientôt. Quant à Peter, il ne toucha pas sa mère et lui dit au revoir froidement. À notre retour, il était encore d'une humeur de chien.

Cependant, nous commençâmes à lui rendre régulièrement visite, généralement parce que maman y pensait. Au cours de ces visites, Peter avait toujours l'air d'être sur les nerfs. J'avais l'impression qu'il lui en voulait. Je me demandais ce qu'elle penserait si elle apprenait ce que son fils faisait en secret, mais cela ne m'a jamais traversé l'esprit de le lui raconter. Après le dîner, elle dégustait toujours un petit verre d'Asti Spumante, son vin favori, disait-elle. Lorsque la soirée était douce, nous sortions ensuite nous installer sur la balancelle.

À notre troisième visite, Peter emporta sa caméra vidéo. Il la traînait toujours partout, mais il avait sans doute voulu prendre son temps avant de s'assurer qu'il pouvait le faire également chez Oma. Ce jour-là, nous avions fait un barbecue dans le jardin de derrière : Oma avait rempli une poubelle en fer de charbon de bois pour faire cuire la viande sur une grille posée dessus. Elle dressa la table à côté de la balancelle, et Peter installa sa caméra directement en face.

Il ne cessait de se lever pour aller la régler de manière à ce que tout le monde soit bien visible. Quand il constata que Paul tournait le dos à la caméra, il lui ordonna de changer de place.

— Pourquoi filmer tout ça ? demanda Oma.

— J'essaie seulement une nouvelle caméra, répondit Peter.

Nous savions parfaitement qu'il ne s'agissait pas d'une nouvelle caméra. Peter était devenu obsédé par le besoin de filmer le moindre événement en dehors de la maison. Ensuite, il passait des heures à visionner les films afin d'examiner le moindre de nos mouvements, histoire de nous prendre en défaut, Paul ou moi. En quelque sorte, il enregistrait chaque seconde de notre vie, mais pas comme un père normal qui aime conserver des souvenirs de ses enfants ! Non, c'était pour satisfaire son besoin compulsif de tout dominer.

Le jour de Noël, Nany, Papy et Oma vinrent manger chez nous, et tout le monde s'entendit bien. Papy avait apporté du vin de pomme maison, et nous portâmes joyeusement un toast en nous souhaitant un joyeux Noël. Maman s'était chargée du repas et, pour une fois, nous fûmes rassasiés. Pendant quelques heures, je pus même croire que nous étions une famille heureuse.

Puis, Papy me versa un autre verre de vin et j'en bus une gorgée qui, je ne sais comment, manqua ma bouche pour finir sur mon haut et sur mon pantalon.

— Aïe ! dis-je en riant. Je vais monter me changer.

— Vas-y, déclara Nany. On te garde du dessert !

Je quittai la table pour grimper à l'étage et retirer mon haut et mon pantalon, mais le vin avait traversé le tissu jusqu'à mes sous-vêtements et je pris le temps de fouiller dans le tiroir de ma commode pour en chercher d'autres. C'est alors que j'entendis la porte grincer. Je me redressai en plaquant mes vêtements sur ma poitrine tandis que l'ombre de Peter se profilait sur moi.

— Peter ! Sors d'ici ! m'écriai-je le plus sèchement possible.

J'étais furieuse, et, sachant que maman et tous les autres étaient en bas, je me sentais un peu plus brave.

— Vite, retire tes fringues, dit Peter. Je veux te baiser tout de suite.

— Quoi ? Avec Nany, Papy et Oma en bas ? Espèce de porc ! Laisse-moi tranquille.

— Fais ce que je te dis ou je te traîne en bas toute nue et je leur dis que tu m'as fait des avances, ricana-t-il.

À la pensée du visage de Nany et de Papy, les larmes jaillirent de mes yeux.

Il était déjà sur moi, me tournait et me poussait sur mon lit pour me violer. Je fermai les yeux, agrippai le bord du lit, souhaitant désespérément que ce soit vite terminé.

Soudain, j'entendis un hurlement.

— Terrie !

Je me tournai pour découvrir maman qui se tenait derrière Peter, son pantalon baissé jusqu'aux chevilles. Elle, elle paraissait horrifiée.

— Peter, mais qu'est-ce que tu fiches donc ? dit-elle sans cependant hausser la voix.

Elle m'entraîna vers la salle de bains.

— Terrie, qu'est-ce qui se passe ? s'écria-t-elle.

Incapable de parler sous le coup du soulagement, je me mis à sangloter. Enfin, maman avait vu ce dont il était capable ! À présent, elle serait bien obligée de le jeter dehors. Il avait été pris sur le fait.

Sans ajouter un mot, maman mit la douche en route.

— Lave-toi, habille-toi et descends. Tu n'auras qu'à agir normalement, comme si rien ne s'était passé.

Je ne comprenais pas vraiment pourquoi elle disait ça, mais je suppose qu'elle ne voulait pas gâcher le Noël de tous les autres. Alors, je pris une douche rapide et je m'habillai, puis je plaquai un sourire sur mon visage et retournai en bas.

— Il t'en a fallu un moment, ma chérie, remarqua Nany.

— Elle avait renversé la moitié du verger, rit Papy.

Je me laissai tomber sur ma chaise en soupirant de soulagement. Personne n'avait rien entendu. Peter était occupé à débarrasser la table, et maman demandait si quelqu'un voulait autre chose à boire. Le seul indice qui me prouvait que tout n'allait pas bien était la rougeur de ses joues. J'essayais de comprendre son comportement, mais je me dis qu'elle devait attendre que tout le monde soit parti avant d'affronter le salaud.

Ce soir-là, Peter mit la télé en marche, et nous regardâmes ensemble le film du soir de Noël, *Le sapin a les boules*. Je me retrouvai même en train de rire, soulagée que maman soit enfin au courant.

Le lendemain matin, lorsque je me levai, Nany et Papy étaient prêts à partir. Paul devait les accompagner. Oma fit ses adieux un peu plus tard, et je me retrouvai seule avec maman et Peter. Le moment était donc venu et j'étais presque contente.

Maman allait devoir se débarrasser de Peter. Cela ne pouvait pas faire un pli.

Après le départ d'Oma, je m'enfermai dans ma chambre pour patienter jusqu'à ce que je puisse redescendre et voir ce que maman allait dire. Comment réagirait Peter ? Je n'en avais aucune idée.

Maman finit par m'appeler.

« Nous y sommes », pensai-je. Enfin, lorsque nous serons débarrassés de ce monstre, nous pourrons ramasser les morceaux et redevenir une famille normale.

Or, quand j'entrai dans le salon, je découvris que Peter et maman étaient assis côte à côte sur le canapé et que Peter avait entouré de son bras les épaules de maman. Cela faisait un moment que je ne les avais pas vus si proches et je ne pus que les fixer sans savoir que dire.

— Maman ? commençai-je.

— Peter m'a tout expliqué, me coupa-t-elle d'un ton sec. Au début, j'ai vraiment eu du mal à comprendre. Je n'arrivais pas à croire que ce soit possible. Mais, en fait, je suppose que c'est assez cohérent. Tu es jeune, tu es perturbée et tu as cru pouvoir essayer avec lui.

J'ouvris la bouche pour parler, mais l'expression de Peter m'en dissuada. Il jubilait !

Maman fronça les sourcils, avec l'expression d'une femme jalouse.

— Qu'as-tu ressenti, Terrie ? Était-ce agréable ?

Je ne pus que secouer la tête tandis que toute l'horreur de la situation me submergeait. Tout espoir, toute confiance… évanouis. Il ne me restait rien. Mon cœur était comme un ballon qui vient d'éclater pour ne laisser qu'un petit bout de plastique ridé. Je compris enfin ce qu'elle me disait : maman avait surpris Peter en train de me violer, mais elle en rejetait la faute sur moi.

— Non, dis-je d'un ton terne, ce n'était pas agréable.

Je ne me souciai même pas de protester. Je me contentai d'écouter maman fulminer à propos de la trahison, du fait qu'elle avait du mal à le croire, sa propre fille essayant d'attirer son compagnon. Heureusement, Peter était vraiment désolé, et il affirmait que cela ne se reproduirait pas. Il le lui avait promis.

Je la fixai sans mot dire en me demandant quelle logique il pouvait y avoir dans ce que Peter disait : si c'était moi qui lui avais fait des avances, comment pouvait-il promettre que cela ne se reproduirait pas ?

Voilà ce que j'aurais voulu hurler. Cela n'avait aucun sens. Mais rien n'avait plus de sens.

— Essayons d'oublier toute cette histoire, finit par dire maman. D'accord ?

Sans répondre, je sortis de la pièce. Je savais désormais avec certitude que personne ne me croirait jamais. Si ma propre mère refusait d'admettre la vérité en face, quel espoir avais-je que quelqu'un d'autre me croie ?

18

Une question d'organisation

Paul

Avec impatience, j'attendis d'être assez âgé pour rejoindre les cadets de l'armée. Ils tenaient des réunions tous les mardis et les jeudis soir dans la caserne Gibraltar de Northampton. Même si je n'étais pas proche de mon père, il avait été dans l'armée, et mon grand-père avait fait partie de la marine. J'adorais ça, ne serait-ce que parce que cela me permettait de fuir la maison, mais aussi parce que j'apprenais toutes sortes de nouvelles compétences. De plus, là-bas, je n'étais plus le vilain petit canard. Je n'étais pas le Paul Duckett dont on se moquait parce qu'il était pauvre ou qu'il avait un nom débile. J'étais le « cadet Duckett » ou, comme on finit par me surnommer, « Ducky », le gars qui était toujours enthousiaste, heureux d'apprendre, et qui était récompensé pour ses efforts. Le fait d'avoir la chance de faire quelque chose que j'aimais me permettait de faire de mon mieux et de montrer à tout le monde ainsi qu'à moi-même ce dont j'étais capable. Enfin, j'étais pendant quelques heures chaque semaine loin de la maison, dans un lieu où je me sentais en sécurité.

Je devins excellent au tir et j'étais capable de bien me débrouiller avec toutes sortes d'armes, notamment avec le fusil-mitrailleur BREN .303 de la Seconde Guerre mondiale, qui était devenu ma spécialité. J'étais capable de le démonter et de remonter ses cinq pièces principales en vingt-quatre secondes. Personne n'allait aussi vite. J'obtins aussi de bons chronos à la course et je remportai les couleurs du comté ainsi que la première place au tir au pigeon d'argile. Je peux dire que le fait d'avoir dû passer autant de temps à courir à l'école ou ailleurs pour économiser le trajet en bus m'avait certainement aidé à rester en forme !

Je commençai à accumuler les récompenses que j'assemblais pour former une sorte de brassard que je portais fièrement lors des défilés. Pour la première fois de ma vie, j'étais vraiment fier de ce que j'étais, et, lorsque mes instructeurs remarquaient mes efforts et me lançaient un « Bien joué », j'éprouvais un sentiment merveilleux d'accomplissement.

Parfois, Peter semblait aussi impatient que moi de me conduire aux réunions. C'était presque comme s'il voulait se débarrasser de moi. Il lui arrivait même de commencer à agiter les clefs de la voiture une heure avant le départ.

— Allez, il faut y aller, disait-il. Il vaut mieux arriver tôt plutôt que d'être en retard.

Toutefois, au fil du temps, il dut comprendre à quel point cela me plaisait d'y aller et il se mit à décider que je n'avais pas le droit de participer.

Comme il me privait sans prévenir d'aller aux réunions, j'acquis la réputation d'être peu fiable, même si j'étais un bon cadet. Après tout, personne ne savait jamais si j'allais venir ou non.

Il nous arrivait souvent de partir camper le week-end, et, en apprenant les compétences nécessaires sur le terrain ou en matière de camping, c'était l'occasion ou jamais de remporter davantage de récompenses.

Même lorsqu'il faisait froid ou qu'il pleuvait, ces moments m'offraient une sensation de liberté totale.

L'un des instructeurs, le sergent-major Felkins, avait connu mon père et il était toujours en train de veiller sur moi, de prendre du temps pour m'expliquer les choses. Je commençai à réaliser qu'il y avait des gens auxquels je pouvais vraiment me fier. Pour la première fois, je me sentais en sécurité.

Hélas, une fois, je fis l'erreur de dire à quel point j'étais impatient de participer au week-end de camping suivant, et Peter m'obligea à annuler une heure seulement avant le départ. J'étais bouleversé, mais j'expliquai à M. Felkins que j'étais tombé malade tout en me disant qu'il n'allait pas le croire. Ainsi, pour le camp suivant, je me débrouillai d'une autre manière. Une semaine avant, je me mis à geindre à ce sujet alors que nous étions en train de dîner.

— Bon sang, dis-je en me frappant le front de la main. On a ce séjour sous tente samedi prochain. Il va faire froid et humide. Je n'ai vraiment pas envie d'y aller.

Comme prévu, le visage de Peter arbora aussitôt un sourire narquois.

— Eh bien, tu vas y aller, point barre.

— J'y suis obligé ? dis-je en faisant la grimace.

— Absolument, répliqua Peter. C'est toi qui as choisi de t'engager chez les cadets, alors, tu es obligé de participer à toutes leurs activités.

Je me forçai à demeurer sur ma chaise alors que j'avais envie de sauter de joie. Cela avait fonctionné sans problème. Bien sûr que Peter m'obligerait à faire ce qu'il pensait que je détestais ! Mais quel abruti !

Ma sœur avait cependant compris à quel point j'aimais ça et, même si elle était une fille et ne pensait pas grand-chose du tir et de ces trucs, je lui montrais toujours mes certificats.

Au fil des mois, je récoltai tellement de récompenses que mon brassard en était couvert. J'avais obtenu une récompense pour le poste d'opérateur radio, une autre pour le tir de précision, un blason pour l'art du sabre, un blason trois étoiles (c'est-à-dire juste au-dessous du niveau le plus haut, qui indiquait que j'étais « senior » et expérimenté), ainsi que de nombreux autres pour lesquels je m'étais donné beaucoup de mal.

Alors que j'étais en train de coudre mon ruban le plus récent sur mon brassard un soir, je remarquai que Peter me dévisageait du coin de l'œil.

— Qu'est-ce que tu fabriques ? grogna-t-il.

— Je couds mon blason bronze du duc d'Édimbourg, répondis-je.

Je savais qu'il n'allait pas me féliciter ou manifester quelque intérêt que ce soit, mais j'étais particulièrement fier de cette récompense.

— Pas question ! coupa-t-il. Va plutôt te coucher.

Je poussai un soupir et sortis en emportant mon brassard.

— Et laisse ce truc ici, ajouta-t-il en me l'arrachant.

Je ne fis aucun commentaire, mais je ne pus dormir de toute la nuit tant j'étais inquiet de ce qu'il allait faire de mon brassard et de mes précieux blasons.

Heureusement, le lendemain matin, le brassard était toujours sur le canapé, et je m'empressai de le récupérer en espérant que Peter allait oublier complètement le sujet.

Toutefois, cela m'avait donné une nouvelle leçon. Par crainte de ce qu'il pouvait faire à mon brassard, je décidai d'en confectionner un autre : un substitut. Je cousis tous les blasons que je voulais cacher aux yeux fouineurs de Peter sur mon vrai brassard que je conservais chez les cadets. Je laissai l'autre à la maison pour que Peter puisse le trouver. Il me semblait important qu'il ne voie pas que je décrochais d'excellents résultats. Je savais parfaitement qu'il ne supporterait pas que j'obtienne ne serait-ce qu'un fragment infime de succès ou de bonheur.

À présent que j'étais au lycée, j'avais le « privilège » de disposer de ma propre clef pour la maison.

— Si tu en abuses, je te la confisquerai, m'avait cependant prévenu Peter.

Comme j'étais souvent le premier à rentrer à la maison, j'avais besoin d'une clef, et je jurai d'en prendre grand soin. Toutefois, comme tous les adolescents, j'étais aussi tête en l'air, et il ne fallut pas longtemps pour que je la perde.

— J'étais sûr qu'elle était dans mon sac, protestai-je.

Il fit son sourire moqueur.

— Pas de problème, dit-il. Il te suffira de payer pour que nous changions toutes les serrures. Tu puiseras dans ton compte au cours des prochains mois. Comme ça, tu apprendras à ne pas perdre ta clef, n'est-ce pas ?

J'étais vraiment agacé. Il me faudrait des siècles pour économiser les cent livres nécessaires pour changer les serrures.

Puis, très vite, le fait de posséder une clef fut considéré comme un bonus plutôt qu'une nécessité et, sur un coup de tête, Peter me fit la lui rendre avant d'aller à l'école.

— Mais je ne pourrai pas rentrer, me plaignis-je un jour où il pleuvait à verse et où la météo promettait une journée affreuse.

— Tu apprendras une leçon des plus précieuses dans ce cas, n'est-ce pas ? déclara Peter. Chez moi, c'est moi qui fixe les règles.

Cela arriva si souvent que notre voisine Mary le remarqua et qu'elle se mit à m'offrir à entrer chez elle et à me donner des biscuits. Je la soupçonnais de connaître la vérité au sujet de Peter, mais elle n'en dit jamais un mot.

Chaque fois que je perdais la clef, je devais me démener pour la retrouver et, en général, Peter disait qu'il fallait que j'exécute toutes mes tâches à la perfection pendant au moins un mois avant qu'il ne reconsidère la question. Il fallait que j'aille le trouver quand il n'était pas occupé (c'est-à-dire à regarder la télévision ou à boire du café) pour lui demander :

— Peter, s'il te plaît, puis-je ravoir ma clef ?

— Ne m'appelle pas Peter ! jappait-il. Appelle-moi Dieu !

— S'il te plaît, Dieu, puis-je ravoir ma clef ? demandai-je.

— Pour cette fois, oui. La prochaine fois, tu n'auras peut-être pas autant de chance.

Comme je ne voulais pas laisser durer cette situation, je fis faire un double de la clef que je dissimulai dans la canalisation du jardin en veillant à ce qu'elle soit bien de la même couleur et du même fabricant que l'original.

J'avais également l'habitude de passer chez Nany et Papy tous les mardis et les jeudis avant d'aller chez les cadets. C'était pour moi l'occasion de récupérer un peu d'argent. J'avais droit à une livre pour le trajet aller-retour, mais je parcourais en fait les six kilomètres aller en courant et en veillant à ramasser des tickets de bus usagés aux arrêts pour valider mes comptes. Peter ne vérifiait pas les dates, uniquement le montant.

La seule autre occasion où j'allais vraiment les voir était le samedi. Le plus souvent, j'y allais seul parce que je sais que Peter cherchait une excuse pour que Terrie reste avec lui. Lorsque je lui disais au revoir, ma sœur avait toujours l'air vraiment désolé de manquer la visite.

— Je peux rester si tu veux, lui dis-je une fois tout en sachant que Peter ne serait pas d'accord.

— Non, répliqua Terrie, vas-y. Tout se passera bien.

Elle me fit un sourire qui sentait le faux et j'eus honte de la laisser, mais nous n'avions pas le choix. Ces jours-là, je me rendais souvent partout en courant pour économiser mes trajets de bus, ce qui ne posait jamais de problème. Sauf un jour, particulièrement froid et humide, où je rentrai avec l'allure d'un rat noyé.

Nany me demanda pourquoi je n'avais pas pris le bus.

— Ben, c'est parce que nous n'avons pas vraiment assez d'argent, répondis-je sans vouloir lui confier à quel point nous nous démenions pour économiser le moindre sou.

— Laisse-moi te donner quelque chose, mon chéri. Tu vas finir par attraper la mort par un temps pareil ! s'écria Nany.

— Non, c'est bon, répondis-je.

Je me sentais mal d'accepter leur argent, mais ils insistèrent. Je cachais l'argent dans ma chaussure pour qu'il n'entre pas dans mon « budget ». Puis, Nany nous apporta un énorme plat de viande rôtie pour le déjeuner avec du gâteau et de la crème.

— Tu en veux encore ? demanda-t-elle en me tendant le gâteau.

Je répondais toujours oui. Encore et encore, et encore.

Je jetai un œil à l'horloge. J'avais vérifié l'agenda de Peter et je savais qu'il quittait le travail vers seize heures, ce qui signifiait qu'il serait prêt à voir où j'étais aussitôt après. Or, ce jour-là, j'avais eu une idée pour qu'il ne vienne pas gâcher ma visite. Seulement quelques semaines plus tôt, il m'avait conduit avec Terrie chez Nany et Papy en les prévenant :

— Comme ils n'ont pas vraiment fait leur travail correctement cette semaine, ils n'ont pas droit au dessert ou à n'importe quelle friandise.

Nany avait dûment hoché la tête, mais, dès que la voiture avait disparu au coin de la rue, elle avait sorti la boîte à biscuits pour nous en offrir.

— Les règles de Peter ne s'appliquent pas dans cette maison.

Cependant, cela nous retomba dessus lorsque Peter surgit juste à la fin du repas. J'étais en train de finir un morceau de génoise et je levai les yeux pour le découvrir juste à côté de la table.

Il nous ramena manu militari à la maison et nous asséna une raclée pour nous punir de notre « insolence ».

Pour la visite de ce jour-là, j'étais plus déterminé que jamais à me détendre et je proposai d'aller jusqu'au jardin ouvrier où je pourrais me rendre utile en faisant un peu de désherbage. Peter ignorait l'endroit où le terrain se trouvait, et, s'il lui prenait l'envie de venir nous surveiller à la maison, il en serait pour ses frais.

Peter avait toujours été très actif chez les réservistes, notamment parce qu'il utilisait la chambre noire de l'association pour développer ses photos ou le stand de tir pour nettoyer ses armes. Un soir que je revenais de ma réunion des cadets, il m'annonça une nouvelle :

— Tu ne devineras jamais, Paul ! J'ai été admis comme instructeur pour les cadets de l'armée ! éclata-t-il dans un grand sourire.

Je réprimai mon envie de réagir et haussai simplement les épaules, mais, au fond de moi, je hurlais : « Espèce de gros vicelard. » Je savais qu'il ne l'avait fait que pour me surveiller encore plus. Il avait déposé une demande pour le poste uniquement pour englober les mardis et les jeudis soir dans son système de surveillance. Heureusement, le sergent-major Felkins avait d'autres projets pour Peter qu'il fit affecter à une unité de la banlieue, suffisamment loin de moi, et lors de soirs différents. Cela signifiait quand même que Peter prendrait part aux camps d'une semaine prévus pour l'été et, malgré la présence de centaines d'autres cadets, je savais qu'il ne cesserait de rôder dans les environs pour tenter de me prendre en faute sur un truc ou un autre.

Au cours du premier camp auquel Peter se joignit, il n'était pas dans le même détachement que moi, ce qui ne l'empêchait pas d'avoir un œil sur moi.

Il surgissait à tout instant, sans prévenir, pour me scruter par-dessus ses lunettes, ou il demandait aux autres instructeurs de lui rendre compte de mes faits et gestes.

Pour ma part, je l'évitais autant que possible. Un soir, alors que j'étais assis dans le foyer du camp, une jolie cadette blonde du nom de Lucia entra et passa un moment à bavarder avec moi. Pour finir, elle me demanda si je voulais la retrouver à la piscine plus tard. Je n'arrivais pas à croire qu'elle soit venue me parler… Quant à me proposer un rendez-vous !

— Mais oui, acceptai-je en rayonnant. Je viendrai.

Tous les cadets présents dans la pièce se mirent à me siffler en me traitant de « salaud de chanceux ».

Je patientai jusqu'à huit heures, l'heure à laquelle elle avait demandé à me retrouver, avant de me précipiter à la piscine. En arrivant, je ne vis personne.

Déçu, et parce qu'il faisait plutôt froid, je m'apprêtais à retourner à mon baraquement lorsque j'entendis dans les fourrés derrière moi un bruissement étrange.

Avant que j'aie compris ce qui m'arrivait, Peter et l'un de ses camarades m'avaient sauté dessus pour me pousser tout habillé dans la piscine. Je me débattis pour remonter à la surface et nageai jusqu'au bord en hoquetant.

Il faisait vraiment froid et la nuit était tombée, mais je parvins à sortir du bassin tout en me demandant comme j'allais expliquer ça aux copains de chambrée.

— Petit branleur, va ! cria Peter.

Il devait trouver sa blague à hurler de rire !

Comprenant qu'il s'était agi d'un piège, je m'éloignai rapidement, brûlant d'humiliation, pour revenir jusqu'à mon cantonnement et les sarcasmes et les moqueries qui n'allaient pas manquer de fuser.

En dépit de la présence (de l'infiltration) de Peter chez les cadets, les réunions représentaient encore le principal moment de répit de mes semaines. À l'école, les choses se passaient toujours aussi mal, d'autant que j'étais étiqueté pour toujours comme « enfant difficile ». Heureusement, tous les professeurs ne voyaient pas uniquement mon côté difficile. L'un des tuteurs, Mme Carter, avait remarqué que quelque chose n'allait pas dès que j'avais commencé le collège. Elle avait souvent laissé couler alors que je n'avais pas l'uniforme adéquat ou que j'étais en retard. Je la trouvais pleine de compassion, et sans doute perspicace puisqu'elle devait avoir deviné que les choses n'étaient pas toujours roses à la maison. Je lui étais vraiment reconnaissant de me traiter comme un ado normal.

La réalité, c'est que, par rapport à la plupart des gosses de mon quartier, j'étais plutôt gentil, sauf pour les écarts de conduite occasionnels qui n'étaient dus qu'à mes accès de désespoir. J'étais toujours fasciné par les sciences et j'aimais vraiment ce cours, mais je ne disposais pas d'équipement utile pour approfondir ma passion.

Alors, lors d'une leçon où nous nous étions amusés à mélanger du lithium dans l'eau pour constater que le morceau de lithium se baladait partout, je pris la décision d'emprunter quelques fioles Erlenmeyer et des béchers pour pratiquer mes expériences à la maison. Je ne suis pas très sûr de ce que j'avais en tête, mais je me dis que personne ne s'apercevrait de leur disparition.

Comme Peter n'était pas à la maison cet après-midi-là, je me débrouillai pour glisser mes ustensiles dans ma chambre, mais, le soir même, je vis que Peter avait cet air que « j'allais y avoir droit ».

— Je sais que tu es un voleur, dit-il simplement. Monte dans ta chambre et rapporte ces fioles.

Je l'ignorai, mais Peter avait réussi à dissimuler une caméra dans un endroit de ma chambre pour filmer toute l'opération.

— OK, Paul, ajouta-t-il. Demain matin, la première chose que nous ferons sera d'aller à l'école pour que tu avoues ton comportement lamentable.

Il se tourna alors vers maman.

— Tu vois, Cynth ? Ton fils est désormais un voleur en plus d'être un menteur.

Cette nuit-là, j'eus du mal à trouver le sommeil parce que je savais que le lendemain allait être infernal.

Peter se leva tôt. De toute évidence, il était impatient de me voir recevoir la sanction bien méritée. Il me conduisit au collège et me poussa jusqu'au secrétariat.

— Paul a volé des biens appartenant à l'établissement et il vient avouer son méfait, annonça-t-il en posant les fioles et les béchers sur la table de la secrétaire.

Je gardai les yeux baissés au sol, sans rien dire, pendant que ma professeure de STV et ensuite le principal me réprimandaient et m'attribuaient des heures de retenue pour le soir même.

Vers seize heures, je me retrouvai donc dans le laboratoire de science. Je poussai un soupir de soulagement : je préférais largement être consigné à l'école que devoir rentrer à la maison, avec toutes les corvées à exécuter sous le regard scrutateur de Peter. Ce jour-là, il devrait attendre. Étrangement, lors de ces heures de retenue, je fus simplement abandonné dans cette salle, sans rien d'autre à faire que de rester assis à fixer les murs et les graffitis gravés sur les bureaux.

Je pensais à Peter et au genre de punition qu'il aurait imaginé à mon retour à la maison. Je savais que j'aurais droit à la raclée de ma vie, mais je me dis qu'il valait mieux profiter de la situation et de la sérénité que je ressentais à être là.

Alors que je balayais la pièce des yeux, j'aperçus une pancarte avec un crâne et des os croisés qui disait : DANGEREUX. HAUTEMENT EXPLOSIF.

Le genre d'inscription qui ne pouvait qu'attirer mon attention, comme ce serait le cas de la plupart des garçons de mon âge.

Je me levai donc pour aller examiner le contenu de la boîte : il s'agissait de poudre noire. Puis, je repérai un rouleau de câble de magnésium, ce qui me donna l'idée d'un plan ingénieux. J'avais devant moi tout ce qu'il me fallait pour fabriquer une bombe, une chose que j'avais apprise chez les cadets. Il me suffisait de faire preuve d'un peu de créativité pour placer un explosif sous la voiture de Peter.

La seule chose que je devais vérifier était que la poudre reste dans un emplacement protégé. Je pouvais nous faire exploser de joie ! C'était trop beau pour être vrai. Il était clair que, désormais, Peter n'allait pas changer quoi que ce soit à son comportement. Maman était trop abattue pour le quitter, et pourquoi aurait-il souhaité abandonner ce confort ? Rien à faire de toute la journée, vivre sans dépenser un seul sou ?

C'était évident : la seule solution qui nous permettrait de nous libérer était de le faire exploser dans sa voiture. Cinq années de rituel militaire, de raclées, de contrôle absolu et de l'impression de vivre sous un microscope avaient fini par payer. Et Dieu sait ce que ma sœur devait subir.

Personne n'allait nous venir en aide. Soudain, les choses me paraissaient d'une limpidité sans faille ! C'était à moi, l'homme de la famille, de régler définitivement le problème.

Plein d'enthousiasme, je bondis pour aller récupérer le flacon en verre rempli de poudre. Il était assez lourd, mais je pouvais facilement le dissimuler avec le rouleau de câble dans mon sac de cours, et je glissai le reste des ustensiles. Ensuite, je patientai jusqu'à la fin des heures de retenue.

J'étais tellement impatient de rentrer et de mettre mon plan en route ! Lorsque j'arrivai chez nous, avenue Churchill, je glissai le magnésium et le flacon de poudre noire dans le fond de la canalisation reliée à notre terrasse.

À l'intérieur, comme je m'y attendais, Peter guettait mon retour. Je voyais bien qu'il ne tenait plus d'impatience d'utiliser sa spatule métallique. Cette fois, il s'acharna sur moi jusqu'à ce que mes fesses se mettent à saigner.

— Un menteur, voilà ce que tu es, et en plus une saleté de voleur ! hurlait-il pendant que je m'agrippais à la chaise contre laquelle je me tenais pendant qu'il frappait.

Toutefois, le fait de savoir ce que j'avais caché m'aida à supporter les coups. Le fait de savoir que j'avais rassemblé tout ce qu'il fallait pour mettre mon projet à exécution, sans parler des nombreuses possibilités que cela allait me donner, tout cela me permit de tenir le coup tout au long de la soirée.

Vers dix-huit heures, lorsque retentit la sonnerie du téléphone, Peter alla répondre en lissant sa moustache sans me quitter des yeux.

— Vraiment ? C'est ce qu'il a fait ? dit-il. Oui, bien sûr, étant donné les circonstances, je ne vois pas d'autre solution que de prévenir la police.

Je devinai aussitôt que l'école avait compris mes intentions, et qu'il n'y avait plus de temps à perdre. Je fonçai dans ma chambre à l'étage et m'emparai de mon couteau suisse, de mon sac de couchage et de mon camping-gaz avant de me précipiter vers la porte. Je parcourus au moins trois kilomètres dans la campagne du côté de Boughton Green pour finir par grimper dans un arbre énorme avec l'agilité d'un singe.

Lorsque j'atteignis environ six mètres de hauteur, j'installai mon campement sur une large fourche de branches.

J'étalai mon sac de couchage et je mis en route mon camping-gaz pour me préparer une tasse de thé. J'avais installé un poncho par-dessus afin de me protéger.

C'était l'occasion ou jamais de mettre à profit ce que j'avais appris lors des séjours en camp chez les cadets. En l'espace de quelques minutes, j'avais installé une tanière confortable, un endroit pratique pour le moment.

Tandis que je dégustais ma tasse de thé, j'entendis passer une voiture de police, mais je savais que personne ne me trouverait dans l'arbre, et je m'installai tranquillement pour la nuit. Je n'avais aucune idée de ce que j'allais faire ensuite, mais j'étais sûr qu'une idée me viendrait. Tout ce que je savais, c'est que, lorsque les gens vous cherchent, ils ne regardent jamais en l'air, mais toujours vers le sol.

Au matin, je me réveillai cependant glacé, le visage couvert de rosée et l'inquiétude me taraudant. Le fait que je ne dispose d'aucun argent et aucun endroit où aller me préoccupait. Je n'avais d'autre choix que de faire front. Je descendis de l'arbre et repris le long chemin jusqu'à la maison, terrifié à chaque pas, mais tout en restant heureux de savoir que Peter avait sans doute perdu la boule rien qu'à l'idée que, pendant toute une nuit, j'avais réussi à échapper totalement à son contrôle. Lorsque je tournai dans notre rue, j'aperçus une voiture de police garée devant le numéro 59. Mon cœur battait à toute allure. Je savais que Peter allait tirer un immense plaisir de toute cette affaire.

Je sonnai à la porte et, dès qu'elle s'ouvrit, une paire de mains m'entraîna à l'intérieur. C'était Peter qui me tira dans la pièce comme un geôlier venant de capturer un prisonnier en fuite. La seule chose qui manquait, c'était la paire de menottes.

— Tu vas avoir de graves problèmes, fiston, déclara l'un des officiers de police présents. Ce que tu as pris est vraiment un produit dangereux, et le commissaire lui-même s'intéresse à l'affaire.

— Qu'est-ce que tu en as fait ? demanda un autre.

— Fouillez-moi ! éclatai-je en levant les bras.

Peter fut heureux de mener à bien la tâche qu'il avait pris l'habitude d'exécuter depuis les cinq dernières années, mais il ne trouva rien. J'aurais bien voulu continuer à jouer les idiots, mais les agents de police insistèrent tellement sur le fait que le vol d'explosifs était un véritable crime et que les conséquences pouvaient s'avérer extrêmement graves que je commençai à douter.

Heureusement, l'un des policiers expliqua qu'il me suffisait de rendre les articles pour que cessent toutes les poursuites. Il souligna que je n'étais pas totalement responsable dans la mesure où ces produits auraient dû être mis sous clef, et que je n'aurais jamais dû être laissé sans surveillance dans le labo. J'avais aussi la chance de ne pas avoir de casier judiciaire. Sachant que je ne pouvais pas y échapper, je dévoilai l'endroit de la cachette. Aussitôt, les policiers se précipitèrent pour aller récupérer le butin, apparemment soulagés qu'ils étaient de retrouver les produits plus que de punir le coupable.

Tandis que les policiers retournaient vers leur voiture et prenaient le temps de bavarder avec maman et Peter, celui-ci prit l'air ultra-calme.

Soudain, l'un des policiers se tourna vers moi.

— Mais pourquoi as-tu fait ça, fiston ? demanda-t-il.

Avant que j'aie la moindre chance de confier les détails de l'enfer que Terrie et moi vivions à la maison, Peter intervint pour m'ordonner de monter dans ma chambre.

— Tout va bien, messieurs, dit-il en leur serrant la main. Je pense que nous pouvons gérer ça en famille. Mon gars est parfois un peu difficile, mais nous faisons de notre mieux pour l'aider, et cela ne se reproduira pas.

Les agents de police acquiescèrent comme un seul homme devant le jeu parfait du beau-père.

Après leur départ, je m'attendais à la raclée du siècle, mais Peter se contenta de me priver de dîner. Sans doute que la présence de la police dans la maison avait également eu un effet refroidissant pour lui aussi. Plus tard, pendant que Terrie et moi faisions la vaisselle, nous échangeâmes nos impressions sur ce qui venait de se passer.

— T'es complètement dingue, Paul, rit Terrie.

Puis, son visage se fit plus sérieux.

— Malgré tout, j'aurais aimé que ton plan fonctionne.

Le lendemain, j'étais affamé. Comme j'avais un peu de temps libre et que je savais que Peter était engagé par des leçons de conduite, je décidai d'aller faire un tour, histoire de mettre la main sur les fruits que je pouvais récupérer à droite ou à gauche. J'avais repéré des arbres ployant sous les pommes ou les poires dans le jardin de plusieurs maisons qui entouraient le square où je promenais habituellement Sam.

« Ils ne les ramassent jamais ! » pensai-je.

Souvent, je regardais les fruits trop mûrs tomber à terre et virer au brun avant d'être dévorés par les abeilles. Pour un garçon affamé, c'était une scène à vous donner la nausée.

Ce mardi-là, après l'école, il faisait un temps idéal, et je grimpai par-dessus une clôture pour me laisser tomber sans bruit dans un jardin. J'observai les fenêtres de la maison et, comme je ne voyais personne, je grimpai vivement dans l'arbre pour commencer à me servir.

Quelques minutes plus tard, cependant, une vieille femme ouvrit la porte à la volée et se précipita dans le jardin. J'avais sous-estimé sa vitesse au point que, lorsque je commençai à descendre, elle était déjà au pied de l'arbre en train de crier.

— Pourquoi donc vouloir voler mes fruits ?

Je baissai les yeux sur son index qui me poussait l'épaule tandis que nous étions face à face.

Finalement, j'optai pour la franchise :

— Parce que j'ai faim, vraiment.

Et j'ajoutai :

— D'ailleurs, vous ne les cueillez pas.

Elle cessa de me tapoter pour lever les yeux vers moi, puis vers les branches qui ployaient sous les pommes.

— Et si tu les cueillais pour moi ? Tu pourrais en conserver la moitié pour toi, proposa-t-elle.

— Pas de problème, répondis-je à la fois surpris et soulagé de sa réaction.

Elle me tendit un seau en plastique pour que je remonte dans l'arbre et cueille toutes les meilleures pommes. Au bout d'une demi-heure, l'arbre avait l'air moins encombré et j'étais super content de mon butin.

— Allez, voilà, dit la dame en me tendant un sac qui contenait la moitié de ma récolte. Rentre chez toi et profites-en.

J'étais impatient de montrer ma récolte à maman. Je me disais qu'elle pourrait en faire une tarte ou un gâteau.

Je traînai mon grand sac plein de pommes jusqu'à la maison et franchis la porte. Quel bonheur de voir le visage de maman !

— Paul ! s'écria-t-elle. Où as-tu donc récupéré toutes ces pommes ? Je n'en ai jamais vu autant !

En riant, je le lui expliquai :

— Je les ai ramassées chez une vieille dame, dis-je. Elle m'a laissé en garder la moitié.

Peter leva les yeux de son journal.

— Qu'est-ce que tu racontes ? Espèce de sale petit menteur, je n'en crois pas un mot. Il ne va pas avoir l'autorisation de garder ça, Cynth.

J'ouvris la bouche pour protester, mais Peter était déjà en train de m'entraîner hors de la maison.

— Allez, petit con, dis-moi de quelle dame il s'agit !

Je le conduisis jusqu'à la maison de la dame qui était encore là, dans le jardin, en train de profiter des derniers rayons du soleil.

— Je suis vraiment désolé, madame. Nous sommes venus nous excuser pour la conduite de mon garçon, commença Peter.

— Mais vous devez vous tromper, répondit-elle. Il est venu m'aider à cueillir les pommes de mon arbre. C'est pour cela que je lui en ai donné la moitié.

Exaspéré, Peter me ramena à la maison, mais il n'eut pas un mot pour expliquer quoi que ce soit à maman ou pour s'excuser.

Plus tard, maman emporta les pommes chez Papy.

— Elles sont superbes, Paul, dit-il. Je vais pouvoir préparer beaucoup de compote et de vin avec ce que tu as apporté.

Il me regardait avec une telle fierté que je me demandai ce qu'il aurait pensé de la manière de réagir de Peter. J'avais tellement envie de tout lui raconter, mais Terrie et moi savions parfaitement que Papy et Nany seraient incapables de comprendre ce qui se passait.

Et nous ne pouvions pas risquer qu'ils nous prennent pour des menteurs. La dernière chose dont nous avions envie était de nous mettre nos précieux grands-parents à dos, voire qu'ils se rangent dans le camp de Peter.

19

Espoirs déçus

Terrie

Peter adorait les vacances et il était toujours en train de harceler maman pour qu'elle mette de l'argent de côté et en prenne. Un week-end, il accrocha une tente-remorque à la voiture, et nous voilà partis pour Hunstanton, une ville balnéaire du Norfolk, dans le Sud-Est.

Je ne voyais pas comment Peter réussirait à trouver du temps pour que nous nous retrouvions seuls tous les deux, mais je dois avouer qu'il se débrouillait désormais pour être toujours plus rapide.

La semaine précédente, il avait exploité la demi-heure avant le retour de maman et de Paul à la maison pour me violer. Il m'avait attaché les mains et les chevilles avec un morceau de corde et m'avait battue avec la spatule pendant qu'il me forçait à prendre la position qu'il avait en tête.

— Cela t'apprendra à obéir plus vite, avait-il dit en me fourrageant avec une banane.

J'avais hurlé aussi fort que j'avais pu, mais un coup sur la nuque avait suffi à me calmer. Il ne s'était arrêté que lorsque nous avions entendu maman rentrer.

Avec nos faibles moyens financiers, nous étions plutôt limités dans nos activités. Nous n'avions le choix qu'entre la plage et la piscine, mais Paul et moi étions soulagés de ne pas avoir à exécuter nos corvées habituelles. Dans la grande piscine, Peter était obligé de retirer ses lunettes, ce qui ne l'empêchait pas de me suivre partout et de me tripoter sous l'eau.

— Reste à côté de moi, grognait-il en plissant ses yeux de myope.

J'en profitai pour m'éloigner le plus vite possible jusqu'au côté le plus profond. Je savais que je serais punie ensuite, mais je ne voulais pas qu'il me touche. Pas aujourd'hui.

Je m'amusais vraiment bien avec Paul, jusqu'à ce que Peter sorte sa caméra. Comme d'habitude, je portais un tee-shirt par-dessus mon maillot de bain afin de rester le plus couverte possible, mais Peter me filma alors que j'étais au bord de la piscine. Il faisait semblant de filmer tout le monde, mais il se mit à zoomer sur moi.

— Retire ce tee-shirt, Terrie, m'ordonna-t-il.

En voyant Peter sur le sentier de la guerre, Paul s'éloigna à grandes brasses. Moi, je croisai les bras.

— Non, dis-je en gardant les yeux rivés sur l'eau.

Je souhaitais simplement qu'il s'en aille.

— Retire… ce… tee-shirt… tout… de… suite, gronda-t-il

— Non !

Sans prévenir, il empoigna une mèche de mes cheveux et je vis les arêtes en béton du bassin tournoyer devant moi. Une, deux, trois, quatre, cinq fois, il me heurta la tête contre le bord avant de me lâcher dans l'eau. Je ne savais plus où j'étais, si c'était l'eau bleue que je voyais ou le ciel au-dessus du toit vitré. Je suis sûre que des nageurs avaient remarqué quelque chose, mais ils avaient dû détourner aussitôt la tête.

— La prochaine fois, fais ce qu'on te dit, cracha-t-il.

J'appuyai sur mon œil. Je le sentais déjà gonfler sous

les coups. Je nageai jusqu'à l'autre rive de la piscine, où maman était en train de lire un magazine.

— Oh ! ma chérie, roucoula-t-elle d'un air inquiet. Qu'est-il arrivé à ton œil ?

— J'ai glissé, répondis-je en essayant de paraître désinvolte. Tout va bien.

J'eus des maux de tête pendant tout le reste de l'après-midi.Ce soir-là, nous allâmes manger du poisson et des frites dans un bistrot. Après le dîner, alors que Peter consultait la carte des desserts, je glissai un regard par-dessus son épaule.

— Mmmmm, j'aimerais bien prendre une coupe glacée aux fruits géante, avec de la crème fouettée, s'il te plaît, dis-je en m'adressant à maman.

— Non, rétorqua Peter. Pas question. Pas après ton comportement à la piscine, jeune fille.

Il me lança un regard entendu. Nous savions tous deux exactement à quoi il faisait allusion : je ne l'avais pas laissé filmer mon corps comme il le voulait ; résultat : j'étais privée de dessert.

À mi-parcours des vacances, Peter décida de nous emmener faire une grande balade sur le front de mer. Nous partîmes sur le sentier bordé par un muret, dont le côté face à la mer était protégé par d'énormes rochers.

Plus le mur augmentait en hauteur, moins il y avait de rochers de l'autre côté. C'était vraiment agréable de sentir la brise sur notre visage. Des jours comme celui-là, je pensais souvent que les gens qui ne nous connaissaient pas devaient nous voir comme une famille tout à fait normale.

Pendant que nous marchions, Paul allait et venait entre maman, Peter et moi, et sautait sur le muret avant de revenir.

— Fais attention, Paul, dit maman.

— Ouais ! cria Peter. Si je te prends encore à me tourner autour comme un chien, je t'en file une.

Tout en marchant, Paul léchait une glace, l'air joyeux et détendu. Je l'admirais d'être ainsi capable de se montrer si insouciant en dépit de tout. Quand il souriait, avec les taches de rousseur de son nez plus foncées à cause du soleil, j'éprouvais toujours un choc de constater à quel point il était innocent. Et j'aurais voulu qu'il le reste pour toujours.

Quelques minutes plus tard, nous arrivâmes à l'endroit où le mur était au plus haut. J'écoutais le bruit du vent, de la mer et ses mouettes, et je me sentais détendue. Nous continuâmes, et Paul revint tourner autour de Peter qui, sans dire un mot, attendit que Paul remonte sur le mur, leva le bras et le poussa. Comme ça, sans prévenir. Cela se produisit si vite que mon esprit eut à peine le temps d'enregistrer ce qui venait de se passer.

En haletant, maman et moi courûmes jusqu'au bord. Environ trois ou quatre mètres plus bas, Paul était allongé sur le dos entre deux rochers aigus. Il avait l'air choqué, mais il brandissait son précieux cône de glace en l'air avec un air victorieux.

Maman laissa échapper un rire nerveux.

— Paul, tu as sauvé ta glace ! Bravo !

Une milliseconde plus tard, elle se mit à trembler à l'idée de ce qui aurait pu arriver à son fils. En tombant de si haut, entre les énormes rochers, Paul avait frôlé la mort.

— Peter ! cria-t-elle. Regarde où il est tombé ! Il aurait pu se tuer sur les rochers ! Mon Dieu, Peter, tu aurais pu le tuer.

Elle commençait à friser la crise d'hystérie.

Peter haussa les épaules.

— Oh ! bon sang, dit-il. Je savais qu'il allait tomber sur le sable et qu'il n'aurait rien.

Nous savions bien, maman et moi, que Peter mentait. Il

ne pouvait pas voir où Paul allait tomber. Il s'était contenté de le pousser.

Maman se mit à crier pour se faire entendre de Paul.

— Paul, remonte maintenant. Viens, rentrons !

Elle était secouée de frissons, et nous la suivîmes pour nous éloigner le plus rapidement possible de Peter.

— Allons, Cynth, ce n'était qu'une blague ! lança-t-il.

Maman ne lâchait pas la main de Paul qu'elle tirait littéralement derrière elle.

— Non, ce n'était pas drôle ! hurla-t-elle. Tu aurais pu lui casser la jambe ou le cou !

J'étais tellement soulagée de voir que maman eût enfin mesuré de quoi Peter était capable ! Nous marchâmes d'un bon pas jusqu'au camping, où maman commença à ranger nos affaires. Peter nous suivit jusqu'au bout.

— Nous rentrons à la maison, Peter ! hurlait-elle. Je ne veux pas que tu viennes avec nous.

Il eut l'air surpris.

— Allons, ne sois pas bête, commença-t-il.

Mais rien n'allait arrêter maman. Pas cette fois.

Elle emballa nos affaires dans un petit sac et nous entraîna vers la gare, mais, lorsqu'elle regarda dans son porte-monnaie, elle s'aperçut qu'il était presque vide. Elle avait à peine assez d'argent pour acheter un seul billet de train.

— Merde ! Il faut que nous y retournions.

Nous retournâmes lentement au camping. Peter était assis tout seul, en train d'attendre, comme s'il savait que nous allions revenir.

Maman s'assit en détournant la tête.

— Dis à Peter que je ne lui parle pas, fit-elle.

Je regardai Peter qui tenta de bavarder avec maman, comme si rien ne s'était passé, mais elle fut plus tenace. Ils n'échangèrent pas un mot du reste du séjour, et la tension qui régnait était presque palpable.

C'est aussi en silence que nous rentrâmes à la maison. Toutefois, un ou deux jours plus tard, on aurait dit que maman avait oublié ce qui s'était passé. J'étais sûre que Peter avait dû lui dire quelque chose, mais j'ignorais totalement quoi.

Elle était bien trop sous son emprise pour se libérer.

Peu après ces vacances, Oma, la mère de Peter, apprit qu'elle avait un cancer. C'était la quatrième récidive et il semblait que, âgée désormais de plus de soixante-dix ans, elle avait cessé d'avoir envie de lutter. Nous allâmes lui rendre visite à l'hôpital de Hammersmith. C'était tellement triste de voir la dame pleine de dignité se flétrir ainsi dans son lit. Nous lui fîmes la promesse de revenir bientôt.

Peter, quant à lui, ne semblait pas touché par la maladie de sa mère, au point que nous avions l'air plus concernés que lui. Maman aimait bien Oma aussi. La mère de Peter lui avait raconté la guerre à laquelle elle avait survécu. Les soldats russes l'avaient violée alors qu'elle n'était que jeune fille. Elle lui avait confié que cela l'avait traumatisée. Pour ma part, je fus choquée d'apprendre qu'elle avait vécu des événements aussi terribles. Elle paraissait si démodée, si stricte et forte, que je n'aurais pu imaginer les horreurs qu'elle avait traversées.

Elle mourut peu après notre visite. Alors que nous étions en train de nous préparer pour les funérailles, on aurait dit que Peter ne se souciait de rien. À l'église, avec quelques autres amis et des parents éloignés de Peter que nous n'avions jamais rencontrés, Paul et moi nous sommes assis au premier rang. Lorsque le service démarra, je voyais que tout le corps de Paul était secoué, mais ce n'était pas de sanglots !

Mon frère tentait désespérément de réprimer un fou rire. Ce qui me contamina aussi. C'était toujours comme ça quand nous traversions des moments d'intense émotion, comme un mécanisme de défense. Malgré tout, nous étions vraiment tristes de voir partir Oma, et nous avions l'air de pleurer toutes les larmes de notre corps alors que nous nous efforcions de dissimuler nos rires sous le son des hymnes.

Quelques semaines plus tard, nous découvrîmes à la lecture des dernières volontés d'Oma qu'elle nous avait laissé un peu d'argent. On aurait dit qu'elle nous avait effectivement considérés comme ses petits-enfants, ce qui nous toucha beaucoup. En revanche, le testament rendit Peter fou de rage : Oma avait stipulé qu'il n'aurait le droit de prétendre à son héritage qu'après dix années. Elle avait également laissé sa petite Fiat Punto, la voiture que convoitait Peter, à une de ses proches amies. Même dans la mort, elle avait réussi à faire quelque chose pour l'irriter.

En dépit de mes efforts pour récolter des heures de colle au lycée, j'adorais certaines des matières. J'aimais la littérature et les arts plastiques, mais aussi l'histoire. J'avais une professeure vraiment intelligente, et ses descriptions des civilisations aztèque et incas enflammaient mon imagination. Lorsque vint le moment de choisir mes options pour l'examen de fin d'études, je me retrouvai devant un véritable dilemme parce que je pensais que la géographie serait plus utile, mais je n'avais pas envie d'abandonner l'histoire.

Afin de m'aider à faire un choix, j'allai en discuter avec une professeure que j'avais eue dans les années précédentes et en laquelle j'avais énormément confiance. Au bout de quelques minutes de conversations sur mes options, elle fronça les sourcils, le visage adouci par l'inquiétude.

— Terrie, demanda-t-elle d'un ton très doux, es-tu sûre que tout va bien ?

Je me contentai de me mordre la lèvre inférieure sans rien dire. Personne ne m'avait posé de questions.

Personne n'avait rien remarqué. Pouvais-je lui en parler ? M'écouterait-elle ? Submergée par l'émotion, je craignis de me mettre à pleurer.

— Est-ce que tout va bien ? insista-t-elle.

Je déglutis avant de commencer, avec l'impression que ma langue était trop épaisse pour ma bouche.

— En fait, il y a quelque chose.

Je n'eus même pas l'idée de lui dire que j'avais été violée. Cela semblait trop. Qui pourrait croire cela ? En outre, j'avais décidé depuis longtemps que je ne pouvais pas prendre le risque que Peter tue maman et Paul comme il me le promettait sans cesse.

Peut-être pouvais-je avouer autre chose ?

Assise sur sa chaise, elle se pencha en avant pour mieux m'écouter.

— À la maison, les choses ne sont pas faciles, commençai-je.

Mais les mots dits à voix haute me paraissaient étrangers et lointains.

— Mon beau-père…, continuai-je.

Elle avait les yeux si brillants que je pouvais presque voir mon reflet dans ses pupilles noires : moi, assise sur une chaise devant le bureau, en train de faire tourner ma bague autour de mon doigt encore et encore.

— Il…, poursuivis-je en imaginant le visage congestionné de Peter au-dessus du mien, le bourdonnement des caméras, la douleur, les viols…

— Il est parfois violent.

Voilà, je l'avais dit. C'était assez. Cela devait suffire.

Cela suffirait-il ? Incapable de continuer, je m'arrêtai brusquement.

Ma prof avait la bouche légèrement ouverte, les mains posées à plat sur le bureau qui nous séparait.

— Ma pauvre petite chérie, déclara-t-elle. Je vais m'en occuper.

Je hochai la tête. Pour l'heure, j'en avais dit assez. Pendant ces quelques minutes, j'eus réellement l'impression qu'elle se souciait de moi.

L'après-midi suivant, après l'école, j'attendis anxieusement que le téléphone sonne, osant soudain espérer qu'il soit mis un terme à mes tortures. Mais rien. Le téléphone demeura obstinément silencieux. Au cours des jours suivants, je m'attendais à être convoquée au bureau du proviseur. La police viendrait peut-être… Ou alors ils enverraient une lettre…

Mais, lorsque je revis ma professeure, elle ne mentionna rien. Elle fit comme si je n'avais rien dit. Personne d'autre ne me parla de quoi que ce soit. Le téléphone ne sonna pas. Et la boîte aux lettres n'accueillait toujours que des factures.

Je devinai alors que, même si ma professeure avait expliqué ce qui se passait, aucune action n'aurait été entreprise. Après tout, Peter ne s'était-il pas parfaitement débrouillé pour convaincre le lycée que j'étais une adolescente très perturbée ?

Soudain, ma déception cuisante et ma colère furent telles que je n'arrivai plus à respirer normalement. J'avais osé espérer que quelqu'un interviendrait et, une fois de plus, j'avais toutes les preuves que personne ne s'en souciait.

Peu après, en classe de chimie, j'entendis une fille du nom de Heidi qui racontait sa soirée du lundi.

— Je suis allée à cette fête, se vantait-elle, et, pendant que j'étais là-bas, j'ai fait l'amour avec ce garçon sur le canapé.

— Ouah ! s'exclama une autre fille. C'est vrai ?

— Ouais, juste sur les coussins. C'était franchement bien.

Toutes les autres filles se mirent à la féliciter et à lui demander ce que ça faisait.

Je ne posai aucune question et me contentai d'écouter. Elle pouvait se vanter, cela ne me touchait absolument pas. Cela ne voulait rien dire. Pour moi, les rapports sexuels étaient quelque chose d'horrible et de douloureux, quelque chose que Peter me faisait quand il en avait envie. Pourquoi les autres avaient-ils tellement envie de s'en vanter ? Cela me dépassait.

Tout le monde était rivé à ses lèvres comme si elle avait raconté qu'elle était capable de voler ou de planer avec des drogues.

— Mais dis donc, dit l'une, tu dois avoir du mal à croire que tu l'as fait !

« Et alors ? grosse affaire », pensai-je. J'étais encore plus choquée qu'elle ait eu le droit d'aller à une fête un soir de semaine. Pour moi, c'était beaucoup plus impressionnant. Jamais je n'aurais eu le droit de faire ça.

Je n'avais aucune idée de ce que je voulais faire après l'école. Des années plus tôt, j'avais pensé devenir archéologue, mais ma vie quotidienne s'était transformée en un tel cauchemar que je ne pouvais plus envisager une existence différente, une existence « normale ». Comment pouvais-je me concentrer à l'école lorsque je passais des soirées aussi épuisantes au cours desquelles je devais faire le ménage, me laisser battre, pleurer des heures pendant que Peter me filmait et me violait ? Après la pause déjeuner, je devais généralement lutter pour rester éveillée. Dans les classes chaudes et étouffantes, je m'asseyais au fond et je fermais les yeux tandis que mon esprit continuait à cogiter sans relâche.

Il arrivait que les professeurs crient mon nom pour demander à ce que je me « redresse », mais il ne s'agissait pas de paresse. J'étais simplement dévorée d'anxiété. Tout le temps. Mes bulletins scolaires regorgeaient de commentaires du genre *Peut mieux faire, mais tendance à rêver*. Si seulement ils avaient su quels étaient mes rêves !

Ou plutôt mes cauchemars.

Je me détestais de devoir vivre de la manière dont nous vivions à la maison, mais, au lycée aussi, les autres filles me donnaient du fil à retordre.

J'entendais les murmures (« Terrie dégage ») partout où j'allais, et jamais je ne trouvais de place. Je n'avais pas d'argent pour me joindre aux autres après l'école et, de toute façon, Peter surveillait mes moindres faits et gestes. Alors que tout le monde s'habillait à la dernière mode, je devais me contenter des vêtements récupérés à droite ou à gauche. Toutefois, par rapport aux horreurs que je subissais à la maison, les problèmes de l'école ne pesaient pas lourd dans la balance. Ce n'était pas l'école qui m'inquiétait !

Au fil des années, ma relation avec ma mère s'était effritée. Quand j'y repense, je dirais que j'ai « perdu » ma mère à l'âge de dix ans.

Quand papa était parti vivre en Afrique du Sud et qu'elle avait découvert sa liaison, elle avait perdu sa joie de vivre et sa spontanéité.

Elle était toujours fatiguée, toujours en train de travailler, toujours sous tension. À présent qu'elle m'avait également trahie, il me semblait impossible de revenir en arrière.

Les bouderies constantes de Peter semblaient également lui taper sur les nerfs. J'ai toujours pensé qu'il était aussi violent avec elle lorsque nous n'étions pas là. Toutefois, en dépit de leur relation manifestement malheureuse, maman continuait à travailler pour nourrir tout le monde. D'ailleurs, avait-elle le choix ? Peter n'allait certainement pas s'en charger.

Un jeudi soir, maman était en train de se préparer pour une sortie entre collègues, et Peter devait l'accompagner. Cela faisait plusieurs années qu'elle était employée par Rainbow Carpets et elle avait noué certains liens d'amitié. Pour l'occasion, elle avait confectionné une superbe robe de style chinois avec un tissu orné de petites fleurs roses.

Soir après soir, je l'avais vue coudre cette robe, la seule manière dont elle pouvait s'offrir quelque chose de nouveau. La robe avait un col montant et de ravissantes manches, et la coupe était parfaite. J'étais contente de voir maman prendre un peu de temps pour s'occuper d'elle pour une fois.

Tandis qu'elle rajustait sa robe devant le miroir et se maquillait, je la trouvai vraiment jolie. Pendant ce temps, bien qu'il fût déjà prêt en costume pour la soirée, Peter allait et venait dans la pièce avec une expression menaçante sur le visage.

— Je n'y vais pas, déclara-t-il soudain.

Maman nous jeta un regard nerveux, à Paul et à moi. Nous regardions la télévision.

— Les enfants, vous voulez bien monter ? nous demanda-t-elle.

Il ne fallut pas nous le dire deux fois, mais nous nous arrêtâmes pour écouter au pied de l'escalier.

— Ne sois pas bête, dit doucement maman. Mon collègue va bientôt venir nous chercher, et je ne veux pas y aller seule. Il s'attend à ce que tu m'accompagnes.

Puis, nous perçûmes un sinistre bruit sourd et nous entendîmes maman hurler sous le coup.

— Espèce de grosse vache ! Tu crois que tu peux me dire ce que je dois faire, hein ? hurlait Peter. Fais ceci et fais cela. Paie pour ça et va là !

Chaque phrase était ponctuée de nouveaux coups et de nouveaux gémissements.

Je plaquai mes mains sur mes oreilles et je vis que les yeux de Paul étaient aussi grands que des soucoupes.

La porte s'ouvrit à la volée sur maman qui trébucha dans le couloir, le visage totalement méconnaissable. Des gouttes de sang coulaient de son nez sur le tapis de l'entrée, et elle avait les yeux gonflés. D'une voix étouffée, elle parla avec empressement.

— Appelez la police ! supplia-t-elle en regardant dans notre direction sans nous voir.

Je bondis vers le téléphone, mais Peter l'atteignit avant moi. D'un seul mouvement, il arracha le téléphone du mur, laissant les fils pendre misérablement.

— Personne n'appelle personne ! fulmina-t-il avant de se précipiter pour verrouiller la porte de derrière.

— Et personne ne quitte cette maison, ajouta-t-il.

C'est alors que la sonnette résonna et, avant que Peter ne puisse l'arrêter, maman bondit vers la porte d'entrée pour l'ouvrir. Sur le seuil se tenait le collègue attendu, dont le visage souriant tomba dès qu'il aperçut maman en train de saigner et de tituber en s'appuyant sur l'encadrement de la porte.

— À l'aide ! souffla-t-elle. Appelle la police ! Peter vient de me frapper !

J'avais envie d'éclater en sanglots sous la bouffée de reconnaissance. Heureusement que Peter avait fait ça à maman et qu'elle agissait enfin. Nous allions être sauvés désormais. Quelqu'un d'autre avait vu ce qu'il était vraiment. La police viendrait et je pourrais peut-être leur raconter les viols aussi ! Oui, je le voulais. Je le ferais. Notre famille pourrait être sauvée de cet enfer.

Paul et moi étions tout près de maman qui fixait son collègue sur le seuil.

— Appelle la police, nous avons besoin d'aide, répéta-t-elle d'une voix plus forte.

Mais son collègue ne bougea pas. En fait, il nous regardait fixement comme si nous étions des créatures dans un zoo. Puis, il se mit à reculer comme s'il craignait la contamination. Les paumes levées vers le haut, il dit simplement :

— Désolé, Cynthia, ce n'est pas mon problème.

C'est avec une horreur croissante que je le vis tourner les talons pour rejoindre sa voiture, dans son costume élégant, prêt et heureux de la soirée à venir, refusant que notre famille et notre « problème » risquent de gâcher son plaisir. Il aurait suffi qu'il passe un seul coup de fil. Un seul. Mais il nous fallut regarder notre sauveur potentiel disparaître dans la nuit. À cet instant, je le détestai encore plus que Peter.

« C'est fini, pensai-je alors. Peter va tous nous tuer. »

Il s'était enfermé dans sa chambre. Maman nous serra brièvement dans ses bras et nous envoya nous coucher. Frissonnants de terreur, nous grimpâmes à l'étage et nous réfugiâmes dans ma chambre. Par la fenêtre, nous vîmes maman descendre la rue pour aller chez ses amis.

Le lendemain matin, nous nous levâmes tôt et partîmes avant que Peter ne fasse son apparition. Maman rentra assez tôt du travail, le visage toujours gonflé.

— Tu as revu cet homme aujourd'hui ? demandai-je.

— Oui, et il fait comme s'il ne s'était rien passé, répondit-elle. Cependant, la patronne m'a appelé dans son bureau.

— Qu'a-t-elle dit ? demandai-je d'un ton plein d'espoir.

« S'il te plaît, maman, pensai-je, dis-moi que tu lui as tout raconté. »

— Oh ! elle m'a demandé si j'allais bien, dit maman en haussant les épaules, et je lui ai répondu que oui. « C'est bon alors », a-t-elle conclu.

Je ne fis aucun commentaire, mais, au fond de moi, j'étais folle de rage. Pourquoi les gens étaient-ils aussi aveugles ? Pourquoi maman n'avouait-elle pas que tout allait de travers ? Est-ce que personne n'entendait nos cris ?

Pendant les jours qui suivirent, Peter continua à bouder, mais il demeura la plupart du temps dans sa chambre sans croiser notre chemin. Je savais pourtant qu'il ne faudrait pas attendre longtemps pour qu'il demande des comptes.

Le samedi matin suivant, maman partit plus tôt pour le travail. Je suppose qu'elle s'était mise à partir plus tôt et à rentrer plus tard pour l'éviter le plus possible.

— Dis, Terrie, commença-t-elle pendant que nous mangions nos toasts. J'aimerais que tu emmènes Sam chez le vétérinaire aujourd'hui. Il a encore eu l'estomac barbouillé. Et si tu pouvais passer en ville pour faire quelques courses après ?

— Bien sûr, répondis-je.

Je n'avais aucun projet et je n'étais pas contre l'idée de me balader un peu en ville.

Peter leva alors les yeux.

— Je conduis Paul chez Mark aujourd'hui.

Aussitôt, je commençai à avoir des nausées et je reposai mon toast. S'il ne travaillait pas, cela signifiait qu'il pensait passer la journée seul en ma compagnie. Après le petit-déjeuner, je montai dans ma chambre en espérant que Peter ne reviendrait pas après avoir conduit Paul.

J'écoutais quelques morceaux de George Michael en fermant les yeux, mais le bruit de la voiture me fit me redresser d'un bond. Il était de retour.

À peine entré, il monta à l'étage directement dans ma chambre.

— En bas, tout de suite ! ordonna-t-il.

Immédiatement, mes membres furent secoués de tremblements. Comme d'habitude, il avait étalé ses « outils » à côté du canapé. Cette fois, il s'agissait d'un énorme godemiché. La lumière rouge de la caméra clignotait déjà. Peter me plaça en face du viseur et se mit à me violer par l'arrière avec le godemiché. Je hurlai et hurlai encore, mais il empoigna mes cheveux et les tordis.

— Ferme-la et essaie de donner l'impression que tu prends ton pied, grommela-t-il.

Ensuite, il se mit à me violer. Je serrai les poings pour contrôler ma colère.

C'était tellement horrible. Je ne poussai même pas un gémissement, mais je ne pus résister au besoin de lui dire à quel point je le haïssais. Et lui, il riait !

Soudain, le téléphone se mit à sonner. Je pensais qu'il allait tout simplement l'ignorer, mais il s'arrêta de bouger.

— C'est ta mère, réponds !

Dans un souffle, je répliquai :

— Tu me fais trop mal.

— Vas-y, réponds, bon sang !

Je décrochai le téléphone et déglutis du mieux que je pus afin de reprendre une voix calme.

— Allo, Terrie ? dit maman.

Dans le fond, j'entendais les allées et venues des vendeurs, les téléphones qui sonnaient, des machines à écrire, des bavardages. Un monde normal, à des millions de kilomètres de ce que j'étais en train de subir.

— Salut, maman, dis-je en fermant les yeux et en réprimant un frisson.

— Ah ! je suis contente de t'avoir, dit-elle. As-tu réussi à obtenir un rendez-vous pour Sam chez le véto ?

— Heu, non, j'ai essayé, mais ils étaient complets. Pas de possibilité aujourd'hui.

— Oh ! dit-elle d'un ton déçu.

Peter changea de position et se mit à aller et venir de plus en plus fort. Je sentais les larmes me monter aux yeux.

— Tant pis. Est-ce que Paul est allé chez Mark ?

— Oui, répondis-je en luttant pour que ma voix reste calme. Aucun problème.

— OK, à plus tard, continua maman. Nous irons jusqu'en ville faire quelques courses avant d'aller chercher Paul. Et si tu pouvais t'occuper du dîner, ce serait vraiment super. J'avais pensé à des saucisses et des frites, avec des haricots. Qu'en penses-tu ?

— Oui, dis-je dans un murmure.

Je m'éclaircis la voix pendant que Peter tordait encore plus mes cheveux.

— Pas de problème, ajoutai-je.

Finalement, maman coupa la communication et je vérifiai que le combiné était reposé correctement.

— Salaud ! hurlai-je. Je te déteste ! Si tu pouvais rôtir en enfer !

Je tournai la tête pour découvrir Peter derrière moi, avec un grand sourire sur le visage, comme s'il était très content de lui.

C'était un tel malade ! Un tel pervers ! Je voyais dans ses yeux à quel point tout cela lui plaisait : violer une jeune fille tout en l'obligeant à parler au téléphone avec sa mère.

Cela dépassait tout entendement.

20

Le couteau sous la gorge

PAUL

J'avais tellement pris l'habitude de deviner ce que Peter avait en tête que je disposais désormais dans ma tête de tout un éventail de stratégies qui me permettaient de le battre à chaque occasion.

Par exemple, afin de contourner ses incessantes vérifications de comptes, je récoltais des tas de tickets de bus usagés aux arrêts. Souvent, je demandais aussi aux amis de me donner leurs factures ou j'en ramassais au sol lorsque j'en trouvais. Ensuite, je conservais mes trouvailles au fond du rayonnage du bas de ma bibliothèque. Pour les dénicher, comme il aurait fallu se mettre à quatre pattes et chercher un moment, je pensais qu'elles seraient en sécurité, c'est-à-dire hors de vue des yeux scrutateurs de Peter et de ses caméras.

Ce jour-là, ma journée au collège avait été profitable. Mon affaire de figurines Warhammer se développait, et des gosses de la petite école me payaient aussi pour rédiger des programmes informatiques et provoquer des dégâts dans les fichiers de l'administration sans que personne n'ait aucun soupçon. J'avais récupéré une bonne poignée de reçus que j'avais l'intention de glisser dans ma boîte et, dès mon arrivée à la maison, je filai dans ma chambre pour découvrir que ma boîte avait été remplacée par une caméra bourdonnante.

— Bon sang, mais comment a-t-il déniché la boîte ? grommelai-je.

« Cela frise le délire total », me dis-je en appuyant sur le bouton d'arrêt pour rembobiner la bande. J'eus recours à ma vieille astuce qui consistait à effacer les dernières images avant d'appuyer de nouveau sur *Play* pour redescendre ensuite à toute allure et rejouer mon arrivée dans ma chambre, cette fois en faisant mine de ne pas remarquer la caméra.

Cependant, cela signifiait que Peter avait trouvé mes reçus, et je savais que j'étais bon pour une correction en règle. Heureusement, je conservais mes propres comptes « personnels » dans un autre endroit, bien en vue, dans un vieux cahier qui ressemblait trait pour trait à celui que j'utilisais pour consigner les ordres de Peter. Le genre de cahier qu'il n'aurait même pas idée d'ouvrir.

Cette après-midi-là, j'eus du mal à me concentrer sur mes devoirs ou sur mes corvées. Au fil des années, ces corvées s'étaient réduites à moins d'une heure et demie, mais, ce jour-là, comme j'avais du mal à me concentrer, je dus mettre une heure de plus que d'habitude. Je n'arrivais pas à penser à autre chose qu'à ce qui m'attendait.

Il ne me fallut pas attendre longtemps pour que Peter rentre à la maison de là où Dieu sait où il était, et encore moins de temps pour qu'il me tombe dessus. Il m'attrapa par les épaules et me jeta dans le salon. Alors que je me relevais en me frottant l'épaule, il prit sa position favorite, allongé sur le canapé. OK, j'avais compris.

— Tu vas rester là debout jusqu'à ce que tu avoues toutes les autres choses que tu as dissimulées ! hurla-t-il.

Gagné ! pensai-je. J'avais toujours raison. Comme prévu. Il suffisait d'attendre les vidéos maintenant. Des filles en train de glousser et des nichons. Je restai donc debout, bien droit, les yeux rivés devant moi, l'esprit en ébullition. En réalité, il n'y avait vraiment rien que je puisse avouer à Peter (tout ce dont j'aurais pu lui parler n'étaient que des choses que je tenais absolument à lui dissimuler et qui, de toute manière, m'auraient valu de pires violences).

Depuis que nous était venue l'idée d'y cacher des bonbons, Terrie et moi utilisions régulièrement les bouches d'aération : il suffisait de dévisser la grille, de cacher dans le logement ce que nous voulions avant de remettre soigneusement les vis. Par ailleurs, Peter n'avait aucun moyen d'être au courant de mes affaires de troc et de vente puisque les articles restaient dans le troisième casier dont il ne connaissait pas l'existence. La seule chose qui me tenaillait était qu'il avait peut-être réalisé que j'étais capable de tripatouiller ses caméras à volonté.

Non, s'il avait été au courant, je serais mort à l'heure qu'il était.

— Je n'ai rien à cacher, je le jure, dis-je en croisant superstitieusement mes doigts dans mon dos. Je le jure sur ta tête, Peter, ajoutai-je avec un éclair dans les yeux, dans l'espoir où il y aurait un Dieu qui écouterait ce jour-là.

— Peter ? Qu'est-ce que tu veux dire par Peter ?

— Dieu, je veux dire qu'il n'y a rien d'autre, Dieu.

— Essaie encore, insista-t-il après m'avoir donné un coup de pied paresseux mais suffisamment douloureux dans la cuisse.

— Maître ? Patron ? Monsieur ? Majesté ?

Je ne voyais pas vraiment comment il voulait qu'on l'appelle ce jour-là. Il finit par m'ignorer pour river ses yeux sur la télé.

« Encore gagné, pensai-je alors que des femmes à moitié nues apparaissaient sur l'écran. T'es le meilleur, Paul. »

À cette époque, j'étais devenu assez résistant à ce petit jeu, mais, tandis que les heures passaient, je finissais toujours par avoir un mal de chien aux reins, et mes épaules et le dessous de mes pieds me faisaient souffrir le martyre.

Quant à Peter, il vaquait à ses affaires en faisant comme si je n'étais pas là, sauf pour, de temps en temps, me donner une claque ou un coup de poing sur la tempe.

— Redresse-toi ! vociférait-il chaque fois.

Peu à peu, mon cerveau se débranchait et je me concentrais sur l'horloge numérique. J'avais commencé à suivre des cours de programmation un an auparavant environ et j'avais découvert que j'étais assez bon. De tels moments étaient parfaits pour faire défiler des lignes d'encodage dans ma tête, de construire de nouveaux programmes et de les tester virtuellement. Je ne savais pas à quel point ce talent me permettait d'entretenir ma mémoire et ma logique, deux compétences qui allaient devenir des atouts considérables. Peter mit en route l'émission *Hit Man and Her*, faisant une fois de plus des commentaires sur le corps de l'animatrice Michaela Strachan pendant qu'il regardait.

— Hé ! hé ! Regarde-moi un peu ces nichons !

Il avait enregistré toute une collection de « séances nichons », comme il les appelait.

Ce jour-là, j'étais debout depuis seize heures, et il était déjà vingt et une heures : cinq heures entières, c'est vraiment épuisant ! Il fallait que je me règle sur pilotage automatique si je devais rester encore plus longtemps.

— Alors, tu vas me le dire ? hurla Peter en interrompant mes pensées.

Je secouai la tête : une claque.

— Reste encore un peu alors.

Maman était rentrée depuis un moment, mais elle ne vint pas s'asseoir dans le salon. Souvent, lors de ce genre de séance, elle restait plutôt dans la cuisine. Je suppose qu'elle ne supportait pas de voir ce qui se passait ou peut-être qu'elle se sentait coupable de constater qu'elle avait perdu tout contrôle sur Peter depuis bien longtemps.

Les minutes passaient. De temps à autre, Peter me demandait d'avouer ou il me frappait. À onze heures du soir, maman descendit enfin.

— Ça suffit, Peter ! s'écria-t-elle. Laisse-le aller se coucher maintenant.

— Non, répondit Peter. Pourquoi devrais-je céder alors qu'il n'a pas compris la leçon ?

— Il en a eu assez pour aujourd'hui ! C'est bon, Paul, va te coucher. Vas-y, insista maman. Il ne va pas rester là debout toute la fichue nuit !

Épuisé, je laissai échapper un profond soupir avant de passer devant Peter pour me diriger vers ma chambre, mais il tendit le bras pour m'arrêter.

— Tu restes ici, espèce de petit branleur ! cria-t-il.

Il empoigna mes épaules et se mit à me bourrer les tempes de coups de poing, frappant aussi fort que possible.

Sous les coups, je m'affalai sur le sol. Tout ce que je voyais, c'était la moquette et sa chaussure éraflée qui s'approchait de moi.

— Lâche-le, espèce de salaud ! hurla maman.

Elle attrapa une brosse à cheveux qui traînait dans le coin et se mit à le frapper sur la tête, mais il se contenta de se tourner vers elle et de lui donner une claque. Puis il revint à moi.

— Petit branleur de mes deux ! hurlait-il en continuant à frapper aussi fort que possible.

Il me tira jusqu'à la cuisine et ouvrit le tiroir pour en sortir le premier ustensile qui lui tomba sous la main. Quand je vis ce que c'était, je me mis à pousser des hurlements stridents : c'était le marteau à viande.

— Non ! criai-je en me protégeant le visage des mains.

Mais rien n'allait brider la rage de Peter. Il frappa le marteau sur mes bras et sur mon dos jusqu'à ce que sa colère soit épuisée.

— À présent, retourne là-bas et reste debout, dit-il.

Secoué de tremblements et de sanglots, je repris mon poste tandis que Peter reprenait sa place sur le canapé et continuait à regarder sa vidéo comme si rien ne s'était passé du tout.

Il mit ensuite la vidéo sur *PAUSE* pour aller aux toilettes à l'étage. Je savais que je disposais de trente secondes à vingt minutes : je mémorisai la position de mes pieds sur la moquette avant de plonger vers le magnétoscope.

Sans perdre une seconde, le cœur battant à tout rompre, j'éjectai la cassette avant de la remettre après l'avoir légèrement tendue, puis remis le magnéto sur *PAUSE*.

Peter revint et me jeta un regard meurtrier avant de reprendre sa place sur le canapé. Lorsqu'il appuya sur le bouton *PLAY*, l'appareil rendit un son inquiétant tandis que les têtes de lecture patinaient sur la bande tendue qui se déroulait quand même.

— Bon sang de merde ! hurla Peter.

Je réprimai un petit sourire. « Excellent, pensai-je. Si je dois mourir d'ennui, toi aussi, mon vieux. »

Toujours aussi furieux, Peter essaya de retirer la bande qui était coincée. Il laissa tomber et s'affala sur le canapé.

— Je la réparerai demain, marmonna-t-il.

Je le regardai somnoler, le souffle plus calme. Je me voûtai un peu pour soulager la tension de mon dos. J'aurais bien aimé m'allonger moi aussi, mais, quelque part en moi, je savais que Peter pouvait avoir réglé un réveil ou qu'il était capable de se réveiller à n'importe quel moment et que j'aurais droit à une nouvelle volée de coups. En essayant de soulager une jambe, puis l'autre tour à tour, j'aurais moins mal que si je restais droit debout.

Enfin, la lueur bleu gris de l'aube se glissa entre les rideaux pour prendre une belle couleur dorée, et les oiseaux se mirent à chanter. Une heure plus tard, le concert était à son comble, et Peter remua pour se gratter la moustache.

J'avais la tête qui tournait à cause de l'épuisement, et je me sentais malade de faim et de fatigue, mais j'avais réussi. J'avais réussi à rester toute la nuit sans avouer une seule chose.

Je patientai jusqu'à sept heures avant de foncer en haut sous la douche afin de ne pas être en retard sur mon planning. J'étais impatient d'aller à l'école. Absolument éreinté, mais soulagé de fuir la maison.

Bizarrement, je n'entendis plus parler des reçus et de la boîte en fer qui les contenait. Je suppose qu'il espérait me prendre sur le fait grâce à ses caméras, mais j'avais déjà changé de cachette en plaçant mes biens dans une nouvelle boîte étanche que j'avais glissée sous une dalle du jardin.

Ce week-end-là, nous devions aller chez Nany et Papy, et, cette fois, Terrie eut le droit de venir avec moi. Peter déclara qu'il serait occupé à développer des photos dans la chambre noire de l'AT et qu'il viendrait nous chercher après.

— Veillez bien à être prêts quand je viendrai vous chercher. Je n'ai pas envie de poireauter ! annonça-t-il.

Juste avant de partir, je sortis de la maison pendant que Peter était sous la douche. En un éclair, je dégonflai deux de ses pneus de voiture, puis j'ouvris le logement où il rangeait la pompe et perçai légèrement le flexible afin que la pression soit insuffisante, c'est-à-dire qu'il faudrait pomper au moins cinq fois pour obtenir le même résultat qu'en pompant une fois dans les conditions normales. Pendant ce temps, j'avais expliqué à Terrie d'utiliser sans cesse l'eau froide afin que la douche de Peter devienne vraiment inconfortable.

— Voilà. À présent, nous disposons de toute une après-midi de tranquillité, dis-je à Terrie. Il va lui falloir quelques heures pour comprendre ce qui se passe.

— Et sans parler de sa chemise, Paul, gloussa-t-elle. J'ai réussi à me faufiler dans sa penderie pour relâcher les fils des boutons, et il va devoir en trouver une autre !

Pour la première fois depuis longtemps, nous profitâmes d'une après-midi de détente et nous nous amusâmes vraiment, comme des enfants normaux en visite chez leurs grands-parents aimants.

Depuis six mois environ, je m'étais entraîné dur pour la parade silencieuse des cadets de l'armée. En tant que cadet senior possédant d'exceptionnels talents de marche au pas et de coordination, j'avais été sélectionné avec huit autres camarades pour apparaître en public lors d'une grande manifestation à Northampton.

Le défilé consistait à exécuter une cinquantaine de mouvements que nous devions tous les neuf faire en parfait unisson sans ordre verbal ni signal. C'était plutôt délicat et, chaque semaine, nous passions des heures à nous entraîner.

Au bout de six mois, nous étions prêts. Nous appartenions tous au détachement Gibraltar et, à l'entraînement, nous suscitions toujours l'admiration des autres cadets. Avec notre fière allure, nous avions l'impression d'être des seigneurs.

Le grand jour, mon uniforme était en parfaite condition : j'avais peint le ceinturon et les manchettes spéciales en blanc éblouissant, veillé à ce que l'habit soit bien amidonné et repassé, et que mes bottes soient cirées et luisantes comme un miroir. Je pris aussi mon brassard, celui que j'avais dissimulé à Peter, et le cachai dans mon manteau afin de pouvoir porter avec fierté tous mes blasons le moment venu. Au bout de deux heures de préparatifs, j'étais d'une élégance parfaite. Beau comme neuf, et j'attendais dans l'entrée pendant que Peter terminait sa toilette en haut. Lorsqu'il descendit, il me jeta un regard en disant :

— Mais où vas-tu comme ça ?

— Heu ! c'est le défilé pour le jour d'ouverture au public, répondis-je tandis qu'un horrible nœud se formait déjà dans mon estomac.

Il savait parfaitement quel jour on était !

— Mais non, tu ne vas nulle part, dit-il d'un ton désinvolte. Remonte te changer.

Là-dessus, il tourna les talons pour aller jusqu'à la cuisine.

Je serrai les poings tandis qu'une vague de colère déferlait en moi. Ma déception était telle que j'aurais pu en pleurer, mais je n'allais certainement pas offrir cette satisfaction à Peter. Chaque fois que je voulais quelque chose, chaque fois que quelque chose aurait pu me donner du plaisir, qu'il s'agisse d'un yo-yo ou de participer aux cadets, il le sabotait.

Je ne lui pardonnai jamais pour ce jour-là, d'autant que je pense que les cadets ne me l'ont jamais pardonné non plus.

En dépit de sa cruauté une fois la porte refermée, Peter continuait à se métamorphoser en Dr Jekyll dès qu'il y avait d'autres personnes présentes, si ce n'est pour les gamins du quartier après lesquels il gueulait par-dessus la haie dès qu'il les voyait approcher de sa voiture. Heureusement pour moi, il les rendait souvent responsables de ce que je faisais pour saboter sa précieuse automobile.

Peter adorait se pavaner devant ses amis et ses voisins pour les épater avec ses « accomplissements ». Un jour où il évoquait les invités du barbecue qu'il prévoyait d'organiser le week-end suivant, il déclara avec un sourire rusé :

— J'ai entendu dire que tu avais une petite amie, Paul.

Je haussai les épaules. Je voyais effectivement une jeune fille de treize ans appelée Michaela. Elle était aussi chez les cadets. Tout cela restait purement innocent. J'étais juste content qu'elle me manifeste un peu d'attention, tout comme j'étais sûr que, si elle m'avait rencontré à l'école, elle m'aurait trouvé bizarre et pas du tout à son goût.

Heureusement, chez les cadets, j'étais un excellent tireur et un jeune engagé compétent que bon nombre de gens respectaient.

— Pourquoi ne l'inviterais-tu pas à notre barbecue de samedi ? proposa Peter.

J'aurais dû y réfléchir à deux fois, mais j'étais content à l'idée qu'elle vienne, et je ne me fis pas prier pour lui demander de venir.

Le matin du barbecue, Peter passa des heures à aller acheter la viande, puis à sélectionner les morceaux de musique. Bien entendu, tout le travail supplémentaire nous revenait, à Terrie et à moi, et il nous ordonna de nettoyer toute la maison à deux reprises. D'ailleurs, je ne cessai d'être surpris de la quantité d'efforts qu'il mettait à préparer de la nourriture pour ses invités. Je passai toute la matinée à enfiler des cubes de légume et de viande sur des brochettes en bambou pour composer une montagne de kebabs, la grande spécialité de maman.

— Allez, espèce de feignants ! s'exclama Peter une heure avant l'arrivée du premier invité. Je veux que le verre de chacun soit toujours plein à ras bord. Vous avez compris ? Je vais filmer toute la journée au cas où vous auriez une minute d'inattention. Je veux aussi que la vaisselle soit faite, et les poubelles, sorties dès la fin de la journée. Compris ?

Vers midi, les invités commencèrent à arriver. Michaela m'embrassa timidement sur la joue. C'était une fille adorable ! Peter l'accueillit chaleureusement et la conduisit dans le jardin pour aussitôt se mettre à bavarder avec elle sans cesser de la dévisager de haut en bas de ses yeux porcins.

— Hé ! Michaela ! lança-t-il en montrant les petits pains posés sur un plateau au pied du barbecue. Tu peux me passer ça, s'il te plaît ?

Michaela se baissa aussitôt, et Peter en profita pour se tordre le cou afin de plonger ses yeux droit dans son décolleté. Mortifiée, d'autant qu'elle ne portait pas de soutien-gorge, Michaela se releva d'un bond en serrant l'encolure de son tee-shirt contre elle.

— Hé ! dit-elle d'un ton agacé.

Elle rougit alors que Peter éclatait de rire.

— Ne m'oblige pas à te pousser à bout, dit-il d'une voix mielleuse.

« Quel pervers ! » pensai-je. Michaela mangea très peu (je suppose qu'elle se sentait profondément humiliée) et, comme Peter m'obligeait à courir partout pour exécuter ses ordres, j'eus à peine le temps d'échanger quelques mots avec elle, sans parler de lui présenter mes excuses. Rapidement, elle annonça qu'elle était désolée, mais qu'elle devait partir.

Par la suite, elle ne me donna plus aucune nouvelle d'elle.

Plus tard, dans la soirée, Peter visionna le film qu'il avait tourné dans la journée et nous accusa de ne pas avoir rempli assez vite les verres des invités. Nous récoltâmes donc cinq cents lignes chacun : « Je dois faire ce que Peter dit et veiller à ce que les invités aient toujours à manger et à boire. » Il me vint une idée ingénieuse qui consistait à attacher ensemble deux stylos avec du ruban adhésif pour aller plus vite, mais Peter me surprit à tricher et m'obligea à tout recommencer.

Ce soir-là, je fus envoyé au lit tôt. Peter adorait mettre des punitions en place, parfois pendant une semaine entière lorsqu'il était d'humeur. Par chance, j'avais une torche et je pouvais lire toute la nuit, parfois jusqu'au petit matin. Il fallait toujours que je reste aux aguets, l'oreille tendue au cas où j'entendrais son pas dans l'escalier.

Peter m'avait surpris à plusieurs reprises et, la première fois, je me contentai de fourrer le livre sous le drap, mais Peter avait arraché couverture et drap pour faire apparaître l'objet du délit. La fois suivante, je glissai le livre sous le matelas, mais, comme il ne le trouvait pas sous les draps, il souleva le matelas, et j'eus évidemment droit à une raclée en règle.

Depuis, j'avais élaboré un plan un peu plus malin : je laissais traîner une pile de vêtements de l'autre côté de ma chambre afin que mon livre y atterrisse sans bruit. Dès que j'entendais craquer les marches, je le lançais jusqu'à sa piste silencieuse. Ensuite, il ne me restait plus qu'à attendre que Peter démonte le lit pour se retrouver bredouille.

Cette nuit-là, je lus jusqu'à ce que je n'entende plus un seul bruit dans la maison. Vers une heure du matin, lorsque je fus certain que tout le monde était plongé dans le sommeil, je me coulai par la fenêtre de ma chambre, courus jusqu'à la voiture de Peter et jetai dans les fourrés le L magnétique indiquant qu'il était moniteur de conduite. Le lendemain matin, il devrait commencer sa journée en jouant à cache-cache avec sa plaque !

J'étais cependant constamment épuisé. Sauf lorsque je dormais, ce qui était parfois impossible à cause de toute la tension que je subissais, mon cerveau était en constante ébullition. C'était comme de jouer en permanence aux échecs, où il fallait conserver toujours dix coups d'avance sur l'adversaire. Je savais que Terrie en subissait de drôles aussi. Ce soir-là, pendant que nous nous brossions les dents, nous échangeâmes nos derniers tourments.

— Je n'en peux plus, Terrie, admis-je. Honnêtement, je crois que nous avons atteint la limite.

Elle cracha le dentifrice et se rinça la bouche avant de me répondre :

— Un jour, nous serons assez grands pour pouvoir partir.

— Oui, mais cela t'arrivera plus vite qu'à moi, rétorquai-je en élevant la voix.

J'aimais ma sœur, mais j'aurais voulu avoir son âge. La douleur dans ses yeux me rappela une fois de plus à quel point elle m'aimait aussi, mais je n'avais pas l'impression que c'était assez. Je savais qu'un jour, elle me quitterait, et, ce soir-là, j'allai me coucher plus déprimé que jamais. Je demeurai éveillé pendant des heures, à me demander comment je pourrais m'échapper. À la pensée de tout ce que Peter m'avait obligé à faire au cours des cinq dernières années – le harcèlement, les joutes mentales, la liste interminable de corvées, sans parler des raclées et des incidents où j'avais frôlé la mort – cela me rendait triste, mais, pire que tout, c'était que, potentiellement, je devrais subir encore cinq années de ce régime. Ce n'était pas possible. Je ne pourrais pas le supporter. Il devait y avoir une autre solution, un endroit où je pourrais trouver un peu de paix et me détendre. Un endroit où je pourrais être un adolescent normal.

Le problème, c'est que je ne voyais pas où ! Je n'avais personne vers qui me tourner pour demander conseil. Peu importait la longueur du tunnel, je continuais à avancer, mais je ne voyais aucune lueur. À présent, avec la perspective du départ prochain de Terrie, l'idée de me retrouver seul dans cet enfer n'était pas envisageable.

Il me semblait que je n'avais désormais guère qu'une échappatoire.

À l'école, j'avais entendu dire qu'il ne fallait pas manger les baies rouges des ronciers qui poussaient en masse dans notre lotissement parce qu'elles étaient toxiques. Le jour suivant, après les cours, épuisé, déprimé et terrifié à l'idée de retourner à la maison, j'en cueillis autant que je pus.

Sans réfléchir, tout en continuant à me diriger vers la maison et en balançant mon sac sur mon bras, je les mangeai une par une, puis plusieurs à la fois, par poignées, jusqu'à ce que mes joues soient gonflées comme celles d'un hamster. Les baies avaient un goût amer et répugnant qui avait un côté rassurant dans le sens où cela devait prouver qu'elles provoqueraient des dégâts suffisants. Croisant les doigts, j'en cueillis encore quelques poignées pour les réserver pour plus tard.

La nuit même, j'écrasai le reste des baies dans un verre et j'avalai le jus d'un trait, puis, je me laissai aller contre l'oreiller en souhaitant que la paix vienne vite.

Plus de Peter. Plus de coups. Terminé avec son haleine empestant le café. Plus de séances de garde-à-vous pendant des heures. Plus de terreur. Pour finir, je somnolai, et tout devint sombre et agréable. Des heures plus tard, je me réveillai pour découvrir le soleil luisant à travers mes rideaux. Je tournai alors le visage contre mon oreiller et je me mis à pleurer des larmes inconsolables. Je n'arrivais plus à surmonter mes émotions. Tout ce que je voulais, c'est que cette situation prenne fin. Était-ce vraiment trop exiger ?

Après tout ce que Peter m'avait fait, je savais que je ne pourrais pas en supporter une minute de plus, pas un autre jour dans cet enfer. Soudain, j'entendis le réveil et je me levai d'un bond. Si je n'étais pas assez rapide, Peter trouverait encore un moyen de me punir pour mon retard. Je n'avais pas le choix et je me mis en route, même si je n'étais absolument pas prêt à affronter une nouvelle journée.

En titubant, je me précipitai dans la salle de bains pour me laver les dents. Dans le miroir, au lieu du jeune garçon que j'aurais dû y voir, je ne voyais que le reflet d'un vieil homme. Les baies n'avaient donné aucun résultat. Tant pis, je trouverais autre chose. « Paul, tu as survécu jusqu'ici ; alors, tu peux peut-être traîner encore un peu dis-je à mon reflet. Ça ne peut pas durer éternellement. »

La voix de Peter se fit entendre depuis le rez-de-chaussée.

— Tu as une minute de retard sur ton planning, Paul ! hurlait-il. Descends prendre ton petit-déjeuner ou je te frictionne le dos.

La colère me nouait le ventre. Peter ne pouvait pas gagner. Il n'allait pas gagner. Je ne devais pas le laisser gagner.

Il ne gagnerait pas.

21

La liberté du travail

Terrie

Peter ne cessait de me harceler sur ce que j'avais l'intention de faire pour gagner de l'argent après le lycée. Moi, j'aurais voulu continuer mes études, mais maman ne pouvait guère se le permettre. Ce n'est pas tant que je n'avais aucune idée de ce que je voulais faire, mais cela faisait depuis si longtemps qu'on me martelait la tête à me dire que j'étais stupide et inutile que j'avais fini par le croire.

— À présent que tu as presque seize ans, il faut que tu participes aux frais de la maison ! rugissait-il sans relâche.

Quelle hypocrisie ! Il n'avait participé en rien aux frais de la maison depuis des années. Pourquoi s'en tirait-il toujours ?

Toutefois, quelques semaines après mes examens de fin de lycée, je décrochai un travail tous les samedis comme caissière au supermarché Tesco. Le matin de mon premier jour, Peter me prit à part :

— N'oublie jamais une chose, Terrie : chaque penny compte. Chaque penny doit être justifié.

Comme si j'allais oublier une chose pareille ! À mon

arrivée au supermarché, un responsable me conduisit à ma caisse pour m'expliquer comment elle fonctionnait. Cela me parut très simple et, une fois seule, je réfléchis un instant pour m'imprégner de cette nouvelle position. Pour n'importe qui, ce qui aurait été un job ennuyeux et terre à terre représentait pour moi bien autre chose. Je pouvais enfin rester tranquillement assise pendant six heures, six heures entières loin de Peter et de ses violences. Pour moi, être caissière était un véritable bonheur. À la fin de la première journée, je me sentais vivre pour la première fois depuis des années. Et j'attendais déjà le samedi suivant avec impatience.

Le responsable me proposa de travailler davantage et j'acceptai toutes les heures que je pus obtenir. Tout sauf rester à la maison ! Bientôt, je travaillai de neuf heures à vingt et une heures, du lundi au samedi, et je décrochai même quatre heures et demie le dimanche. D'autres filles du lycée vinrent aussi travailler chez Tesco, mais je préférais faire comme si elles n'existaient pas. Au travail, c'était différent de l'école parce que nous étions sur un pied d'égalité.

Je gagnais environ quarante-cinq livres par semaine, dont la moitié devait payer ma pension à maman, mais cela ne me gênait pas. Puis, Peter décida des parts qui devaient aller sur mon compte épargne. Il exigea également que je lui donne mon planning dans les moindres détails et consigna soigneusement les horaires dans son agenda.

Une nouvelle vie commençait, mais Peter se débrouillait toujours pour me rappeler que je ne lui avais pas échappé. Souvent, il passait au magasin sous prétexte d'acheter du lait ou du thé, et il faisait la queue à ma caisse en me fixant en silence tandis qu'il me tendait le montant exact de la facture. Ses yeux ne quittaient jamais mon visage, même quand je lui tendais le reçu.

Souvent, j'apercevais aussi sa silhouette en train de rôder de l'autre côté des portes vitrées lorsque j'occupais la caisse de ce côté-là. Un jour, Teresa, qui s'occupait des annonces par haut-parleur, me raconta qu'un homme était venu se renseigner à mon sujet.

— De quoi avait-il l'air ? demandai-je.

— Cheveux noirs, gras, haleine de cheval, dit-elle.

— Oh ! c'est mon beau-père, alors. Que voulait-il ?

— Tes horaires de travail.

— Tu ne peux pas lui dire que tu n'as pas le droit de lui communiquer cette information ? demandai-je.

Elle hocha simplement la tête, mais je décelai dans ses yeux une pointe de soulagement.

— Aucun problème, Terrie.

Je m'éloignai en souriant, comme propulsée par une bouffée de triomphe. Après tout ce temps, les choses étaient vraiment en train de changer. Peter me dominait de moins en moins et, même si je ne pouvais encore envisager de partir de la maison, mon travail m'offrait une lueur d'espoir. Oui, c'était possible : les choses allaient pouvoir changer !

Quelques mois après mes débuts chez Tesco, je me réveillai courbatue et souffrante parce que Peter m'avait violé avec plus de perversité encore qu'à son habitude pendant que maman et Paul étaient partis rendre visite à Nany et Papy. J'avais souffert le martyre toute la semaine et j'avais du mal à m'asseoir devant ma caisse. Je n'avais pas abandonné l'idée de faire une fugue, mais, à présent que j'avais un travail, l'idée s'était transformée en véritable obsession.

Lors de la pause-déjeuner, j'avais raconté à Tracey, une fille avec laquelle je m'étais liée d'amitié au travail, à quel point Peter était violent avec moi. Je n'étais pas entrée dans les détails, car, à l'époque, on n'évoquait pas les abus d'ordre sexuel.

En outre, j'avais tellement honte, j'étais tellement gênée de savoir que cet homme s'en sortait malgré tout ce qu'il me faisait ! Comment pouvais-je raconter mon histoire ? Elle paraissait incroyable. Cependant, Tracey m'avait écoutée pour finir par me proposer une solution.

— Pourquoi ne viendrais-tu pas vivre avec moi ?

J'en eus le souffle coupé.

— Vraiment ? Tu crois que ce serait possible ?

— Pourquoi pas ? Demain, tu mets quelques affaires dans un sac et tu viens chez moi.

Le soir, en rentrant, je mis mon plan à exécution. Comme on était un vendredi, jour de paie, j'allai récupérer mon argent de la semaine, je postai ma pension pour maman et me précipitai jusque chez Tracey, un peu plus bas dans la rue qui longeait le parc.

J'étais tellement soulagée d'arriver chez elle. Tout ce dont j'avais besoin, c'était de quelques semaines de répit pour planifier ce que je ferais ensuite. Toutefois, lorsque la mère de Tracey fut de retour, il s'avéra qu'elle n'avait pas du tout les mêmes idées que sa fille.

— Tu peux rester une nuit, pas plus, dit-elle. Nous ne pouvons pas nous permettre de te garder plus longtemps.

À peine arrivée, je me sentais déjà comme un poids de trop. Tracey n'osa pas me regarder en face de toute la soirée, mais, le matin suivant, j'avais compris que cela ne marcherait pas. Je remerciai sa mère et filai à la maison.

À peine la porte franchie, Peter me donna une claque de tous les diables.

— N'imagine pas une seule seconde que tu peux recommencer ce genre de choses ! hurla-t-il.

Malgré cela, quelques semaines plus tard, je fis une nouvelle tentative. Cette fois, c'était Sally, une autre fille de chez Tesco, qui m'avait proposé de m'installer chez elle, c'est-à-dire dans le squat où elle vivait. Il ne fallut cependant pas plus d'une heure pour que Peter découvre où j'étais et qu'il vienne m'y chercher, me poussant dans la voiture avant de claquer la portière tandis que le moteur n'avait pas cessé de tourner.

Quand je rentrai à la maison, maman était sur le canapé, en train de pleurer, un mouchoir en papier en miettes entre les mains. Récemment, elle avait souffert d'une crise aiguë d'hémorroïdes et elle avait passé des journées entières à déprimer. En dépit de tout, j'étais désolée pour elle.

— Terrie, sanglota-t-elle, les choses sont-elles si dures ici que tu as envie de nous quitter à ce point ? Julie, la fille de ton travail, a téléphoné pour dire que tu racontais à tout le monde que Peter te battait. Pourquoi ferais-tu une chose pareille ?

Je lui lançai un regard incrédule. Comment pouvait-elle croire une seule seconde que Peter ne me frappait pas ? Elle l'avait vu faire ou entendu à plusieurs reprises ! Il l'avait même frappée, elle ! Nous nagions en pleine folie pure. Incapable de réagir, je me contentai de rester assise sans rien dire en pensant à la manière dont Peter se vengerait par la suite.

— En plus, ta mère a été malade, ajouta-t-il d'un ton de reproche comme s'il se souciait principalement de la santé de ma mère.

Lors de la séance suivante de viol, il fut encore plus vicieux. Comme d'habitude, il avait aligné sa collection d'armes à côté du canapé.

— Je parie que tu n'auras plus envie de faire de fugue à présent, dit-il en riant tandis que je hurlais de douleur.

J'avais à nouveau l'impression qu'il n'y aurait jamais de porte de sortie. Jamais.

Au travail, je me montrais toujours gaie et enthousiaste, prête à bavarder et à m'intéresser à la vie de mes collègues, ce qui faisait que les gens m'aimaient bien et que j'étais souvent invitée. Au début, je n'y allais pas, mais, un jour, je rassemblai tout mon courage pour demander l'autorisation à Peter et, à ma grande surprise, il accepta. Aussitôt, j'imaginai qu'il ne me permettait d'y aller que parce que j'avais déjà essayé de lui échapper deux fois. Peut-être se disait-il qu'un peu de liberté me passerait l'envie de filer…

— Cependant, ajouta-t-il à la dernière minute, il te faut demander la permission de sortir au moins une semaine à l'avance.

— D'accord.

Nous allions dans les boîtes de nuit, et j'étais stupéfaite de voir que les gens semblaient apprécier ma compagnie. Je passai ainsi de nombreuses soirées à danser, à jouir de ma liberté, même s'il fallait toujours que je sois rentrée pour vingt-deux heures tapantes, sauf quand j'en avais obtenu l'autorisation la semaine précédente. En général, pour obtenir cette autorisation, je devais me mettre entièrement nue devant sa caméra. De plus, il m'avait prévenue que, si j'avais une seule seconde de retard, la porte serait verrouillée.

Un jour, un garçon du nom de Patrick, qui travaillait dans les hangars, vint me faire la conversation. Il était adorable avec ses cheveux foncés et son sourire espiègle.

— Mon copain Kerry m'a envoyé pour te demander de sortir avec lui, dit-il, mais, en fait, je vais te le demander pour moi. Je te trouve absolument superbe.

Je rougis furieusement, incapable de savoir où poser mes yeux. Jusqu'alors, les garçons ne m'intéressaient pas, et je n'arrivais pas vraiment à croire ce que j'entendais. Comment était-il possible que je plaise à qui que ce soit ? Je me sentais invisible. En outre, je n'avais aucune idée de la manière dont Peter réagirait ; après tout, n'étais-je pas sa propriété ? D'une certaine manière, j'arrivai cependant à esquisser un sourire sans avoir l'air trop surpris.

— C'est à voir, me retrouvai-je en train de répondre.

Patrick n'était pas du genre à abandonner et, lorsqu'il me proposa d'aller au cinéma, j'acceptai. Prétextant de devoir travailler plus tard, je filai sans demander mon reste. Pendant le film, Patrick me tint la main et, à la fin, il me donna un baiser poli. Cela semblait trop beau pour être vrai.

Très vite, nous devînmes inséparables. Un soir, il me demanda si je voulais bien le rejoindre dans un night-club local avec certains autres collègues de travail. Un club du nom de Cendrillon ! Sachant qu'il fallait que je demande l'autorisation à Peter, je répondis que j'allais y réfléchir. Je n'avais toujours pas parlé de Patrick à Peter, mais je me dis qu'il valait mieux asséner toute la nouvelle d'un coup plutôt qu'il ne découvre ce qui se passait de lui-même.

— Peter, je voulais te demander si cela t'ennuierait que j'aie un petit ami ! lançai-je un soir en lui apportant son café devant la télé.

Il leva les yeux vers moi au-dessus de ses lunettes.

— Quoi ?

— Ben, il y a un garçon qui m'a demandé de sortir avec lui. Il travaille chez Tesco.

— Quel âge a-t-il ?

— Dix-sept ans.

Peter se frotta le menton avant de répondre.

— Ouais, d'accord.

Sous le choc, je faillis laisser tomber le café.

— N'oublie cependant pas que tu devras continuer à faire ce que je veux, n'est-ce pas ? prévint-il.

J'acquiesçai en haussant les épaules. Dieu que je le haïssais.

— Ouais…

— Ouais ? Tu veux dire « ouiiiii », me siffla-t-il dans l'oreille. Dis « oui » !

— Oui, Peter, soupirai-je.

— Oui, Dieu ! répliqua-t-il.

Lors de nos premières sorties, je revenais toujours quelques minutes avant l'heure, mais, comme il fallait s'y attendre, mon taxi fut pris un soir dans les encombrements. J'étais en retard et, évidemment, Peter m'attendait derrière la porte, bouillant d'impatience de me punir.

— Tu as deux minutes de retard ! pesta-t-il en empoignant mes cheveux.

Après quelques claques, il me donna des coups de poing dans l'estomac avant de m'envoyer me coucher.

J'appris vite à peser le poids de mon retard par rapport aux conséquences : par exemple, si j'avais deux minutes à une demi-heure de retard, j'avais droit à quelques coups de poing. Ainsi, il était aussi simple de profiter de la demi-heure en plus : je savais que j'aurais droit à la punition de toute façon.

Un jour que je rentrai très tard, vers vingt-trois heures trente, je trouvai la porte verrouillée et la maison silencieuse. Il pleuvait et je savais que j'allais avoir droit à un retour terrible, mais, en fait, je fus presque soulagée de constater qu'il s'était contenté de m'enfermer dehors.

Je passai par-dessus le portail, longeai la maison et me glissai dans l'abri du fond du jardin. Tremblante de froid, je dénichai un morceau de bâche et m'allongeai dessous, sur le sol dur. La vérité, c'était que je me sentais plus en sécurité loin de Peter. En dépit des araignées et des courants d'air, je dormis mieux cette nuit-là dans l'abri que depuis des siècles.

Alors que notre relation devenait de plus en plus sérieuse, je « perdis ma virginité » avec Patrick lors d'une soirée dans la maison d'amis à nous. Je n'ignorais certes rien des rapports sexuels, mais, avec Patrick, la chose paraissait à des années-lumière de la perversion de Peter. Cette nuit-là, avec Patrick, l'amour fut doux et tendre, au point que je ne pensai pas une seule seconde à Peter.

Ensuite, Patrick me tint serrée dans ses bras et m'avoua qu'il m'aimait. J'eus l'impression d'avoir gagné le paradis.

Hélas, quelques jours plus tard, Peter me demanda si j'avais déjà couché avec Patrick. Une part de moi refusait de répondre, mais une autre part ne se sentait pas assez brave pour mentir. Je lui confiai donc la vérité.

Peter me viola peu après en me disant qu'il ne fallait pas que je me fasse des idées : je lui appartenais toujours.

— Tu n'es qu'un sale pervers ! hurlai-je, mais mes insultes rebondissaient sans effet sur sa peau crasseuse de pourri.

Au supermarché Tesco, les choses se passaient bien, et je fus transférée au rayon des vins et spiritueux, mais Jean, une des déléguées syndicales, en fit toute une affaire parce que je n'avais pas dix-huit ans, et je fus donc transférée cette fois au rayon boulangerie, ce que j'adorais.

Pour la première fois de ma vie, je n'avais plus jamais faim. Les garçons du rayon boucherie nous donnaient parfois des steaks, et nous nous retrouvions, à quatre heures du matin, à manger des rouleaux à la viande hachée avant de commencer la journée. Jusque-là, j'avais toujours été mince comme un haricot, mais je commençai à prendre du poids.

Ce que je préférais, c'étaient les petits pains à l'ail tout chauds sortis du four et les beignets. Le supplément de nourriture me donnait davantage d'énergie et je commençai à me sentir mieux que jamais. L'aspect le plus positif de ce nouveau poste était qu'il s'agissait d'un emploi dont les quarts changeaient sans cesse, ce qui me donnait encore plus de liberté.

Je pouvais dire à Peter que je devais travailler plus tôt ou plus tard, et il consignait ce que je lui disais dans son agenda sans chercher à vérifier. Ainsi, certains matins, je prétendais que je devais commencer à six heures alors que ce n'était en réalité qu'à huit heures. Je pouvais aller à pied au travail et économiser les deux livres que m'aurait coûtées le taxi. Pendant un temps, j'essayai d'accumuler les heures de travail uniquement pour demeurer loin de la maison aussi longtemps que possible.

Bien que Peter ne parût pas me reprocher de voir Patrick, il cherchait par tous les moyens à me faire comprendre (et pas seulement à moi) à qui j'appartenais.

Un après-midi, après une séance de tournage particulièrement dépravée au cours de laquelle il m'avait violée avec un couteau à découper, il brandit un rasoir jetable.

— Écarte les jambes, ordonna-t-il.

Il se pencha pour raser entièrement mon pubis. Je fermai les yeux aussi fort je le pus en essayant de faire comme si mon corps ne m'appartenait plus. À présent, lors de ce genre d'occasions, je réussissais à me détacher totalement de mon corps, comme si j'étais juste un mannequin dont la seule tâche consistait à rester tranquille et à se laisser manipuler jusqu'à ce que tout soit terminé.

— Voilà ! clama-t-il d'un air extrêmement satisfait.

Je ne fis aucun commentaire, me contentai de m'épousseter et de me lever pour me rhabiller.

— Je te hais ! Je te hais !

Mes cris semblaient tellement dérisoires ! J'étais assez âgée pour ne plus aller à l'école, pour travailler et disposer d'un semblant d'indépendance, mais je n'étais encore, aux yeux de Peter, qu'un jouet sexuel impuissant. *Son* jouet sexuel. *Sa* propriété. Et je n'en voyais absolument pas la fin.

22

Un pas en avant, deux pas en arrière

Terrie

À présent que Peter avait moins de contrôle sur mes activités quotidiennes, il inventa de nouvelles idées pour passer du temps seul avec moi. Il déclara qu'il voulait m'apprendre à conduire, ce qui, pour tout le monde, était encore un bon point pour lui.

— Tu me donneras un billet de cinq par leçon, plaisanta-t-il.

Je ne fis aucun commentaire. La plupart des adolescents auraient sauté sans hésiter sur une telle perspective, mais je savais ce que cela signifiait : une autre excuse pour se retrouver seul avec moi. Dans le coin, Peter était considéré comme un bon moniteur, particulièrement patient, mais, avec moi, il fut dès le départ agressif et furieux chaque fois que je commettais une erreur. Avant le début de la leçon, Peter installait sa caméra à l'intérieur de la voiture, encore pour saisir la moindre seconde de mes tourments. Nous démarrions, et je m'emmêlais déjà les pieds avec les pédales.

— J'ai dit : « Freine avec le pied droit », putain ! hurlait-il en me frappant le bras.

Je fus bientôt secouée de frissons.

— Tu n'es vraiment qu'une saleté d'idiote, commenta-t-il.

En roulant, sans cesser de trembler, j'essayais de me concentrer sur l'endroit où je devais mettre mes mains et mes pieds, et Peter se mit à se pencher vers moi pour me tripoter. Puis, il glissa la main sous ma jupe et dans ma culotte.

— Concentre-toi ! tempêta-t-il lorsque je calai.

Nous prenions ainsi des leçons plusieurs fois par semaine et, malgré les hurlements de Peter, je fis de rapides progrès. Mais, alors que mon assurance en matière de conduite augmentait, ses agressions empirèrent, et il ne cessait de filmer la moindre minute.

Lors de l'une de nos dernières leçons, Peter emporta sa caméra vidéo pour commencer par me filmer en train d'exécuter un créneau. Puis, il dirigea le viseur vers mes hanches pendant qu'il glissait l'autre main dans ma culotte.

— Dégage, espèce de sale pervers ! grinçai-je.

Tout ce que j'espérais, c'est qu'une autre voiture s'arrêterait, un véhicule de police, par exemple.

— Reste tranquille, je veux juste faire un bon shooting.

Ensuite, il descendit son pantalon.

— Allez, baisse la tête, insista-t-il.

Il eut ce qu'il voulait avant de couper la caméra.

— OK, reprit-il. Il faut que nous revoyions un peu ton demi-tour.

J'étais tellement déterminée à réussir mon permis dès la première fois que je le passai avec seulement dix leçons. Le soulagement de savoir que Peter ne pouvait plus utiliser le prétexte de m'apprendre à conduire pour passer du temps seul avec moi fut incroyable.

Ce qui ne l'empêchait pas de vérifier tout ce que je faisais pendant les heures où je n'étais pas à la maison. Un soir, je quittai le boulot en compagnie de Patrick à dix-huit heures. J'avais dit à Peter que mon service se terminait à vingt heures afin de disposer de deux heures de liberté avec Patrick. Or, lorsque nous nous approchâmes des portes vitrées, j'aperçus la silhouette de Peter.

— Où vas-tu ? lança-t-il sèchement avec l'air ravi de m'avoir prise sur le fait. Tu es censée terminer à huit heures !

— Hum, bafouillai-je en réfléchissant à toute vitesse. En fait, c'est l'heure de ma pause et j'allais prendre l'air.

Peter me dévisagea ; Patrick s'excusa et partit. Nous attendîmes que Peter disparaisse avant de nous retrouver au coin du magasin. Une fois de plus, je l'avais échappé belle !

Chaque fois que je rentrais à la maison, je devais faire particulièrement attention à ce que je racontais. Souvent, j'avais passé la journée avec les autres employées, à taquiner les garçons ou à nous moquer des clients. On s'amusait comme des fous.

Dès que je passais le seuil de la maison, je plaquais un masque de tristesse sur mon visage en veillant à conserver une apparence tranquille et boudeuse.

Lorsque Peter me surprenait de bonne humeur, il se lançait dans une véritable inquisition, exigeant des corvées supplémentaires ou me réprimandant pour une chose ou une autre. Il ne supportait pas que je sois heureuse et insouciante.

Un jour, au travail, je passais devant le comptoir de la boulangerie lorsque je m'accrochai la jupe à un coin aigu et qu'elle se déchira.

— Oh ! merde ! m'exclamai-je en riant.

Le trou était si grand qu'on pouvait voir ma culotte. Mes collègues s'en aperçurent, et nous fûmes pris de fous rires. Puis, quelqu'un apporta un tablier en disant :

— Tiens, voilà de quoi couvrir ta pudeur !

Sans cesser de rire, j'enveloppai le tablier autour de

moi. La journée passa ensuite comme un éclair, et il fut bientôt l'heure de rentrer à la maison. Maman était déjà de retour et, comme Peter n'était pas dans la pièce, je lui racontai ce qui m'était arrivé.

— Tu ne vas pas croire à quel point le trou dans ma jupe est énorme, dis-je en riant.

Elle se joignit à moi pour rire aussi, mais, soudain, Peter apparut à la porte.

Visiblement, il avait espionné toute notre conversation.

— Oooh ! tu as un trou dans ta jupe, hein, Terrie ? Montre-moi donc un peu ça.

Il souriait, mais son sourire était des plus sinistres. Je laissai échapper un soupir. C'était tellement caractéristique de sa part de remarquer un truc pareil, ce pervers ! Je fis tourner ma jupe autour de ma taille pour lui montrer le trou.

— Non, ordonna-t-il, ne tourne pas ta jupe. Laisse-la exactement comme elle doit être. Toi, tu vas tourner pour que je puisse voir exactement où se trouve ce trou.

Il avait les sourcils relevés, comme s'il écarquillait les yeux d'impatience. Les joues rouges, je commençai par refuser. Je ne voulais pas faire ce qu'il disait. Pas cette fois.

— Non ! m'écriai-je. Je n'ai pas besoin de me tourner. Tu peux très bien voir le trou comme ça.

— Bien sûr que tu vas faire ce que je dis, insista Peter en me regardant fixement. Ou tu devras te mettre au garde-à-vous, jeune fille, jusqu'à ce que tu fasses ce que je dis.

Je haussai les épaules.

— Ne te gêne surtout pas ! répondis-je.

Il m'entraîna de force dans le salon.

— Tiens-toi là, debout, les yeux droit devant, les bras sur les côtés, déclara-t-il, et ne t'avise pas de bouger ou tu auras de mes nouvelles !

Je me mis en position. Je n'allais pas montrer ma jupe

à ce salaud. J'avais pris ma décision. Je préférais subir la sanction. Il était seize heures vingt lorsque je me mis en place. Je gardai les yeux rivés devant moi, plus résolue que jamais.

Les heures passèrent. Depuis le temps qu'il nous punissait ainsi, je peux dire que je ne manquais pas d'entraînement. Après une longue journée de travail, j'étais lasse, mais les bouffées d'adrénaline me permirent de tenir. Vers onze heures du soir, maman déclara qu'elle en avait assez et disparut dans sa chambre pour aller se coucher.

Peter s'installa sur le canapé sans cesser de me dévisager.

— Pas encore fatiguée ? me taquina-t-il.

— Pas du tout, répondis-je sans un seul mouvement des yeux.

Finalement, Peter s'endormit. Un moment plus tard, j'entendis un bruit du côté de la porte. Je me glissai silencieusement pour l'ouvrir. C'était Paul qui m'apportait un verre d'eau et un sandwich au fromage. J'avalai le tout le plus vite possible avant de serrer mon frère dans mes bras. Puis, je repris tout aussi discrètement ma place sur la moquette.

La bête n'avait pas cessé de ronfler comme un sonneur. Je restai debout jusqu'à cinq heures du matin, alors que le jour commençait à se lever. J'étais éreintée, mais il fallait encore que je me prépare pour aller travailler.

— Fais-moi un café avant de partir, ordonna Peter de sa voix sèche et grinçante.

Sans lui accorder un regard, je me dirigeai vers la cuisine, mis la bouilloire en route, lui fis une tasse de café à laquelle j'ajoutai mon sucre laxatif et la lui apportai.

— Et n'oublie pas ton emploi du temps !

Je fis tout ce que j'avais à faire, y compris les tâches en plus que j'avais personnellement ajoutées à ma liste, à savoir frotter sa brosse à dents sur le pourtour interne de la cuvette des toilettes et desserrer les coutures de ses vêtements mis à sécher. Enfin, je partis travailler, soulagée d'être sortie de cette maison.

Hélas, j'aurais dû savoir que cela ne servait à rien de lui résister. Il n'allait pas tarder à me le rappeler. Un jour que je rentrais tôt parce que j'avais commencé au petit matin, je le trouvai seul dans le salon, en train de m'attendre. Le cœur battant, je remarquai aussitôt la caméra.

— Viens ici ! tonna-t-il.

Je baissai les yeux vers la serviette pour vérifier quels outils il me réservait cette fois, et ce que je découvris me remplit d'une terreur incommensurable. Là, scintillant sous la lumière du salon, la carabine à air comprimé de Peter brillait de tous ses feux.

— Non ! non ! hurlai-je aussitôt en reculant.

Peter ne fit qu'un bond et me donna une forte claque avant de me tirer vers le canapé.

— Retire tes fringues ! cria-t-il.

En sanglotant, j'enlevai mon uniforme de travail sans quitter l'arme des yeux, comme s'il s'agissait d'un serpent au venin mortel.

— Tu ne vas pas faire ça…, bafouillai-je.

Je n'arrivais pas à trouver mes mots tant l'idée me paraissait monstrueuse, même pour un être aussi dément que Peter.

— Mais bien sûr que si ! grimaça-t-il joyeusement. C'est la carabine qui va t'enfiler cette fois.

Les genoux flageolants, je m'assis, entièrement nue, sur le canapé. Tout mon corps était secoué de tremblements. Il en avait déjà supporté tant, mais comment allait-il affronter une chose pareille : c'était par trop sadique, trop cruel.

Je n'arrivais pas à penser à autre chose qu'au coup de carabine qui risquait de partir tout seul et j'avais envie de vomir de terreur.

— Ramasse-la et enfile-la ! ordonna Peter en commençant à filmer.

Sans cesser de trembler, je ramassai le canon en métal brillant et fermai les yeux. La bile monta dans ma gorge et je déglutis avec peine. La pensée que le coup puisse partir était insupportable, et j'essayai de ne pas visualiser les conséquences, même si les coups de carabine résonnaient déjà à mes oreilles.

Peter se rapprocha en enfonçant davantage le canon en moi.

— Bien profond ! claqua-t-il.

Je crus que j'allais m'évanouir de terreur, mais je fis ce qu'il demandait en veillant à ne pas frôler le cran de sécurité. Cela dura peut-être quelques secondes, mais j'eus l'impression qu'il s'écoulait des heures tandis que j'essayais d'obéir à Peter juste pour qu'il arrête. Lorsqu'il eut filmé toute la scène, son sourire de dingue sur le visage, il reprit la carabine en la dirigeant en l'air comme s'il se prenait pour Clint Eastwood.

— Maintenant, je vais te violer, dit-il.

Je sentis alors le déclic familier se faire dans ma tête, mes membres se relâchèrent et je me contentai de le fixer d'un regard meurtrier pendant qu'il montait sur moi.

— Va te faire foutre ! Je souhaite que tu meures, dis-je pendant qu'il se servait de mon corps.

J'étais complètement détachée. J'avais si mal que, cette nuit-là, j'eus grand-peine à trouver le sommeil. Chaque fois que je m'endormais, des images d'armes et de balles me réveillaient, et je ne cessais de faire des cauchemars au cours desquels le feu du canon explosait en moi.

Peter ne nous lâchait jamais la bride, et pas seulement pour l'argent.

Cet été-là, Tesco avait organisé un séminaire à Skegness, et Peter insista pour venir aussi avec maman et Paul. Je m'installai avec mes amis au fond du car et, heureusement, à notre arrivée, Peter emmena maman et Paul faire un tour.

Nous les croisâmes sur la plage. Comme toujours, Peter se baladait avec sa caméra. J'eus du mal à comprendre ce qu'il filmait jusqu'à ce que j'aperçoive des jeunes filles en maillot de bain, qui jouaient à monter sur des ânes.

« Putain de pervers », pensai-je une fois de plus.

Sur le trajet du retour, Peter ne me quitta pas des yeux. Chaque fois que je riais avec les autres, il fallait que je veille à mettre la sourdine. Je n'avais guère envie de payer les heures où je m'étais amusée à mon retour à la maison.

Comme il fallait s'y attendre, la nouvelle règle de Peter qui impliquait de déposer une autorisation une semaine à l'avance, par écrit, pour avoir le droit de sortir fut soumise à des modifications de dernière minute.

Une après-midi, je rentrai à la maison pour demander si je pouvais rejoindre mes collègues qui avaient prévu une excursion pour aller faire du patin à glace. Comme la sortie devait avoir lieu dix jours plus tard, j'espérais que cela serait amplement suffisant.

— Est-ce que les familles peuvent vous accompagner ? demanda-t-il.

— Pas cette fois, répondis-je.

— OK, mais est-ce que tu as ton carnet de comptes ?

Nous faisions toujours les comptes le vendredi, et, bien sûr, je ne l'avais pas pris ce jour-là, mais je me dis qu'il devait être quelque part dans ma chambre.

— Oui, je vais le chercher tout de suite.

Je fouillai partout avant de me rendre compte que le carnet n'était nulle part. Je réfléchis longuement à l'endroit où il pouvait se trouver pour en conclure que cela ne pouvait être que dans mon casier, au travail.

— Je le récupérerai demain, expliquai-je à Peter.

Mais, quand je cherchai dans mon casier, il n'y était pas

non plus. En proie à une panique grandissante, je fouillai à nouveau ma chambre en sortant tout des tiroirs et en regardant partout.

« L'aurais-je laissé tomber de mon sac dans le bus ? » me demandai-je. Cela ne me paraissait guère possible, mais je me sentais totalement impuissante.

— Je ne le trouve nulle part, admis-je finalement à Peter ce soir-là.

— Oh ! alors, tu ne pourras pas y aller, déclara simplement Peter. Tu sais que tu as besoin de ton carnet de comptes. Puisque tu l'as perdu, c'est comme ça !

Je bouillais de rage. J'avais tellement envie de sortir. Où avait bien pu passer ce fichu carnet de comptes ?

Toute la semaine, je réfléchis aux conséquences et je décidai que le jeu en valait la chandelle. J'allais participer à la sortie, passer un bon moment, et qu'importe ce qui se passerait à mon retour à la maison. Après le travail, nous allâmes jusqu'à la gare routière. Nous étions quatre, Patrick était de la partie, et tout le monde était enthousiaste. À notre départ de Tesco, je m'attendais presque à découvrir Peter en train de m'attendre derrière les portes vitrées et je ressentis un véritable soulagement de voir qu'il n'était pas venu.

Tout le monde bavardait avec animation, mais je n'arrivais pas vraiment à me mettre dans l'ambiance. Je scrutais les alentours, en quête d'un homme avec des lunettes et une moustache. Heureusement, en vain.

« Parfait, pensai-je. À présent, je n'ai plus qu'à me détendre et on verra après pour les conséquences. »

Je me précipitai dans le car en jetant des regards sur les sièges : aucun signe de Peter. J'aperçus des amis au fond et j'allai leur dire bonjour. Soudain, je sentis une main dans mes cheveux. Pas une main joueuse, non. On m'arrachait la tête. Je n'eus pas besoin de faire volte-face pour savoir à qui la main appartenait.

— Alors, tu croyais que tu pouvais t'en tirer comme ça, hein ? grinça Peter avant de m'entraîner par le cou jusqu'à la sortie du car.

— Aïe, Peter, tu me fais mal ! Arrête ! criai-je.

J'étais tellement gênée qu'il fasse ça devant tout le monde.

— Je t'ai bien dit que tu n'avais pas le droit d'y aller, déclara Peter.

Conscient que tout le monde autour de nous nous écoutait, il essayait de parler plutôt comme un beau-père autoritaire qu'un pervers sadique.

— Allez, on y va.

Tout le monde continua de nous regarder sans mot dire tandis que Peter me traînait jusqu'à sa voiture. Je me sentais humiliée, mais personne n'intervint. Pas même le chauffeur de l'autobus. Après tout, ils savaient que Peter était mon beau-père, et c'était moi qui avais l'air d'avoir tort.

Lorsque nous arrivâmes à la maison, maman nous attendait à la porte avec un air inquiet.

— Terrie a essayé de partir en voyage alors qu'elle ne le méritait pas ! tempêta Peter. Elle s'est montrée extrêmement désobéissante !

— Oh ! Terrie, quelle idiotie ! s'exclama maman. Qu'est-ce que tu as encore fait ?

— Elle a perdu son carnet de comptes, lâcha Peter. Parfait, elle sera donc privée de sortie pendant tout un mois.

Je me réfugiai dans ma chambre et je me mis à pleurer. J'avais rarement l'occasion de participer à des sorties aussi originales que le patin à glace. Non, ce n'était vraiment pas juste.

Deux jours plus tard, en rentrant du travail, je retrouvai mon carnet de comptes sur ma commode. Inutile de demander qui l'avait posé là !

Hélas, mon bonheur avec Patrick n'allait pas durer non plus. C'était un samedi, alors que je travaillais, que je m'en aperçus. Cela faisait plusieurs mois que nous sortions ensemble, et tout le monde savait que nous étions en couple. À l'heure du déjeuner, une des caissières vint me prévenir :

— Patrick se moque de toi, murmura-t-elle. On l'a vu embrasser une fille, hier soir, à l'arrêt de bus.

J'étais anéantie. Nous nous séparâmes en septembre 1986, mais nous nous remîmes ensemble juste avant Noël de la même année. J'avais du mal à laisser les gens m'abandonner, et je pardonnai volontiers à Patrick.

C'est alors que Peter me parla de son nouveau projet.

— Bien, je vais cacher une caméra dans le salon et je veux que tu le ramènes ici et que tu le baises sur le canapé pour que je vous filme, d'accord ?

Je hochai simplement la tête. J'étais tellement habituée au monde tordu de Peter que j'acquiesçai sans poser davantage de questions. Après tout, cela n'avait pas l'air si mal.

Le fait de faire l'amour avec Patrick, même sous les yeux de la caméra, était un million de fois moins douloureux que de subir les viols de Peter.

Je fis ce qu'il demandait. Je proposai à Patrick de venir à la maison un jour où tout le monde était absent. Je vérifiai que nous étions bien placés par rapport à la caméra, tandis que je commençais à le caresser. Il n'eut pas besoin de beaucoup d'encouragements et, pendant que nous faisions l'amour, je fis de mon mieux pour oublier que Peter allait se délecter du film. Une part de moi avait honte de faire une chose pareille (parce qu'il s'agissait bien d'un manque total de loyauté), mais l'autre part était presque soulagée de ne pas devoir subir les violences de Peter ce soir-là. En outre, je n'osais même pas imaginer ce qui se produirait en cas de refus de ma part. Peter me le ferait payer au centuple.

Quelques mois après notre réunion, Patrick me demanda s'il était mon premier. Il s'était dit que oui, car il savait que je n'avais jamais eu de vrai petit ami avant lui.

Ce jour-là, je regardai son adorable visage, ce visage qui me réconfortait tant, alors que quelque chose en moi mourait d'envie de ne pas lui mentir.

Nous étions assis sur l'herbe et je levai les yeux vers le ciel en espérant contre toute espérance que mon choix serait le bon.

— En fait, non, commençai-je en prenant une profonde inspiration. Tu n'es pas le premier. Peter me viole depuis que j'ai treize ans.

Je ne sais pas à quoi je m'attendais, mais sa réaction ne se fit pas attendre, et ce ne fut pas celle que j'espérais.

Il se releva d'un bond comme s'il avait reçu une décharge électrique.

— Quoi ? éructa-t-il, le visage tordu de dégoût, mais c'est horrible ! C'est écœurant, dit-il en reculant.

Les yeux noyés de larmes, je cherchai en vain les paroles qui pourraient expliquer quoi que ce fût pour arranger les choses, voire des paroles qui pourraient lui faire oublier ce que je venais d'avouer. Comme s'il était possible de les reprendre !

— Je suis désolée, dis-je simplement sans trop savoir pourquoi.

Oui, j'étais désolée. D'une certaine manière, il avait raison : j'étais écœurante. Sa réaction confirmait tout ce que Peter me serinait depuis que j'avais treize ans. Personne ne me croirait jamais et, le pire, c'est que tout le monde penserait que c'était ma faute. Même Patrick, un homme que j'aimais, me faisait perdre toute confiance en moi. Il me jetait cette confiance en pleine face. S'il m'avait donné un direct en plein ventre, je crois que j'en aurais moins souffert.

Il ne se retourna même pas. Je savais que tout était fini entre nous. Il n'eut pas besoin d'ajouter quoi que ce soit. Je regardai son dos disparaître dans le parc et, à cet instant, je me jurai de ne plus jamais confier mon secret à quiconque. J'étais plus seule que jamais. Si une personne qui affirmait m'aimer réagissait ainsi, qu'en serait-il des autres ? Je ramenai mes genoux contre ma poitrine et me mis à sangloter dans un véritable raz-de-marée de honte et de désespoir.

23

Le cycle de la vie

TERRIE

À mesure que mon dix-huitième anniversaire approchait, j'étais plus impatiente que jamais de m'enfuir. Je me disais qu'une fois légalement majeure, donc adulte, je pourrais partir, mais, pour le moment, dans la mesure où je continuais à verser la moitié de mon salaire à ma mère, je n'étais pas en position financière de faire quoi que ce soit. Sauf, peut-être, de partir en vacances. Pendant quelques mois, j'avais réussi à faire des économies que je ne mentionnais pas dans mon carnet de comptes, et je demandai donc à mon amie Tracey de venir avec moi à Torremolinos pendant quinze jours.

Bien que nous nous entendions bien, Tracey n'était pas des plus débrouillardes, et elle n'avait pas grande confiance en elle. Toutefois, pour être honnête, je dois dire que, en sa compagnie, son manque d'assurance me donnait, à moi, une assurance que je n'aurais pas eue avec d'autres.

Elle sauta sur l'occasion, et je versai des arrhes pour le voyage. Si je grappillais sur tout, je pourrais économiser un peu plus et j'aurais suffisamment d'argent pour me payer le séjour avec un peu d'argent de poche.

Au départ, je n'en parlai pas à maman ni à Peter, mais maman annonça soudain qu'elle prévoyait une grande fête pour mon anniversaire. Sceptique, ne serait-ce que parce qu'elle ne connaissait aucun de mes amis ou leur numéro de téléphone, je n'en tins pas compte.

— En fait, déclarai-je d'un air désinvolte, j'ai réservé un voyage avec une amie.

Les oreilles de Peter se dressèrent aussitôt sur sa tête.

— Vraiment ?

— Absolument, répondis-je d'un ton égal.

Je n'avais rien prévu comme réaction s'il m'ordonnait de ne pas y aller.

— Tu aurais pu au moins avoir la courtoisie de nous en parler d'abord, dit-il.

Je haussai les épaules.

— Il s'agit d'une décision de dernière minute.

À ma grande stupéfaction, ils semblèrent résignés à me laisser partir. Et moi, j'étais au septième ciel, au point que j'en trépignais d'impatience. Il ne s'agissait que de deux semaines, mais j'allais m'éloigner de l'avenue Churchill.

Tracey et moi, nous partîmes pour l'aéroport d'Heathrow comme deux gamines qui faisaient l'école buissonnière. Quant à moi, le soulagement de n'avoir pas à guetter constamment ce qui risquait de m'arriver ou de ne pas craindre de subir de violences pendant deux semaines paraissait trop beau pour être vrai.

Après l'atterrissage, nous prîmes un autobus jusqu'à notre appartement, et tout était comme je l'avais espéré : soleil, mer et sable. Et pas de Peter. Dès le lendemain, nous nous réglâmes sur ce qui allait devenir notre rituel quotidien : lever tardif, baignade et shopping, puis dîner. Quelques jours plus tard, le jour de mon anniversaire, il y avait un happy hour au bar, c'est-à-dire deux consommations pour le prix d'une.

— Tracey, dis-je en riant, je pense qu'il va nous falloir en profiter.

Nous descendîmes au bar et commandâmes des Snowballs et des Bacardi-Coca. Ensuite, sans savoir pourquoi, je me dis qu'il nous fallait passer au vin. Nous commandâmes donc une bouteille, que Tracey servit avec emphase avant de porter un toast à mon anniversaire. Je buvais rarement de l'alcool, et je sentis très vite ma tête et tout le reste tournoyer. Lorsque je me réveillai, j'étais enroulée dans un drap, les bras serrés contre mon corps. Le moindre mouvement me faisait souffrir le martyre, et le soleil éblouissant me martelait la tête.

— Tracey ? grommelai-je en tentant de me lever.

J'essayai de repérer où était mon amie, mais cela ne fit qu'augmenter ma confusion parce que je constatai que j'étais allongée sur le sol, le linge de lit poussé contre le mur ou de l'autre côté. Quant à Tracey, elle était étendue en travers du lit, encore vêtue de sa robe de soirée noire.

— Allez ! On ne va pas faire un tour ?

Je ne comprenais pas pourquoi elle dormait. N'étions-nous pas censées profiter à fond de cette soirée d'anniversaire ? Dans un grognement, Tracey ouvrit les yeux et s'appuya sur son coude pour me lancer un regard interrogateur.

— Terrie, nous ne sommes même pas allées jusque-là ! C'est le matin. J'ai passé une nuit infernale.

— Quoi ? soufflai-je en sentant la nausée m'envahir. Une minute ! Que s'est-il passé après la bouteille de vin ? Dis-moi ce que j'ai manqué !

— Quand nous avons quitté le bar, j'ai dû te traîner jusqu'à l'ascenseur. Tu étais incapable de tenir debout, soupira-t-elle en secouant la tête. Tu avais les yeux qui te sortaient des orbites et tu hurlais que tu voulais mourir. Tu as même essayé de grimper par-dessus la rambarde du balcon. Il a fallu que je t'attrape pour te forcer à reculer. Bon sang, j'ai eu une de ces trouilles !

Ma tête me faisait de plus en plus mal.

— Je ne peux pas le croire, marmonnai-je.

Tout me paraissait tellement irréel que je ne pus m'empêcher de glousser bêtement.

— Crois-moi, répondit-elle. Tu en avais une couche ! Il a fallu que je verrouille la porte du balcon.

Tracey n'avait pas du tout l'air d'avoir envie de glousser – sans parler de rire.

— Tu t'es quasiment évanouie sur le lit et, comme tu avais l'air d'avoir envie de vomir, j'ai préféré t'allonger sur le sol pour que tu ne t'étouffes pas.

Je me sentais vraiment gênée. Bien sûr, je n'avais jamais été aussi ivre, mais avais-je voulu exagérer ? Je ne voulais même pas y penser.

Pendant le reste des vacances, je fis l'effort de ne pas boire autant. J'étais effrayée de ce que l'alcool me faisait faire inconsciemment.

En outre, Tracey paraissait vraiment inquiète. Comme si je n'étais pas capable de me débrouiller toute seule ! Je me consacrai alors entièrement au simple plaisir d'être libre… et loin de Peter. Alors que la date de notre retour approchait, il n'y avait pas une seule fibre de mon corps qui avait envie de rentrer à la maison. L'Espagne m'avait offert la sensation de liberté à laquelle j'aspirais depuis si longtemps. À présent que j'en avais savouré le goût, je savais que cela en valait la peine.

Le week-end de mon retour à la maison, j'étais déjà sur les charbons ardents à peine le seuil de la porte franchi. Maman avait l'air étrangement calme, et l'atmosphère de la maison était encore plus tendue qu'à l'habitude.

— Il faut que nous parlions, déclara-t-elle d'un air sévère. J'ai découvert des vidéos en ton absence.

Elle fit une pause en jetant un regard à Peter qui était assis à côté d'elle.

— Des vidéos de toi, nue, en train d'avoir des rapports sexuels avec Peter.

Au fond de moi, je me sentis agressée comme jamais. J'en avais les oreilles qui bourdonnaient et j'eus soudain l'impression d'être loin, très loin, comme une spectatrice en train de regarder ce qui m'arrivait.

« Bon, nous y sommes », me dis-je.

Je ne comprenais pas pourquoi Peter était encore là. Elle aurait dû le jeter dehors, non ? Une part de moi était soulagée que tout soit terminé, pour autant que la situation me paraisse si atroce et si humiliante.

— Peter m'a tout expliqué, poursuivit-elle. Il m'a promis qu'à l'avenir, il serait plus fort et résisterait à tes avances.

— Quoi ? Quelles avances ?

J'avais envie de vomir. Quels mensonges lui avait-il encore racontés ? Atterrée, je tournai les yeux vers lui et il me rendit mon regard par une grimace de mépris.

— Mais, maman, ce n'est pas ce qui s'est passé !

— Écoute, Terrie, coupa Peter. Tu sais ce qui arrive aux menteurs ?

Je dévisageai maman, et quelque chose se brisa en moi. Pendant un moment de vertige, j'eus l'impression de tomber dans un puits sans fond. Son expression était claire ! Elle le croyait. Absolument ! Elle avait déjà décidé de réfuter tout ce que je pourrais dire pour me défendre. Pendant que j'étais en vacances, il avait réussi à la manipuler pour qu'elle soit contre moi, de manière aussi implacable que s'il lui avait fait un lavage de cerveau !

D'un ton froid, maman poursuivit :

— Nous avons détruit les vidéos et nous ne parlerons plus de cela.

Écœurée, je me précipitai dans ma chambre.

Que faire ? Le salaud de pervers manipulateur avait retourné ma mère contre moi ! Comment pouvait-elle croire une seule minute que sa fille soit aussi ordurière ?

Peut-être était-elle terrifiée à l'idée qu'un homme l'abandonne à nouveau, au point qu'elle était prête à croire tout ce que cet homme lui dirait ? Je ne pouvais pas me permettre de perdre mon temps à réfléchir à la question. D'une manière ou d'une autre, une chose était claire : il n'y avait dans cette maison aucun espoir pour moi. Rien. Mon désir de m'échapper n'en fut que plus déterminé.

J'oubliai Patrick assez vite, et les garçons du boulot me proposaient souvent de sortir avec eux. En général, je m'en tenais à un seul rendez-vous.

Je commençais à être à court d'excuses pour le second rendez-vous, mais je savais que, si je voyais quelqu'un régulièrement, je risquais de voir Peter me demander à nouveau de nous filmer pendant les rapports sexuels.

Un soir, après le travail, maman et Peter vinrent me chercher pour aller nager à la piscine locale. J'étais en train de faire la queue pour récupérer mon bracelet de vestiaire quand un maître-nageur s'approcha et me demanda :

— Vous avez déjà un petit ami ?

Je secouai la tête.

— Alors, super ! rit-il. Je m'appelle Mark.

Il avait dix-sept ans et il était absolument adorable, avec des cheveux bruns et une belle silhouette mince et puissante de nageur. Je lui rendis un sourire timide avant d'aller nager. Peu après, il revint vers moi pour me donner son numéro de téléphone. Il était si mignon que je décidai de lui donner une chance, mais j'attendis quelques jours avant de le rappeler, histoire de ne pas lui montrer que j'étais en manque !

Nous sortîmes ensemble à plusieurs reprises, pour aller au cinéma et au pub. C'était vraiment un garçon gentil, courtois et adorable, mais il suffit de deux ou trois semaines pour que Peter ait vent de l'affaire.

— As-tu couché avec lui ? demanda-t-il brutalement.

Je secouai la tête. Je n'étais pas prête et je voulais prendre le temps de mieux le connaître.

— OK, eh bien, je veux que tu le ramènes ici lors de ton jour de congé et que vous le fassiez sur le canapé. Comme ça, je pourrai vous filmer.

J'avais envie de lui hurler d'aller se faire foutre, mais je savais aussi que cela n'aurait servi à rien. Si je le faisais, il se montrerait encore plus brutal lorsque nous nous retrouverions seuls tous les deux. Je me sentais vraiment mal, mais, lors de mon rendez-vous suivant, je proposai à Mark de venir à la maison. Je crois qu'il ne pouvait en croire sa chance : se retrouver sur le canapé avec une fille prête à tout ! Après, il eut l'air assez content, mais, au fond de moi, j'étais pleine de remords et de culpabilité. Une fois de plus, j'avais aidé le salaud de pervers à obtenir ce qu'il voulait (même si je n'avais pas vraiment le choix).

Je me séparai de Mark dès le lendemain. Il eut l'air plutôt malheureux, d'autant que je ne lui expliquai pas pourquoi je ne voulais plus de lui. Je voulais le protéger du petit monde sordide de Peter, mais je ne pouvais pas le lui expliquer. Après ça, je n'ai plus fréquenté de garçon plus d'un rendez-vous à la fois. Je finis par voir *Top Gun* trois fois pour un « premier rendez-vous » avec des garçons différents. Si Peter me demandait d'avoir des rapports sexuels avec l'un ou l'autre, je pouvais toujours affirmer qu'il ne s'agissait pas d'une relation suffisamment sérieuse.

Toutefois, en mars 1988, je me mis à fréquenter Richard. Richard était grand, plutôt beau garçon et il avait le même âge que moi. Ce n'était pas si sérieux, mais je dois dire que je le préférais aux autres, ce qui fit que j'enfreignis ma règle et que je le revis plusieurs fois.

Aussi, nous eûmes des rapports sexuels et, au fil du temps, je compris qu'il était un peu du genre dominateur. Un soir, il m'ordonna de porter une jupe et il essaya de me dire quand j'avais le droit de danser.

Pour ma part, il n'était pas question de me retrouver avec quelqu'un d'aussi autoritaire. D'ailleurs, Peter était de plus en plus soupçonneux et, au bout de plusieurs rencontres, je décidai que je mettrais fin à la relation. Heureusement, je n'eus pas à le faire puisque Richard annonça qu'il devait déménager pour son travail.

— Je te passe un coup de fil quand je reviens, d'ici deux mois, promit-il.

— Pas de souci.

J'étais soulagée que ce soit terminé.

Alors qu'il n'était parti que depuis un mois, j'eus une interruption de règles. Pour moi qui étais aussi régulière qu'une horloge, c'était évidemment la preuve du pire. Alors que, aux toilettes du travail, je regardais les deux lignes bleues apparaître sur le test de grossesse, je les fixai sans y croire. Je savais que ce ne pouvait être que Richard : la dernière fois que nous avions été ensemble, le préservatif s'était déchiré.

Je n'avais personne à qui me confier, personne vers qui me tourner. Je commençai par me dire que je n'avais qu'à ignorer totalement la question et continuer comme si rien ne m'était arrivé. Je mangeais le moins possible en me disant que, peut-être, « ça » partirait tout seul.

Au fil des semaines, je me sentis de plus en plus comme un zombi. Mon cerveau tournait à plein régime, à essayer de réfléchir à ce que je pouvais faire. Je n'en avais aucune idée. Je savais qu'il fallait que je quitte Tesco avant que cela ne commence à se voir. J'ai eu de la peine de devoir dire adieu à tout le monde, mais j'étais vraiment décidée à ce que personne ne sache que j'étais enceinte, et je savais qu'il était désormais impossible de le cacher plus longtemps.

Tous mes collègues furent surpris de ma brusque démission.

— Mais pourquoi pars-tu ? demanda Elaine. Je croyais que tu adorais ce boulot !

— Oh ! j'ai juste décidé de changer, dis-je d'un ton désinvolte. Ça fait quelques années que je travaille ici, et je n'ai pas envie de me bloquer.

Cachant ma honte sous un sourire, je promis à tout le monde de garder le contact. En revanche, je ne pouvais pas arrêter complètement de travailler, car nous avions besoin de mon salaire, mais j'obtins un autre emploi pour une société d'hôtesses pour les chemins de fer. Il y avait un kiosque, à la gare, où l'équipe était basée.

Lors de l'entretien, je pris soin de porter des vêtements amples et de prendre une posture qui ne trahirait pas mon état. Je décrochai le job et je commençai ma première journée, ce qui revenait à passer des heures à aller d'un bout à l'autre du train pour vendre des boissons, du thé et des en-cas. J'aimais plutôt ça et j'acceptais de travailler chaque fois qu'on me le demandait. Une manière de m'éloigner autant que possible de Peter. Au cours des deux premières semaines, je travaillai ainsi plus de deux cents heures, mais, lorsque j'allai récupérer ma paie, le patron ne voulut me payer que pour quarante heures. Je me battis pour lui faire admettre mes arguments, mais il ne céda pas. Je pris l'argent qu'il m'offrait et démissionnai sur-le-champ. Tard le soir, je me glissai dans la gare avec Paul et nous collâmes à la Super Glue le cadenas qui verrouillait la chaîne entourant le kiosque.

Je trouvai rapidement un autre boulot, cette fois dans un garage à sept-huit kilomètres de la maison. Je m'entendis bien avec le vieux qui s'occupait du garage, et il m'annonça que je pouvais commencer tout de suite.

Au fil des mois, je faisais de mon mieux pour me comporter le plus normalement possible. J'allais travailler avec enthousiasme en prétendant que rien ne s'était passé.

Comme je mangeais très peu, je n'avais pratiquement pas pris de poids, mais, à sept mois, il était difficile de cacher si facilement mon ventre.

C'est Peter qui s'en rendit compte le premier lorsqu'il me fit déshabiller un après-midi pour une séance avec un vibromasseur. Il s'était fait depuis un moment la réflexion que je prenais du poids, sans doute parce que je mangeais beaucoup, alors que rien ne pouvait être aussi loin de la vérité. En même temps, il était désormais impossible de le cacher plus longtemps.

— Mais tu es enceinte ! souffla-t-il.

Il avait l'air absolument sidéré, d'une manière que je n'avais jamais vue chez lui. J'avais réussi à le tromper pendant des mois en prétendant au moment voulu avoir mes règles. J'étais allée jusqu'à me taillader la muqueuse du vagin pour saigner sur mes serviettes hygiéniques.

— Oui, dis-je en haussant les épaules.

Je ne supportais pas de le regarder. Ses yeux porcins écarquillés derrière ses lunettes regardaient mon ventre comme si c'était un monstre.

Il ne me demanda pas si c'était le sien. Je n'en parlai d'ailleurs pas. Il se contenta d'avoir l'air extrêmement secoué et de s'asseoir sans rien dire pendant de longues minutes, mais sans cependant cesser de tripoter sa caméra. Pendant un instant ou deux, je me demandai s'il allait finir par me laisser tranquille.

— OK, finit-il par dire. Finissons-en avec ça, alors.

Et il me viola sans souci, me faisant aussi mal que possible. J'en étais malade. Je savais qu'il prenait plaisir aussi à la souffrance qu'il m'infligeait.

— Espèce de salaud malfaisant, dis-je ensuite. Tu ne mérites même pas de vivre. Bon sang que je te hais.

— Mais oui, c'est ça ! Je crois quand même qu'il va te

falloir en parler à ta mère, conclut-il en indiquant mon ventre.

Je n'en avais aucune envie, mais je savais qu'il avait raison et, plus tard ce même soir, j'annonçai la nouvelle à maman.

Elle prit l'air horrifié.

— Qui est donc le père ?

— Juste un type que je voyais, mais c'est terminé. Je ne veux pas qu'on lui en parle. Il n'y a aucun intérêt. De toute manière, je ne vais pas le garder.

Le jour suivant, maman me conduisit chez le médecin. Pendant qu'elle évoquait les solutions qui s'offraient à moi, je demeurai d'un calme olympien.

— De toute manière, il est trop tard pour une interruption de grossesse, déclara le médecin, mais vous pouvez avoir l'enfant et le faire adopter. Ou le garder, bien entendu.

— J'opte pour l'adoption, dis-je sans hésiter.

J'en avais le cœur brisé, mais j'étais déterminée. Je n'avais pas tant de possibilités que cela ! En fait, c'était la seule solution : je n'étais même pas capable de me protéger de Peter ; alors, comment pourrais-je protéger mon bébé de ce monstre ? Pendant que le médecin remplissait le formulaire, je me mis à pleurer.

— Je dois en informer les services sociaux, dit-il. Vous aurez la visite d'un assistant social qui viendra vous expliquer la manière dont les choses vont se passer.

Nous reprîmes la voiture de maman pour faire le trajet dans un silence embarrassé, jusqu'à ce qu'elle se tourne vers moi :

— Terrie, tu pourrais trouver un boulot le soir, et alors, je pourrais m'occuper du bébé, proposa-t-elle. Nous pourrions nous débrouiller à nous deux.

Je secouai la tête.

— Non, je veux le faire adopter, répondis-je tristement.

Je me sentais brisée, mais, tandis que je sentais les coups de pied du bébé sous la peau de mon ventre, je savais qu'il n'y avait aucune autre solution.

Dans sa perversité, je voyais bien que Peter prenait encore plus de plaisir à ma souffrance parce que j'étais enceinte. En dépit de tout, je souhaitais que mon bébé reste en sécurité, mais je n'osais pas me débattre.

Lorsque Peter me violait, son regard lubrique détaillant mon corps, je sentais la rage décupler en moi plus que jamais. Mon bébé innocent qui grandissait en moi était en danger à cause du sadisme de Peter, et il n'était même pas encore né.

Mais je ne pouvais rien faire d'autre que de laisser continuer Peter. Je me contentais de fermer les yeux en retenant ma respiration jusqu'à ce qu'il ait terminé. Plus je manifestais ma souffrance, plus il y prenait de plaisir ; je m'efforçais donc de mon mieux à avoir l'air aussi impénétrable et vide que possible.

Il fallait aussi que j'annonce à mon patron que j'étais enceinte parce que j'allais avoir besoin de congé maternité. Je pris la décision de lui expliquer la situation clairement.

— Je vais demander à ce que l'enfant soit adopté, expliquai-je en inspirant profondément. Alors, après la naissance, je n'aurai besoin que d'une semaine de congé.

— Adopté ? s'exclama-t-il d'un air plutôt troublé. Vraiment ? ajouta-t-il en fronçant les sourcils.

— Mais oui, répondis-je doucement.

— Dès la naissance ? continua-t-il en baissant les yeux vers mon ventre.

— Oui, aussitôt après. C'est ce qui est le mieux.

— Eh bien, prenez le temps qu'il vous faudra…

Il avait les yeux tellement brillants que je craignis qu'il se mette à pleurer.

— Je n'ai besoin que d'une semaine, assurai-je.

— Alors, le bébé va revenir à un couple qui ne peut pas avoir d'enfant, soupira-t-il avec sa voix rocailleuse teintée d'accent écossais. Tous les anges du ciel vont briller et vous protéger pour ce don merveilleux que vous leur faites.

Je luttai contre les larmes. Je ne voulais pas en parler à qui que ce soit d'autre, mais, lors de ma visite suivante à Nany et Papy, il fallut bien que je le fasse. Je savais qu'ils le remarqueraient.

— Nany, je suis enceinte, avouai-je en tapotant mon ventre.

Son doux visage rond s'éclaira d'un immense sourire.

— Quel bonheur, ma Terrie ! s'écria-t-elle en m'enveloppant dans ses bras.

— Non, dis-je en essayant de lui rendre son étreinte.

J'avais l'impression d'être un imposteur.

— Je vais le faire adopter, ajoutai-je.

Son visage devint triste à vous briser le cœur. Tout à coup, je compris que, pour elle, cela signifiait aussi que j'abandonnais leur premier petit-fils ou leur première petite-fille.

— D'accord, ma chérie, dit finalement Nany au bout d'une longue pause douloureuse. Tu en es sûre ?

J'expliquai que je n'avais jamais été si sûre de moi, et nous laissâmes tomber le sujet. Je savais que, si je craquais devant ma grand-mère, cela ne nous aiderait ni l'une ni l'autre.

Quelques jours plus tard, j'avais rendez-vous avec une dame à l'agence d'adoption. Elle m'expliqua toute la procédure et finit par me poser quelques questions en prenant des notes.

— Voulez-vous voir le bébé après sa naissance ?

— Non, répondis-je en secouant la tête.

Je fermai les yeux pour ne pas penser à l'allure qu'il aurait alors.

— Souhaitez-vous tenir le bébé dans vos bras ?

— Non.

Je me mordis la lèvre. Je savais clairement que, si je voyais l'enfant ou que je le tenais une seule minute dans mes bras, je risquais de changer d'avis. Et de ça, pas question ! La seule manière de le mettre en sécurité était de l'abandonner.

Je déglutis en gardant les yeux clos pour éviter de penser à ce qui m'attendait. Je savais à quel point la décision serait difficile. Il fallait que je sois forte.

— Bien, conclut la femme en me jetant un regard étrange avant d'expliquer que le bébé serait placé en foyer d'accueil pendant six semaines avant d'être confié à sa future famille.

Il y avait déjà un couple sur la liste d'attente, et elle alla jusqu'à me confier le prénom des nouveaux parents de mon bébé.

— C'est un adorable couple, précisa-t-elle d'un ton gai. Ils ont une petite ferme à la campagne, dans la grande banlieue de Londres.

J'inspirai à nouveau. Cela me paraissait être un bien meilleur début dans la vie que tout ce que je pourrais offrir. Loin de Peter. C'est tout ce qui comptait.

— Voudrez-vous recevoir des photos de votre bébé ? continua-t-elle en cochant ses cases.

— Oui, si c'est possible.

C'était une chose que j'espérais, juste un ou deux clichés pour me souvenir d'elle ou de lui.

— Ainsi qu'une photo lorsqu'il ou elle sera avec ses parents adoptifs ?

— Non, après tout, le bébé sera celui de sa mère et de son père adoptifs, n'est-ce pas ?

J'hésitai un instant. Je n'avais pas le droit de penser à ce bébé comme pouvant être le mien.

— Deux photos suffiront, ajoutai-je en prenant une nouvelle inspiration.

Elle hocha la tête avant de poser une nouvelle question.

— Voulez-vous donner son prénom au bébé ?

— Non ! rétorquai-je plus vivement que je ne l'aurais voulu.

Cela se transformait en véritable torture ! Comment aurais-je pu imaginer avoir le droit de donner un nom à mon enfant alors que j'étais incapable de lui offrir un foyer ? C'en était trop. J'étais impatiente de voir arriver la fin de tout cela. Le lendemain, je retournai travailler en essayant de ne pas y penser du tout.

Alors que la date de mon terme approchait, la maternité me fixa un rendez-vous pour un déclenchement et que la naissance soit parfaitement prévue pour l'adoption. Très vite, ce fut le 10 novembre 1988, jour où je devais donner naissance à mon bébé et l'abandonner aussitôt. De penser à la souffrance et à ce qui m'attendait, je n'en dormais plus, mais, ce qui me taraudait encore plus, c'était la culpabilité. Je pris un petit sac avec mes affaires, et c'est Peter qui me déposa à la maternité sans avoir prononcé un seul mot. Drapée dans ma dignité, je traversai le parking pour aller jusqu'au service, où attendaient de jeunes mamans, la main dans celle de leur compagnon. « Garde toujours la tête haute, entendais-je Nany me répéter inlassablement. Marche comme si tu avais un but. Peu importe ce que tu ressens : personne ne peut voir ce qu'il y a à l'intérieur de toi. Alors, il est inutile d'avoir peur. »

Je dénichai enfin le bon service et donnai mon nom à la réceptionniste.

Lorsqu'elle répéta « Terrie Duckett », j'eus l'impression que toutes les infirmières levaient la tête vers moi. On me conduisit dans une pièce en m'expliquant qu'on allait me mettre sous perfusion pour déclencher le travail artificiellement.

— Est-ce que je pourrai avoir quelque chose pour calmer la douleur ?

En dépit de toutes les souffrances que j'avais endurées au fil des années, je voulais cette fois souffrir le moins possible physiquement.

— On peut vous faire une péridurale, expliqua l'une des infirmières.

Elles avaient toutes l'air très professionnel et très distant. Elles me remirent une chemise de nuit spéciale, insérèrent la perfusion dans mon bras et arrangèrent la salle de travail. Personne ne me demanda si tout allait bien – si j'allais bien – ou me lança un seul regard.

Deux aides-soignantes qui m'observaient baissèrent rapidement les yeux sur leurs notes lorsqu'elles constatèrent que je leur rendais leur regard. Personne n'avait envie de croiser mes yeux. Je fixais la canule qui partait du dos de ma main en me demandant combien de temps il faudrait pour que mon tourment s'arrête. « Allez, c'est seulement pour quelques heures », me dis-je en essayant de me réconforter.

Très vite, les contractions commencèrent et, pliée en deux sur la table, je suffoquai. C'était pire que ce que j'avais imaginé ! Des larmes coulèrent sur mon visage alors que j'agrippais la couverture en essayant de surmonter la douleur. J'appelai l'infirmière, mais personne ne répondit. J'avais beau presser encore et encore le bouton d'appel, tout le monde semblait avoir disparu.

— S'il vous plaît ! lançai-je en voyant une silhouette passer devant la porte. Puis-je avoir la péridurale maintenant ?

La femme me regarda sans comprendre avant de m'assurer qu'elle allait revenir. Je patientai encore un peu en grognant chaque fois qu'une contraction m'enserrait le ventre, et, enfin, des infirmières firent leur apparition. Elles ne dirent pas un seul mot, mais relevèrent ma chemise de nuit pour me faire une injection. Je pris une profonde inspiration et m'armai contre la douleur lors de l'introduction du cathéter entre les vertèbres. En fait, ce n'était pas tant la douleur physique que je redoutais, mais j'avais besoin de protéger mon esprit, de me détacher de cette expérience, de cette part de ma vie. J'avais besoin de refouler tout cela dans un coin de mon cerveau, où cela ne pourrait plus me faire de mal.

Je pensais que la péridurale effacerait la douleur la souffrance – de ma mémoire. Si je ne sentais rien au moment où je donnerais naissance à l'enfant, il me serait peut-être moins difficile de le laisser partir. Je pourrais peut-être prétendre qu'il ne s'agissait pas du mien et continuer ma route comme si ce qui était en train de se passer n'était qu'un épisode banal.

— Est-ce que quelqu'un pourrait appeler ma mère pour lui dire que le travail a commencé ? parvins-je à demander entre deux contractions profondes.

— Pas de problème, répondit quelqu'un.

J'espérais que maman se précipiterait à mon chevet pour venir me tenir la main, mais, deux heures plus tard, j'étais encore seule. Il n'y avait que moi et le personnel froid et distant. Moi, en train de lutter contre les bouffées de terreur croissante, de me débattre pour ne pas sombrer dans le désespoir. La douleur qui persistait en attendant les effets de l'anesthésie n'était rien par rapport à ce que je ressentis lorsque je compris que maman n'allait pas venir m'aider à surmonter toute cette épreuve.

Une mère aurait dû être synonyme d'amour inconditionnel. Pourquoi ma mère ne m'aimait-elle pas ? Me haïssait-elle à ce point ? Ici, pas de musique de fond pour me calmer. Pas de sage-femme et d'infirmières souriantes. Personne pour me dire que tout irait bien. Il n'y avait que moi, une jeune fille qui comprenait à peine ce qui était en train de se passer, qui devait simplement continuer à être aussi forte que d'habitude, à se détacher de la réalité.

J'ai dû leur paraître vraiment froide et insensible !

Le travail sembla durer des heures, mais, vers seize heures, on m'ordonna de pousser, et mon bébé vint enfin au monde. Une sage-femme le releva et commença à faire mine de le poser sur moi.

— C'est un garçon, dit-elle.

— Non ! m'écriai-je en détournant la tête. C'est dans mon dossier : je ne veux pas qu'on me le montre !

Elle demeura là un moment, avec son petit paquet dans les bras, tandis que mes yeux affolés parcouraient toute la pièce en évitant soigneusement de regarder le bébé.

— Emmenez-le, je vous en prie, sanglotai-je en tournant le visage vers l'oreiller.

Sans un mot, elle l'emporta, mais une infirmière revint bientôt pour pousser à côté de moi un berceau en plastique transparent. Je fis de mon mieux pour ne pas regarder, mais je savais que c'était sans espoir. Alors, je me tournai pour découvrir un petit visage paisible, un nouveau-né minuscule enveloppé dans un lange blanc.

J'avais envie de mourir.

— Il est écrit dans mon dossier que je ne voulais pas le voir, murmurai-je à la femme qui l'avait placé près de moi.

— Nous avons besoin que vous lui donniez un nom avant de l'emmener, répondit l'infirmière. C'est le protocole.

— Paul, répondis-je tandis que les larmes inondaient mon visage. Appelez-le Paul.

Dans mon existence, le seul être véritablement bon et pur était mon frère Paul.

24

L'épreuve du feu

PAUL

Quelques jours après la sortie de Terrie de la maternité, j'allai frapper à sa porte pour la troisième fois de la journée, mais elle ne répondit toujours pas. J'aurais voulu lui demander si elle voulait boire du jus de fruits ou si elle avait besoin de quelque chose. Depuis son retour, elle avait à peine mangé, et nous n'avions pas échangé un seul mot.

J'avais appris qu'elle était enceinte alors que nous étions tous partis camper avec Nany et Papy, quelques mois plus tôt. Ma sœur était si réservée, plus que d'habitude, ce qui ne laissait pas de m'étonner. Dans le but de l'égayer un peu alors qu'elle se rendait aux sanitaires du camping, j'avais couru derrière elle et m'étais jeté sur le sol en faisant mine de la tacler, comme je le faisais toujours lorsque je voulais lui remonter le moral. C'est à ce moment-là que maman avait poussé un cri de panique.

— Non, Paul ! Ne fais pas ça !

Je m'étais arrêté net et avais levé les yeux.

— Pourquoi pas ? Qu'est-ce qui se passe ?

— Terrie va avoir un bébé.

Pas un muscle du visage de ma sœur n'avait bougé

lorsqu'elle avait tourné les yeux vers moi, ce qui fait que j'avais compris que ce n'était pas une bonne nouvelle.

Dans le doute, je m'étais contenté d'un simple :

— Ah ! d'accord.

Je n'avais pas posé d'autres questions. Je peux dire que je n'éprouvais rien de particulier à ce sujet. Souvent, j'avais d'ailleurs du mal à éprouver quoi que ce soit – je veux dire de véritables sentiments. Après avoir subi tant de souffrance entre les mains de Peter, je considérais la plupart des événements d'une manière assez impersonnelle, comme si j'étais un spectateur qui n'était pas vraiment moi et qui regardait vivre quelqu'un d'autre.

Ce jour-là, Terrie m'avait repoussé et avait continué son chemin. À présent que j'étais au courant, je voyais bien qu'elle marchait en se balançant un peu comme si elle était trop lourde. Enceinte ? Ma sœur ? Cela ne me paraissait pas bien, mais je ne savais pas pourquoi. Elle n'avait même pas de petit copain. En tout cas, pas que je sache !

Bientôt, ce fut le moment pour Terrie d'aller à l'hôpital. Elle y alla seulement avec Peter. Maman n'arrêtait pas de dire que c'était « pour le mieux » pendant qu'elle préparait le dîner ce soir-là, mais je ne comprenais pas ce qu'elle voulait dire. Elle pelait les pommes de terre à toute allure et déclara soudain :

— Elle ne va pas ramener le bébé à la maison.

Comme si ça pouvait expliquer tout !

Si Terrie ne revenait pas avec le bébé, où allait-elle le mettre ? Je savais qu'il valait mieux ne pas poser trop de questions. Le lendemain, nous allâmes jusqu'à la maternité pour apporter du savon et des vêtements propres à Terrie. Nous ne restâmes que dix minutes, mais je voyais bien que ma sœur avait pleuré. Elle ne parla pas du bébé et nous ne le vîmes pas. Il y avait quand même quantité de bébés partout, qui pleurnichaient ou geignaient dans les bras de leur mère, dont certaines les allaitaient. Terrie ne les regardait pas. En fait, on aurait dit qu'elle ne savait pas où poser les yeux.

Après notre départ, maman m'expliqua que Terrie avait eu un garçon et qu'elle l'avait appelé Paul.

Une fois de plus, je ne savais pas comment réagir et je me contentai de regarder ma mère d'un air absent. Je ne comprenais pas plus pourquoi Terrie avait donné mon nom au bébé. N'aurait-elle pas pu trouver mieux ? Je suppose que, au fond de moi, quelque part, cela me touchait. Cela prouvait que, quoi qu'il arrive, ma sœur comptait toujours sur moi.

Deux jours après le retour de Terrie à la maison (et avant même que j'aie l'occasion d'aller lui dire bonjour), elle s'enferma dans sa chambre. Chaque fois que je frappais à la porte et que je l'entrouvrais, je voyais ma sœur allongée, les yeux fixés sur le plafond, toujours dans la même position : ses écouteurs sur les oreilles et les larmes glissant sur ses joues.

Comme je ne savais pas quoi lui dire, je repartais sans prononcer un mot. Elle ne levait jamais les yeux, même lorsque, le lendemain après l'école, je lui apportai un exemplaire de *Smash Hits*, un magazine de musique pop qu'elle adorait. J'avais eu du mal à le passer en douce sans que les yeux fureteurs de Peter me tombent dessus.

Cette semaine-là, Terrie avait été dispensée de corvées, ce qui me prouva plus qu'autre chose qu'elle devait être bien malade. Je n'avais aucune idée que les bébés vous rendaient si malade ! Enfin, au bout de quatre jours, elle émergea, l'air fébrile et pâle, et déclara à maman et à Peter qu'elle devait retourner travailler au garage. Après ça, personne ne prononça un seul mot au sujet du bébé. Je tentai d'évoquer le sujet avec Terrie peu après qu'elle eut repris le boulot, mais elle me fit clairement comprendre qu'elle ne voulait pas en parler.

— Il faut juste que je l'oublie, Paul, déclara-t-elle d'un ton triste. Et tu devrais l'oublier aussi.

— D'accord, dis-je.

Ce qui ne m'empêcha pas d'ajouter que j'étais prêt à faire tout ce qu'elle voulait si elle avait besoin de moi.

Très vite, la vie reprit son cours, et Peter, ses manigances habituelles et sa tyrannie à la baguette de fer, même pour Terrie. Il la força à reprendre ses corvées et recommença à faire des histoires quand elle ne faisait pas correctement le ménage et autre. Puis, un matin, il m'appela dehors :

— Hé ! Paul, commença-t-il avant de lancer directement sur moi une fusée éblouissante, ce genre d'arme militaire que l'on utilise pour arrêter l'ennemi.

Je fis un bond en arrière, plaquai mes mains sur mes oreilles et faillis vomir de peur. Si la fusée m'avait touché, elle aurait pu m'arracher les mains. Je filai dans le jardin, les oreilles résonnant de douleur, mais cela ne m'empêcha pas d'entendre le rire de Peter.

Par la suite, je me vengeai avec le chili con carne que maman avait préparé pour notre dîner.

— Apporte-moi à bouffer ! explosa Peter depuis le salon.

— Oui, patron, répondis-je simplement.

Je me dépêchai d'ouvrir une boîte de nourriture pour chiens et mélangeai rapidement le tout au chili destiné à Peter, une chose que je faisais toujours si j'en avais l'occasion, notamment avec des plats mijotés de couleur brune.

— Je suppose que Peter va adorer les morceaux de viande moelleuse de Pal, gloussa Terrie.

Peter n'eut pas l'air de se rendre compte qu'il engloutissait un quart de kilo de Pal avec son chili.

Le lendemain, Terrie paraissait être redevenue comme avant. Le matin, lorsque Peter se prépara en hâte pour aller travailler, il enfila ses chaussures et constata que ses lacets cassaient net. Terrie était debout à la porte de la cuisine, en train de glousser intérieurement, tandis qu'il allait jusqu'au placard pour prendre d'autres lacets. De toute évidence, elle avait fait quelque chose pour l'énerver et le mettre en retard. Lorsque nous partîmes pour l'école, je lui tendis la main, les cinq doigts écartés en signe de victoire.

Chez les cadets, je grimpais lentement les échelons, mais ma réputation de manque de fiabilité m'empêchait de progresser aussi vite que mes camarades. Je faisais pourtant preuve d'une détermination qui me plaçait à part. En dépit de mes absences lors des réunions de semaine et des camps de week-end, je décrochai le grade de soldat de première classe. D'accord, la quantité de décorations que je possédais ne collait pas avec le grade : avec une telle collection de rubans et de blasons, j'aurais au moins dû être sergent. J'étais aussi l'un des plus incroyables tireurs à la carabine de calibre .22, n'hésitant pas à utiliser mes propres règles pour l'emporter. C'est là que le fait d'avoir été sous la coupe de Peter m'était utile : cela m'obligeait à réfléchir à différentes solutions pour obtenir le même résultat de manière aussi efficace que possible.

Il y avait un concours qui récompensait par une caisse de bière celui qui était capable de faire valser cinq bonbons Polo sur une planche en bois posée sur le sol du stand de tir, à vingt-cinq mètres. J'avais déjà prouvé que je j'étais capable d'atteindre un morceau de ficelle à vingt-cinq mètres avec une .22, et le concours me convenait parfaitement. Comme tous les gars visaient les bonbons et que la plupart étaient plutôt forts en tir, je pris le temps de réfléchir aux consignes de la compétition et, au lieu de viser les bonbons, je visai la planche : il ne me fallut qu'une seconde pour faire voler les cinq bonbons en même temps. Oui, je remportai l'épreuve, mais plus par réflexion que par mes compétences en matière de tir.

Le week-end suivant, nous partîmes en excursion pour rallier un terrain où nous allions pouvoir pratiquer le tir sur cible animée. On nous confia à chacun dix cartouches à balles réelles de 5,56 OTAN.

Chaque fois que nous les avions épuisées, on nous en confiait d'autres. À la fin de la journée, nous nous mîmes tous au garde-à-vous pour la revue et, au moment où les officiers supérieurs passaient, nous devions clamer : « Je n'ai plus de munitions ou de cartouches en ma possession, chef ! »

C'est ce que je déclarai.

Je n'avais pas l'impression de mentir parce que les projectiles étaient dans ma cartouchière et pas vraiment sur moi. Sauf que j'allais emporter chez moi la cartouchière, ce truc que vous enroulez autour de votre taille. À l'époque, je n'arrivais pas à m'ôter de la tête qu'il fallait que je trouve une idée pour liquider Peter ou provoquer suffisamment de dégâts pour qu'il arrête de me faire souffrir. Avec des munitions à ma disposition, la chose serait encore plus facile… et plus tentante.

Certes, je ne possédais pas de fusil, mais, avec un marteau, je savais, en espérant que Peter soit quelque part dans le coin, comment faire exploser les balles. Toutefois, en tant que cadet, mais aussi parce que j'étais fier de mes efforts et de mon honnêteté, je crois que la présence de munitions opérationnelles dans mon sac me tarauda toute la journée. Je voulais faire du mal à Peter, mais je savais aussi que j'en serais incapable (pas de cette manière). C'était mal et cela me rendrait aussi mauvais que lui.

Je luttai longuement avec ma conscience et je suppose que, lorsque je rentrai au baraquement, j'avais l'air distrait. Le sergent-major Felkins remarqua alors que je n'étais pas moi-même et me demanda si tout allait bien.

À la fin de la journée, je pris la décision de rendre les munitions pour éviter toute tentation. J'expliquai la chose à l'officier qui commandait mon détachement, le lieutenant Hill, qui appela alors le sergent-major Felkins.

— Comment se fait-il que vous ayez emporté des munitions hors du terrain, cadet ? demandèrent-ils d'un air inquiet.

Je me redressai, au garde-à-vous.

— Chef, je ne saurais trop que dire, avouai-je.

Je ne pouvais pas leur dire que je voulais utiliser les balles pour tuer mon beau-père, non ?

— C'était une erreur de jugement et un manque absolu de bon sens de ma part, chef !

J'écopai d'un sermon et fus autorisé à disposer pendant qu'ils débattaient de mon cas. Le vol de munitions constituait un délit très grave, et, pour finir, on me retira mon grade en ajoutant que j'étais « fichu pour le service », ce qui faisait sans doute de moi le plus qualifié des cadets de tout le bataillon.

25

Espoir ?

TERRIE

Deux jours après mon retour de l'hôpital, je ne parvenais pas à sortir de ma chambre. Toute la journée, je n'arrivais à penser à rien d'autre qu'à mon bébé. C'était la première chose à laquelle je pensais quand je me réveillais le matin et la dernière chose à laquelle je pensais avant de m'endormir le soir. Lorsque l'infirmière l'eut emmené, on me recousit et on m'emmena en convalescence dans le service de la maternité avec les autres jeunes mamans qui s'occupaient de leur bébé. Tandis que je passais devant les lits, je vis que plusieurs étaient ornés de ballons bleu roi gonflés à l'hélium qui se balançaient au-dessus de bouquets de fleurs fraîches posés sur les tables de chevet. Tout le service résonnait des minauderies des parents et des proches attendris ou des murmures des jeunes mamans réclamant une tasse de thé ou un biscuit.

Mon propre lit me parut vide et nu. Je ne savais que faire. Alors, je me contentai de m'asseoir sur les draps amidonnés en fixant le lointain comme si j'étais en transe. Je me sentais totalement anesthésiée. Puis, l'une des nouvelles mamans en robe de chambre et en chaussons s'approcha de moi, grimpa sur mon lit et entoura mes épaules de ses bras. C'était le premier geste de gentillesse que l'on me témoignait depuis mon arrivée, et mes yeux se remplirent de larmes.

— Je sais ce que vous ressentez, chuchota-t-elle. Il y a trois ans, j'étais à votre place, mais je vous promets que c'est le pire que vous connaîtrez et que les choses ne pourront qu'aller mieux.

Elle me serra tout contre elle en me frottant doucement le dos.

— Regardez, dit-elle en montrant son lit et le bébé dans le berceau tout à côté. C'est moi aujourd'hui, mais, un jour, ce sera vous.

Je ne savais pas si elle était au courant que mon bébé avait été adopté ou si elle supposait qu'il était mort, mais cela n'avait aucune importance. Je me laissai aller contre elle à sangloter. C'était la seule personne qui me montrait un peu de compassion, et, pour moi, cela comptait plus que tout au monde.

Je me roulai en boule dans mon lit et essayai de dormir, mais des voix me réveillèrent. C'étaient maman et Paul qui venaient me rendre visite. Maman me fourra un sac de produits de toilette dans la main.

— Me suis dit que t'aurais peut-être besoin de ça.

— Merci, répondis-je poliment.

Ils ne restèrent que quelques minutes : aucun d'entre nous ne savait vraiment que dire.

— Bon, on va y aller, déclara maman. Peter viendra te chercher quand tu seras prête à sortir.

Cette nuit-là, je dormis à peine tant j'avais mal au dos et là où on avait pratiqué l'épisiotomie.

Le lendemain matin, très tôt, Nany et Papy vinrent me voir. En les voyant, mon cœur bondit dans deux directions en même temps. Ils avaient toujours été d'un grand réconfort, mais, malgré tout l'amour que je leur portais, je devais dissimuler la honte qu'ils me faisaient éprouver. Je les serrai tendrement contre moi, et nous bavardâmes pendant un moment à propos du travail et des choses que faisait Papy, mais, au fond de moi, je savais parfaitement pourquoi ils étaient venus. Mon bébé aurait été leur premier petit-fils, et Nany voulait le voir avant qu'il ne soit trop tard. Cependant, elle ne l'aurait avoué pour rien au monde.

— Gladys, il faudrait qu'on y aille, finit par dire Papy.

Ils m'embrassèrent vivement.

— Viens nous voir après le week-end, dirent-ils tandis que les yeux de Nany brillaient de larmes.

Pour ma part, j'aurais eu du mal à dire quoi que ce soit.

Le cœur au bord des lèvres, je les accompagnai à la sortie. En passant devant la pouponnière, Nany se dirigea directement dans la salle. « Pourvu que j'en aie la force », suppliai-je en silence. Au bord de la nausée, le cœur battant la chamade, je suivis cependant ma grand-mère jusqu'au petit berceau, et il était là, tout paisible, avec son nom sur un petit bracelet autour de son poignet : Paul Duckett. J'aurais voulu hurler. Nany le prit dans ses bras et le berça doucement pendant quelques brèves secondes avant de le remettre dans son berceau.

C'était mon bébé, mon petit garçon. Il avait l'air si adorable avec sa minuscule bouche en bouton, ses grands yeux bleus rivés sur moi, son petit menton d'elfe qui ressemblait au mien.

J'inspirai profondément, mais je ne pus m'empêcher de tendre la main et, délicatement, entre l'index et le pouce, je serrai la sienne.

— Tu seras bien mieux sans moi, murmurai-je trop bas pour que Nany et Papy m'entendent. Je te le promets.

Sans un mot, nous sortîmes tous les trois de la pièce et, tandis que nous nous en éloignions, j'avais l'impression d'avoir laissé un morceau de moi en arrière.

Le lendemain, j'étais debout à l'aube et prête à partir. Dès que Peter m'eut ramenée à la maison, j'allai droit dans ma chambre et dans mon lit. Je mis le casque pour écouter George Michael chanter *One More Try* en boucle. J'avais si mal ! Pas dans mon corps, mais mon âme était brisée. À tel point que le simple fait de respirer me faisait souffrir. Tout ce que je souhaitais, c'était d'être en paix comme si on m'avait anesthésiée.

J'attendis que tout le monde soit parti au travail, et Paul, à l'école avant de descendre m'installer sur le canapé du salon. J'écoutai encore *One More Try* en me laissant porter par les paroles... Moi aussi, j'en avais assez du danger et j'aurais voulu trouver les anges et trouver la paix. J'en avais besoin.

Sans cesser de sangloter, j'ouvris mon sac et en retirai plusieurs tubes de paracétamol. Le paracétamol était censé supprimer la douleur. J'alignai les tubes et je dénichai une bouteille de Martini dans le placard aux alcools pour m'aider à avaler tous les comprimés de tous les tubes.

« Bientôt, pensais-je, bientôt je trouverai la paix dont j'ai besoin, et toutes mes souffrances cesseront. » Je rangeai les tubes vides dans mon sac et remis la bouteille de Martini dans le placard. « Ah ! il n'en reste que la moitié ! songeai-je en imaginant Peter. Le salaud n'aura qu'à se venger sur mon cadavre. »

Comme je me sentais un peu vaseuse, je remontai lentement jusqu'à ma chambre et me glissai sous ma couette. Je posai la tête sur l'oreiller, appuyai sur la touche *Play* de mon baladeur et fermai les yeux.

Ce furent les oiseaux qui me réveillèrent, puis la lumière vive qui filtrait à travers les rideaux et enfin le bruit de Peter qui urinait dans les toilettes. Je faillis hurler de déception. Je tirai mon oreiller sur mon visage en espérant qu'il ne s'agissait que d'un mauvais rêve avant que mon esprit ne se ferme une bonne fois pour toutes. Mais non. J'étais en vie. Je me mis à pleurer et je continuai jusqu'à ce que j'entende la porte claquer au fur et à mesure que tout le monde quittait la maison.

Je me redressai dans mon lit, et ma première pensée fut qu'il fallait que j'ajuste le niveau de la bouteille de Martini avec de l'eau. Un peu plus tard, j'avais les idées plus claires et j'essayai de me reposer. Je ne comprenais pas pourquoi tous ces comprimés n'avaient pas fait leur effet. « Il y a peut-être une raison, pensai-je. Peut-être qu'en dépit de tout cela, je suis destinée à vivre. »

C'est alors que je pris ma décision. Puisque je disposais d'une seconde chance, je l'utiliserais pour m'éloigner de Peter le plus vite possible. Pendant les deux semaines suivantes, il ne s'approcha pas de moi. Il m'évitait même à tout prix et se contentait d'aboyer ses ordres de loin pour que le ménage soit fait ou lorsqu'il me surprenait au rez-de-chaussée à ne rien faire. Pas une seule fois, on ne mentionna le bébé. Pas une seule fois, on ne me demanda comment j'allais.

Je retournai travailler le plus tôt possible, ne fût-ce que parce que j'étais soulagée de quitter la maison. Le nouveau patron, un type du nom de Mohammed, n'étant pas au courant de ma grossesse, je me comportai comme si rien n'était arrivé. Cela ne signifiait pas pour autant que les choses étaient faciles : au fond de moi, je continuais à souffrir. Je me détestais. Je me sentais coupable vingt-quatre heures sur vingt-quatre parce que j'avais peur que mon bébé ne grandisse avec l'idée qu'il avait été abandonné par sa propre mère. Après la manière dont nous avions vécu notre enfance, c'était la dernière chose que je lui souhaitais.

J'étais contente d'être de retour au travail. Mohammed était un homme qui voyait toujours le bon côté des choses. Même quand Dean-le-débile, mon collègue, remplissait son briquet à gaz d'essence et en jouait comme d'une torche dans tout l'atelier, le patron se contentait de rire et de lui dire qu'il allait lui retirer le montant des dégâts sur son salaire.

La même semaine, je faillis lui provoquer une crise cardiaque. Il était en train de remplir sa voiture dans la courette vide au moment où je choisis d'essayer ma nouvelle clef électronique qui faisait toutes sortes de bruits, notamment celui d'une mitraillette. Le tic-tac-tac le fit plonger au sol comme une masse et, quand il leva les yeux sous son bonnet, je lui fis un petit signe de la main tout joyeux.

Quelques mois plus tard, Mohammed m'annonça en passant que l'un de nos clients avait le béguin pour moi.

— Lequel ? répondis-je en riant.

Les hommes étaient toujours la dernière de mes préoccupations.

— Il vient souvent au garage. Il est dans la construction, dit mon patron. Il s'appelle Steve. La prochaine fois, je te le montrerai.

Steve faisait presque deux mètres et il avait les cheveux noirs en épis. Il avait vingt-six ans, soit sept de plus que moi, et une manière de s'exprimer très adulte. Lorsqu'il proposa que nous sortions ensemble, j'acceptai. Il était gentil et très attentionné, et je crois que le fait qu'il m'apprécie suffisamment pour avoir envie de sortir avec moi me suffisait. Au début, je n'en parlai pas à Peter, mais, après plusieurs rendez-vous, je savais que ce n'était pas la peine de chercher à continuer à le lui cacher.

— Quel âge a-t-il ?

— Vingt-six ans, répondis-je.

— Vingt-six ! s'exclama Peter en déglutissant avec peine.

— Exact.

— Je veux faire sa connaissance.

L'expression de son visage me disait qu'il n'approuvait guère, et je me demandai si c'était parce que Steve était plutôt âgé. Par rapport aux autres garçons avec lesquels j'étais sortie, Steve était un homme adulte.

— Il est comment ton beau-père ? demanda nerveusement Steve lorsque j'organisai la rencontre.

— Oh ! pas vraiment sympa, dis-je en haussant les épaules. Nous ne formons pas une famille très unie.

L'idée de développer un peu ne me traversa même pas l'esprit.

Dire que les choses ne se passèrent pas bien serait la litote du siècle. Steve passa un soir me chercher alors que nous avions prévu d'aller dans un club. Je montai prendre une douche pendant que Steve attendait en bas, mais, lorsque Peter rentra du travail, il fonça directement en haut alors que, une serviette autour du corps, j'étais en train de déverrouiller la porte de la salle de bains.

— Qu'est-ce que tu te crois en train de faire, à parader à moitié nue pendant que Steve est ici ? hurla-t-il.

— Quoi ? répliquai-je sur le même ton. Steve est en bas. Il ne peut pas me voir !

J'aurais dû me souvenir qu'il était inutile d'argumenter avec Peter. Il piquait l'une de ses crises et, d'après son expression, c'était une pure crise de jalousie.

— Maintenant, tu vas sortir, ordonna-t-il à Steve. Allez, dégage !

Totalement perdu, le pauvre Steve se leva.

— Comment ?

Peter plaqua sa main sur la poitrine de Steve pour tenter de la repousser jusqu'à la porte d'entrée. Je sais que Steve se contenta de lever la main pour se protéger, j'en suis sûre.

Mais, soudain, Peter gisait à terre en se tenant le visage : la bague de Steve avait brisé une dent, et son bracelet, les lunettes de mon beau-père.

— Espèce de connard ! hurlait Peter. Sors de chez moi ! Je vais porter plainte pour agression !

Je remontai en courant dans ma chambre pour enfiler rapidement mes vêtements. Je n'allais pas prendre le risque de rester seule avec Peter alors qu'il était dans une humeur pareille. Pas question. Je rattrapai Steve, et nous nous réfugiâmes chez ses parents.

— Ne t'en fais pas, tu peux rester avec moi, dit-il en me prenant la main.

Le soulagement que j'éprouvai de voir que quelqu'un d'aussi gentil (et d'aussi grand et fort) que Steve fût à mes côtés pour affronter Peter fut considérable.

Ses parents habitaient un petit village à six kilomètres de chez nous environ. Ils étaient chaleureux, dignes, et m'accueillirent à bras ouverts. Sa mère me fit du thé et me dit que je pouvais rester chez eux aussi longtemps que je le voulais. Toutefois, nous entendîmes bientôt toquer à la porte. C'était la police. J'étais inquiète en me demandant ce que Peter avait bien pu raconter. Qu'allaient-ils faire ? Mais, au lieu de prendre l'air sévère, les policiers adressèrent un grand sourire aux parents de Steve.

— Bonjour ! Désolés de vous déranger, dit l'un des deux, mais nous venons d'enregistrer une plainte d'un certain Peter Bond-Wonneberger. Il affirme qu'il veut porter plainte pour agression délibérée.

Pendant qu'il parlait, je compris que les policiers connaissaient la famille de Steve. Comme le village était assez petit, ils étaient réputés pour leur gentillesse et pour leur respect de la loi. En fait, la police avait immédiatement conclu que Peter exagérait.

— Nous vous conseillons de payer l'indemnisation qu'il réclame et nous veillerons à ce qu'il oublie toute l'affaire, conseilla l'agent de police.

Steve réagit sur-le-champ.

— Pas question ! s'écria-t-il, plein de rage.

Le policier lui conseilla d'y réfléchir. Nous en discutâmes avec ses parents, et Steve ne décolérait pas.

— Je n'ai rien fait du tout. C'est lui qui m'a agressé !

Moi, je savais que nous n'avions pas le choix, et j'employai une partie de l'argent qu'Oma m'avait laissé pour le donner à Peter sans le dire à Steve. Je retournai à la maison quelques jours plus tard. Peter, qui continuait de bouder, gardait la chambre. Maman m'expliqua qu'il avait été très perturbé par l'amabilité dont la police avait fait preuve à l'égard de la famille de Steve.

Je me contentai de sourire. Cela prouvait que Steve avait encore plus de pouvoir que prévu. Il était assez fort pour battre Peter s'il le souhaitait, mais sa famille était liée à la police locale. Plus que jamais, je me sentais protégée par mon petit ami.

Un mois plus tard, en juin 1989, je partis en vacances avec ma cousine Nicky. Je ne l'avais pas vue depuis cinq ans : après que grand-mère Duckett nous eut annoncé qu'elle ne voulait plus nous revoir, nous nous étions perdues de vue. Un jour, au garage, j'entendis une voix familière en train de parler au téléphone. Je m'approchai et lui tapotai l'épaule.

— Mon Dieu, mais c'est toi, Terrie !

Nous nous embrassâmes, et je lui avouai à quel point je m'étais sentie mal à l'époque. Nicky me raconta que les choses n'avaient pas été folichonnes pour elle non plus.

— Tu sais ce dont nous avons besoin ? sourit-elle. De vacances !

À l'heure du déjeuner, sur une impulsion irrésistible, je réservai des billets pour les Canaries et j'expliquai à maman et à Peter que nous partions une semaine. Aucun des deux ne dit quoi que ce soit. Je pense qu'ils étaient d'avis que j'avais besoin de me reposer un peu après l'histoire du bébé. Nicky et moi partîmes dans l'idée de passer une semaine de folie.

Le premier jour, je plongeai du côté moins profond de la piscine et je m'ébréchai une dent, mais, au lieu de pleurer, je me mis à rire à perdre haleine. Je pense que le fait d'être loin de Peter et de profiter de l'insouciance d'une semaine entière suffisait à me faire voir le côté amusant des choses. C'était aussi très agréable de reprendre contact avec Nicky. Elle n'avait pas eu une enfance facile, elle non plus, mais elle avait réussi à quitter la maison et à subvenir à ses besoins. Je la trouvais vraiment encourageante et je l'admirais.

En vacances, je n'hésitai pas à me lâcher les cheveux. Un soir, il y avait un concours du plus rapide buveur de bière au biberon. Tout l'entraînement que j'avais à boire une gorgée en douce avant que la caméra de Peter ne nous prenne sur le fait et ma petite enfance avec mon vrai père m'avaient rendue compétitive en diable. Aucune récompense sauf pour le premier, je tétai cette bière comme si ma vie en dépendait et je réussis à remporter la bouteille de champagne. Je la secouai, arrosai tout le monde de mousse et je passai une soirée de rêve. J'étais simplement en train de m'apercevoir que, hors de la maison, la vie pouvait être insouciante et amusante. Ce soir-là, nous titubâmes jusqu'à l'appartement dans un état d'ébriété largement avancé. J'aimerais dire que ce fut l'occasion de soulager notre âme au cours d'une discussion profonde, intime, cathartique (en fait, c'est bien possible), mais, pour être honnête, le lendemain, ni Nicky ni moi ne nous souvenions de quoi que ce soit ou de ce que nous avions pu dire ou entendre au cours de la soirée.

Au réveil, j'avais la tête comme une enclume, mais nous étions toutes deux bien décidées à profiter pleinement du temps qu'il nous restait. À la fin du séjour, je recommençai à être terrifiée à l'idée de rentrer à la maison. Je me dis qu'il fallait absolument que les choses changent. Que cela ne pouvait plus durer ! Avec cette nouvelle détermination, j'étais sûre à présent que, si Peter voulait m'arrêter, il faudrait d'abord qu'il me tue.

26

Camisole de force

PAUL

Les deux années de treize à quinze ans filèrent comme l'éclair. À la maison, les choses empiraient, et Peter semblait passer son temps à imaginer toutes sortes de boulots afin d'occuper le moindre temps libre entre la fin de mes corvées et l'heure du coucher. Le côté positif, c'est que le temps passait vraiment vite. Progressivement, mon corps s'était endurci sous les coups et je ne me sentais apparemment pas affecté par grand-chose, que ce soit physiquement ou mentalement. Du point de vue émotionnel, j'étais plutôt détaché de tout en apparence, mais, au fond de moi, j'avais des projets et des objectifs, et je m'appliquais à tout ce que je faisais en me concentrant sur l'apprentissage de mes compétences au meilleur de mes capacités.

Malgré le fait d'avoir été rétrogradé, je continuais d'obtenir d'excellents résultats chez les cadets, et je fus finalement proposé pour être éligible à une médaille d'honneur du régiment pour le titre de meilleur cadet. Je décrochai aussi la médaille d'or du duc d'Édimbourg, une récompense majeure des jeunes volontaires de l'armée britannique, et je reçus une mention spéciale et une médaille d'or de mon assesseur.

Je fus également sélectionné pour la formation d'artillerie de campagne du canon 25-pdr du camp suivant, où j'obtins des résultats fabuleux ainsi que la médaille du meilleur cadet. Inutile de dire que ni maman ni Peter n'assistèrent à la remise des récompenses, mais j'avais fini par m'y habituer.

J'eus l'impression d'avoir soudain quinze ans et je n'avais toujours aucune idée de ce que je voulais faire de ma vie. Chacune de mes journées représentait un effort mental considérable sans que j'aie en outre à réfléchir à des questions du genre de ce que je voulais faire après l'école ou de la carrière qui m'intéressait. Les matières que je choisissais étaient tout simplement celles qui me procuraient le plus de plaisir ou qui me remplissaient le ventre ! Je pris, par exemple, l'option « économie ménagère et travaux manuels ». J'étais le seul garçon du lycée dans cette classe, mais cela m'était égal.

Ce qui comptait, c'est que « économie ménagère » signifiait que je pouvais manger davantage, et c'est tout ce qui m'importait. Par exemple, lorsque nous confectionnions des cookies, j'en préparais six pour la classe et deux autres en douce que j'engloutissais sur place, pratiquement à la sortie du four. En « travaux manuels », je devins un véritable artiste de l'aiguille : point de feston, point de croix, point de nœud. Je confectionnai un superbe coussin en feutre et un coussin en satin à reliefs appliqués, orné d'une scène représentant une ferme et ses champs, sans oublier les sillons des collines.

Les autres garçons me trouvaient dingue, mais cela me procurait une forme d'évasion, même s'il ne s'agissait pas d'une activité très masculine. J'aurais voulu continuer l'école, mais Peter ne voulait pas en entendre parler.

— Il te faut un boulot ! criait-il. Espèce de bon à rien ! Tu crois que ta mère se tue à la tâche pour que tu te prélasses ?

Moi, tout ce que je pensais, c'était « Bla-bla-bla, espèce de feignant de merde inutile ».

Il n'y avait pas plus hypocrite que Peter puisqu'il ne travaillait pas et vivait aux crochets de ma mère, mais je savais désormais quand il valait mieux la fermer. Ensuite, il fut décidé que je pourrais continuer l'école si je trouvais un travail le week-end pour payer ma pension. Je dégottai rapidement un poste dans un restaurant, sur une aire d'autoroute. Je faisais de longues journées, tout le samedi et le dimanche, mais j'étais payé quatre-vingt-six livres pour les deux jours. Une somme ! En outre, cela me permettait de passer plein de temps hors de la maison et de ne plus jamais avoir faim. Peter affirmait que je devais verser la moitié de mon salaire directement à maman. J'étais furieux de voir que c'était toujours lui qui décidait tout. Il était toujours prêt à faire la leçon aux autres, mais il n'avait jamais d'argent, sauf pour acheter de nouveaux gadgets ou du matériel informatique. Le seul inconvénient était que, comme je travaillais tout le week-end, je ne pouvais plus participer aux camps des cadets ou aller voir Nany et Papy.

Au début, j'étais chargé de débarrasser les tables, d'empiler les assiettes sales et les couverts sur un chariot pour les emporter dans les cuisines et les mettre dans le lave-vaisselle. Avec mon collègue Richard, je calculai qu'il fallait environ quatorze minutes en moyenne pour exécuter cette tâche d'un bout à l'autre, et nous nous lançâmes un défi visant à battre le record. La compétition ajoutait un peu de piment à la corvée et, à nous deux, nous parvenions à débarrasser toutes les tables et à charger le lave-vaisselle en moins de deux minutes.

Peu de temps après, mon patron me proposa de prendre le poste à la caisse, puis au gril.

— Si tu es aussi efficace devant ce gril que lorsque tu

nettoies les tables, Paul, je pense que nos clients seront extrêmement satisfaits.

J'étais vraiment content de mon emploi : d'abord, parce que je restais loin de la maison toute la journée – un vrai bonheur – et parce que je mangeais à ma faim au moins pendant les fins de semaine. Quoi de plus naturel pour Terrie et moi que d'occuper des emplois en rapport avec la nourriture !

Au gril, je mis en place mon propre système, de manière à ce qu'il y ait toujours des saucisses ou des tranches de bacon en train de grésiller pour que les clients n'aient pas à attendre trop longtemps avant d'être servis. Lorsque les serveurs venaient chercher des toasts, j'en profitais pour glisser un peu de bacon entre deux tranches de pain, parce que j'aimais nourrir les gens autant que j'aimais manger.

Un week-end en particulier, alors qu'il s'était mis à neiger, j'arrivai au boulot pour découvrir des centaines de voitures bloquées par les congères. Pour tenir le rythme, il allait falloir que je bosse à la vitesse supersonique, mais j'y arrivai, et je peux dire que je profitai de chaque seconde. Jenny, la patronne, tellement adorable qu'elle m'aurait donné le bon Dieu en confession, fut si reconnaissante de ma rapidité qu'elle me demanda de rester pour des heures supplémentaires afin de faire tourner le gril. Ce jour-là, j'accumulai dix-huit heures et je cuisinai des milliers de petits-déjeuners et de repas. Lorsque je m'écroulai enfin dans mon lit, j'étais épuisé, mais chaque minute en avait valu la peine.

Le samedi, pour aller au travail, je partais dans un minibus qui venait nous chercher. Au retour, je posais mes genoux contre le dossier du siège devant moi et, fatigué, je somnolais pendant quelques minutes. Lorsque nous arrivions à mon arrêt, j'étais souvent profondément endormi, et mes jambes me paraissaient être différentes de moi. Il m'est même arrivé de devoir pratiquement ramper hors du bus et de m'asseoir sur le bas-côté de la route en attendant que les fourmis passent.

Une fois que je pouvais marcher normalement à nouveau, je repartais d'un bon pas afin de ne pas manquer l'épisode de *Beverly Hills*, parce que j'adorais l'actrice Shannen Doherty et que c'était mon meilleur moment du week-end. Comme prévu, Peter se rendit rapidement compte à quel point j'aimais cette série et il se fit une joie de programmer son arrivée dans le salon à temps pour le générique et me concocter des tâches urgentes. Juste au moment où je m'installais pour regarder la télé, il lançait brusquement :

— Va sortir Sam !

Ravalant ma colère, je soupirais. Je n'avais même pas « droit » à ma seule émission de télé de la semaine. Je me relevais d'un bond, empoignais la laisse, mais, ces soirs-là, les pieds du pauvre clébard arrivaient à peine à frôler un brin d'herbe du square voisin.

Aller travailler était aussi une récompense à sa manière dans la mesure où cela me permettait de sortir de la maison, et je profitais de chaque occasion pour m'amuser. Souvent, cela se réduisait à des bagarres avec Richard à coups de nourriture destinée à la poubelle. Nous finissions, par exemple, par nous jeter des œufs à la tête dans le dos des patrons ou de jouer au frisbee avec des beignets rassis. La plupart du temps, nos responsables faisaient mine de ne rien voir… J'étais un tel as du gril ! Avec Peter, il était cependant impossible de sortir ou d'aller s'amuser sans prévenir. Comme Terrie, je devais demander la permission par écrit au moins sept jours au préalable. Et j'avais beau obtenir la permission, il se faisait une grande joie d'annuler sa décision quelques minutes à peine avant mon départ. J'avais ainsi peu d'amis, et ceux que j'avais sortaient souvent en boîte et rentraient chez eux à pas d'heure. Moi, je devais « discuter » avec Peter pour qu'il me dise à quelle heure rentrer. Lorsque j'essayais de proposer une heure trop tardive, il m'interdisait aussitôt tout simplement de sortir. À cause de ça, j'avais beaucoup de mal à trouver ma place parmi les jeunes de mon âge et je passais la plupart de mes heures libres dans ma chambre à coucher. Les cadets constituaient vraiment mon seul moment de répit.

Terrie, elle, avait beaucoup de chance de pouvoir s'échapper pour aller travailler, et Peter la laissait parfois sortir le soir. J'étais content pour elle, mais, d'une autre manière totalement débile, j'étais jaloux. D'ailleurs, nous ne nous côtoyions pas beaucoup. Un jour, j'ai été invité à l'anniversaire d'un camarade de classe. Ce devait être une grosse fête, et tout le collège s'y rendait. J'avais obtenu la permission de Peter qui en avait profité pour multiplier le nombre de mes corvées par deux, mais j'étais bien décidé à y aller et je fis tout ce qu'il demandait. Puis, juste au moment où je m'apprêtais à sortir, il tendit le bras en travers de la porte.

— Tu n'y vas pas ! dit-il. Je veux que tu ailles promener le chien à la place.

J'avais beau adorer Sam, il m'arrivait aussi de la haïr. Ces fichues promenades m'avaient fait manquer tellement d'occasions ! Lorsque j'avais refusé, j'avais eu droit à autant de punitions. Ce jour-là, je mourais d'envie de pousser Peter et de lui dire d'aller promener Sam lui-même pour la première fois de sa vie, mais je me mordis la langue et je m'emparai de la laisse. Sur le chemin du retour, comme je passais à côté de la voiture de Peter, une idée de vengeance jaillit dans mon esprit. Le cône BSM de l'auto-école était fixé sur le toit par un aimant : je retirai rapidement l'aimant et n'en laissai qu'une petite partie, de manière à ce que le cône reste en place tant que le véhicule ne bougerait pas. Voilà qui allait poser un petit problème à Peter, histoire de le récompenser pour son sale caractère. Comme prévu, le lendemain, Peter rentra du boulot avec un sac rempli de fragments de plastique – et fou de rage.

— Le putain de cône s'est détaché en plein milieu de la double voie ! expliqua-t-il à maman en pestant. En miettes, je te dis ! En plus, il faut que j'en achète un autre à présent.

Réprimant à grand-peine un fou rire, je gardai les yeux rivés sur mon assiette pour ne pas me trahir.

Cette année-là, pour le réveillon de la Saint-Sylvestre, je fus enfin autorisé à sortir faire la fête jusqu'à une heure raisonnable. En ville, il y avait un gros truc où toute l'école allait, et j'avais passé tout le mois à faire tout ce que m'avait demandé Peter afin d'obtenir sa permission. J'avais même réussi à économiser quarante livres pour payer le taxi aller et retour.

Le 31 décembre, je me préparai, mais j'étais incapable de me détendre. Je savais que Peter pouvait changer d'avis à la dernière minute. J'avais exécuté mes corvées, deux fois, et demandé l'autorisation de sortir dans mon carnet de bord. J'avais fait tout ce qu'il voulait, comme il le voulait. Je m'étais même souvenu de l'appeler « chef », « maître » ou « Dieu », selon son humeur, tout au long de la semaine.

Je pus enfin sortir de la maison après avoir attrapé ma veste et je sautai dans le taxi, mais, lorsque nous arrivâmes au club, je plongeai la main dans ma poche pour découvrir que mon portefeuille avait disparu.

— Oh non ! m'écriai-je. J'ai perdu mon portefeuille ! Non, non, pas ça !

Le chauffeur de taxi alluma et je fouillai partout, entre les sièges et dessous. Le portefeuille n'était nulle part, mais j'étais certain de l'avoir mis dans ma poche.

Je n'avais pas le temps de fignoler. Il était déjà vingt et une heures ! Je demandai au taxi de me ramener à la maison. J'étais d'autant plus dégoûté que je savais que le prix de la course aller et retour me laisserait sans un sou en poche ; rien pour payer des consommations ou à manger. Lorsque le taxi arriva à la maison, je me précipitai à l'intérieur.

— Mon portefeuille ! haletai-je en voyant maman. Je l'ai oublié !

— Ah bon ? dit Peter d'un ton des plus calmes. Tu l'as laissé tomber sur le canapé. Le voici.

Je le pris sans dire un mot, mais je ne voyais pas comment il aurait pu « tomber » de ma poche, sauf avec un peu d'aide peut-être.

Je regardai à l'intérieur du portefeuille.

— Il ne va plus me rester d'argent pour ma soirée, dis-je en jetant un regard anxieux au taxi qui attendait dehors.

— La prochaine fois, tu feras un peu plus attention à tes affaires, n'est-ce pas ? lança Peter sans quitter des yeux la télé.

Je retournai dans le taxi et, sur le trajet de retour en ville, j'expliquai la situation au chauffeur qui eut sans doute pitié de moi, car il me ramena pour rien !

À la rentrée des vacances de Noël, je découvris que Mme Carter, ma tutrice qui m'avait soutenu comme un roc pendant quatre années, quittait le collège. J'étais d'autant plus déçu qu'elle avait compris qu'il y avait quelque chose qui ne tournait pas rond à la maison et qu'elle me laissait tranquille quand j'étais en retard ou que je me pointais avec le mauvais matériel ou des défauts dans mon uniforme. Au cours de mon existence, je n'ai jamais oublié ces personnes qui ont fait cet effort en plus pour m'aider. Elle était si appréciée que, pour son départ, nous fîmes une collecte qui se monta à vingt livres pour lui faire un cadeau. Je me portai volontaire pour m'en charger en me disant qu'il suffirait de cacher l'argent à Peter. L'effort me semblait en valoir la peine tant j'étais reconnaissant à Mme Carter de tout ce qu'elle avait fait pour moi.

Anthony, l'un de mes camarades, demanda ce qu'on pouvait lui acheter, et quelqu'un proposa des fleurs ou des chocolats.

Au bout de quelques minutes de discussion, plusieurs idées avaient été proposées, et je promis de choisir quelque chose qui conviendrait. Tout le monde savait à quel point j'appréciais Mme Carter, et mes camarades me faisaient confiance pour le choix.

Je quittai le collège avec l'argent, que je cachai derrière les livres de mon étagère, loin des yeux fouineurs de Peter ou de ses caméras. D'ailleurs, il semblait y avoir de moins en moins recours dans la mesure où il ne repérait plus si souvent des actes « interdits ». Je prévoyais de patienter jusqu'à ce que je sois libre une après-midi, pendant que Peter serait en train de travailler, afin de disposer d'une ou deux heures pour flâner dans les boutiques et faire mon choix.

Deux jours plus tard, en rentrant à la maison, je tombai sur Peter qui jeta sur la table de la cuisine un tas de monnaie.

— D'où est-ce que ça sort ? m'invectiva-t-il.

« Non, pitié, pas l'argent de Mme Carter », pensai-je.

— C'est une collecte faite en classe, répondis-je, pour faire un cadeau à madame Carter.

— Je ne te crois pas ! dit-il avec son sale sourire. Tu n'aurais pas pu obtenir autant !

— Mais si ! insistai-je. C'est parce que tout le monde aime bien madame Carter.

— Et pourquoi ne l'as-tu pas consignée dans ton carnet de comptes hier soir ? demanda Peter.

— Eh bien, parce que ce n'est pas mon argent, répondis-je.

— Ha ! je ne te crois pas, se moqua-t-il.

— Mais c'est la vérité !

Je sentis monter la panique. C'était dément ! Je n'avais même pas le droit d'acheter un cadeau pour un professeur ?

— Pourquoi ne vas-tu pas demander à mes camarades de classe ? Ils te le diront, eux !

— Pas question. Tu as dû les prévenir de mentir, espèce de petit branleur sournois. Dis-moi d'où sort ce fric ou je vais être obligé de le confisquer !

Je me laissai tomber sur une chaise, la tête entre les mains. Je n'arrivais pas à en croire mes oreilles.

— Je te promets que c'est pour madame Carter, répétai-je lentement.

Mais je savais déjà que cela ne servirait à rien. Après tout, quelle meilleure punition que de me confisquer cet argent tout de suite ?

Avec une expression de joie pure, il ramassa les pièces et se dirigea vers la porte de la cuisine.

— Trop tard ! clama-t-il. Tu as eu ta chance et tu l'as laissée passer !

L'esprit en ébullition, je me demandai comment j'allais expliquer pareille chose à mes camarades ! Ils en concluraient simplement que j'étais un voleur. Cela me faisait encore plus de peine parce qu'ils m'avaient fait confiance. Je réfléchis à ce que je pouvais faire quand un plan se forma dans ma tête. Deux jours plus tard, je me rendis en ville et je trouvai une boutique qui vendait des pendulettes. Je réussis à en glisser une dans mon sac sans que personne ne me voie. Je sortis la tête haute, mais le cœur battant à cent à l'heure. J'avais horreur d'être obligé de voler, mais il n'était pas question que je laisse Peter m'empêcher d'offrir son cadeau d'adieu à Mme Carter.

Sans me faire remarquer de Peter, je filai dans ma chambre et essayai de retirer l'arrière du boîtier de la pendule pour mettre la pile. Je déformai un peu le volet, qui était en aluminium, mais je réussis à mettre la pendulette en marche et, soulagé, je la passai en fraude le lendemain matin en la cachant dans l'herbe du jardin de derrière. Lorsque mes camarades me demandèrent ce que j'avais acheté, je leur parlai de la pendulette.

— Combien l'as-tu payée ? demanda l'un d'eux.

— Dix-neuf livres quatre-vingt-dix-neuf, mentis-je.

Mme Carter nous adressa ses adieux et je lui tendis fièrement la pendulette. On voyait bien qu'elle était émue lorsqu'elle la fit tourner entre ses mains pour l'admirer. Avec son volet légèrement tordu, on aurait dit un article « tombé du camion », mais elle me fit un petit clin d'œil tout en déclarant que la pendulette lui plaisait énormément.

27

Bas les masques !

Terrie

À mon retour de vacances, j'avais l'impression d'avoir reçu une injection d'une nouvelle vie. Le fait de pouvoir être avec Steven me permettait de faire des projets, voire d'envisager de déménager. Alors que cela faisait près de deux mois que nous étions ensemble, Peter m'appela en bas un soir pour « une petite conversation » avec maman.

— Ta mère et moi sommes assez inquiets, commença-t-il. Steven est un homme assez fort et nous nous demandons s'il ne risque pas de se montrer violent avec toi.

Je faillis m'étouffer en voyant l'inquiétude feinte qui marquait son visage.

— Vous quoi ?

Je n'arrivais pas à le croire.

— Nous pensons qu'il risque de présenter un danger pour toi si tu continues à le voir.

« Bel effort, Peter », pensai-je amèrement. Non, c'était proprement incroyable.

En souriant, je les regardai tous deux droit dans les yeux.

— Ne te fais pas de souci, Peter. Ni toi, maman. Steven ne posera jamais le petit doigt sur moi.

Le jour suivant, lorsque je rentrai du travail, Peter se

mit à me bourrer de coups dès que je franchis la porte d'entrée. Cela faisait plusieurs semaines qu'il ne m'avait pas touchée, d'autant que j'avais été absente, mais, ce jour-là, Paul était parti en camp avec les cadets, et maman était sortie avec une amie. Il n'allait pas laisser passer une aussi bonne occasion !

— Vite, déshabille-toi ! hurla-t-il en retirant ses vêtements.

— Non ! hurlai-je à mon tour.

Et, stimulée par un accès de force, je le repoussai, mais il réagit et nous luttâmes en tombant sur la moquette. Avec toute mon énergie, je me tordis et me tortillai pour lui échapper. Dans la bataille, je lui griffai la joue. Il en fut momentanément stoppé.

— Espèce de garce ! s'écria-t-il.

Il parvint à me bloquer les bras au sol, mais je ne cessais de lui lancer des coups de pied.

— Stop ! Il faut que ça s'arrête ! hurlai-je.

Au fond de moi, je sentais monter une force incontrôlable.

C'était maintenant. Je voyais enfin le bout du tunnel. Je savais que j'allais enfin lui échapper.

— Ça ne s'arrêtera jamais ! cria-t-il. Jamais, tu entends !

Je lui criai également en plein visage. Un son que je reconnus à peine. Comme un rugissement. Je sentais le sang me monter à la tête, comme si une nouvelle vanne s'était ouverte en moi.

Je plongeai les yeux dans ceux de Peter sans cligner : la peur m'avait désertée.

— Si tu veux que ça continue, lâchai-je lentement, il faudra que tu me tues. Tu comprends ? Tu vas devoir me tuer !

J'écarquillai les yeux pour déchiffrer son expression. Comme d'habitude, il plissait les paupières de son regard de myope au-dessus de ses lunettes, mais, cette fois, il n'y avait plus rien de dur et de froid. Au contraire, je décelai un éclair de quelque chose que je n'y avais jamais vu. De la peur ? Ce fut très fugitif, néanmoins parfaitement clair. Peter avait compris que rien n'importait plus. Que je n'avais plus peur de lui !

Et ça, ça le terrifiait.

— Tu n'es qu'un lamentable petit bonhomme ! lui crachai-je au visage.

Il serra mes mains comme dans un étau et me viola. Il pouvait me dominer physiquement, mais, après, lorsqu'il eut terminé, nous savions tous deux que je l'avais emporté.

Lorsqu'elle rentra du travail, maman remarqua les marques de mes ongles sur les joues de Peter.

— Que t'est-il arrivé, Peter ?

— Oh ! je me suis blessé en me rasant, marmonna-t-il.

Le lendemain matin, Peter sortit son agenda pour me demander de lui communiquer mon planning pour la semaine suivante.

— Quels sont les soirs où tu as l'intention de sortir ? demanda-t-il en léchant son doigt pour trouver la bonne page. Il faut que je le note.

— Tous les soirs ! répondis-je d'un ton désinvolte.

— Hum, répondit-il en essayant de me jeter un de ses regards furieux. Je ne crois pas. C'est seulement un soir par semaine et uniquement si tu as fait des corvées.

— NON ! m'écriai-je en le narguant du regard. Je vais sortir avec Steve tous les soirs et, devine un peu, tu ne pourras pas m'en empêcher !

Il ne dit rien et passa dans le salon. Ce soir-là, j'allais au pub avec Steve. Je lui avais beaucoup manqué pendant mes vacances et il voulait aborder le sujet de notre avenir.

— Pourquoi n'achèterions-nous pas une maison pour emménager ensemble ? proposa-t-il.

J'étais au comble du bonheur et il ne me fallut pas une seconde pour accepter. Alors, il m'enveloppa tendrement dans ses grands bras si forts. Je savais que j'avais enfin trouvé ma voie de secours. Ici et maintenant. Mon rêve d'évasion allait devenir réalité.

Nous déposâmes un apport personnel pour un petit pavillon de deux chambres. J'étais tellement excitée à l'idée d'avoir ma propre maison qu'elle aurait pu être en carton ! Du moment qu'elle avait quatre murs et un toit, et qu'elle était loin de Peter.

Nous pûmes obtenir un prêt très rapidement, et notre maison n'attendait que nous. En l'espace de quelques mois, tout fut arrangé.

La première personne à qui j'en parlai fut Paul. Je lui confiai à voix basse notre projet pendant que nous faisions notre toilette ce soir-là. Il me lança un regard vide.

— Tu as de la chance, dit-il simplement.

Je ne savais trop que lui répondre. Je me sentais tellement coupable de le laisser. J'aurais aimé le prendre avec moi, mais je savais que c'était impossible.

— On reste en contact, promis-je.

Un matin, au petit-déjeuner, je dis à maman, comme ça en passant, que je prévoyais de déménager la semaine suivante.

— Quel jour exactement ? s'exclama maman.

— À peu près dans une semaine, dis-je. Je n'en sais pas plus.

OK, répondit maman avant de partir travailler.

Ma relation avec ma mère n'avait jamais été pire. Elle était sans aucun doute déprimée, et, entre elle et Peter, les choses n'allaient pas fort. Toutes ces années où elle avait déçu mes attentes, où elle m'avait trahie formaient un véritable abîme entre nous. Un abîme que je doutais pouvoir combler un jour.

Dès son départ, je ne perdis pas de temps et je ramassai quelques affaires pour mon déménagement. Je traînai un peu sur ma collection de disques et sur de vieux souvenirs d'enfance, mais je me dis que je pourrais toujours revenir les chercher par la suite.

Pour l'heure, je devais m'en tenir au minimum vital. Dès que Steve alla chercher les clefs de la maison, je pris un jour de congé et je remplis ma voiture à ras bord. J'avais trop peur que Peter essaie de m'arrêter, mais, plus encore, je me sentais si coupable d'abandonner Paul derrière moi. Cependant, il fallait que je m'échappe ; je ne pouvais pas penser à autre chose.

Une fois que j'eus arrangé mes maigres possessions dans notre nouvelle maison, je me laissai tomber sur le canapé que nous avions fait livrer plus tôt dans la journée et j'essayai de me détendre en attendant le retour de Steve du travail.

Je me sentais tellement heureuse que j'avais l'impression que j'allais éclater. J'avais réussi ! C'était tout simplement trop beau pour être vrai.

Je mis la radio en marche sur une chaîne musicale et je me mis à danser dans la pièce. Ensuite, je partis faire quelques courses et achetai tout ce que j'avais envie de manger. La simple idée que je pouvais faire ce qui me plaisait me donnait le vertige.

Dès que Steve ouvrit la porte ce soir-là, je bondis sur lui et l'entraînai dans mes assauts de joie.

— Je suis libre ! criai-je.

Il se joignit à mes rires, mais je savais qu'il était incapable de mesurer la profondeur de mon bonheur. Je n'étais pas juste une fille ordinaire qui était heureuse de fuir les contraintes de ses parents, mais je voulais qu'il continue de le croire. J'étais libérée des traitements les pires, les plus pervers qui soient, mais je ne voulais pas qu'il l'apprenne. Que penseraient ses parents de moi ? Que dirait Steve ? Serait-il révulsé ? S'éloignerait-il de moi ?

Non, j'allais tout simplement laisser le passé derrière moi.

Au cours des semaines suivantes, je me réveillai tous les matins avec l'impression d'être un prisonnier évadé de prison. Je devais pratiquement me pincer lorsque j'entendais le réveil. Au lieu de sauter à bas du lit pour coller à l'emploi du temps imposé par Peter, pour la première fois en sept ans, je pouvais m'adosser aux oreillers et juste me détendre.

J'avais toute la journée devant moi sans me soucier de quoi que ce soit, ni d'agressions ni de violences. Je n'arrivais pas à le croire. Toutefois, en dépit de mon bonheur, je me rendis bientôt compte qu'il ne serait pas aussi facile de repousser Peter au fond de ma mémoire comme je l'avais espéré. Physiquement, il pouvait ne plus faire partie de ma vie, mais, mentalement, j'avais peu de répit. J'étais comme hantée.

Après avoir passé des années à marcher sur des œufs, je me retrouvais à être obligée de me forcer pour me détendre vraiment. Souvent, notamment lorsque j'étais seule, j'avais l'impression qu'on me surveillait. Les soirées étaient les pires moments. Lorsque Steve était absent le soir parce qu'il allait travailler comme videur, je passais la soirée avec un couteau à découper à portée de main, comme si quelqu'un allait venir m'attaquer. Je mis au point un système qui me permettait de fermer et de verrouiller chaque porte et chaque fenêtre avant le coucher du soleil.

Je ne pouvais pas prendre de douche ou de bain quand il n'y avait personne dans la maison. Si jamais je montais à l'étage dans l'obscurité, il fallait que je marche de côté, en crabe, le dos au mur jusqu'en haut des marches.

Le fait que je sois obligée d'être sur le qui-vive pendant autant d'années avait laissé des traces indélébiles. Même lorsque je n'avais pas vraiment besoin d'être vigilante, je n'arrivais pas à décrocher. C'était absolument épuisant. En outre, je faisais souvent des cauchemars, par exemple d'une personne qui me poursuivait, qui me frappait ou qui essayait de m'attraper. Après, je me réveillais éreintée, même si j'étais reconnaissante de constater qu'il ne s'agissait que d'un rêve.

Une autre chose que je fis fut de jeter ma montre. À présent que je n'avais pas à vérifier constamment l'heure, j'étais déterminée à ne pas m'en préoccuper. Mais cela faisait aussi partie des automatismes difficiles à éliminer. Par exemple, j'allais faire des courses et, soudain, au beau milieu de la foule, je piquais une crise de panique à l'idée de la durée du trajet, de l'heure de mon retour à la maison. Je me rendis également compte que le bruit que les gens faisaient en mangeant me perturbait. Au fond de moi, cela déclenchait une rage étrange.

Peut-être que toutes ces années à manquer de nourriture avaient également eu une influence…

Finalement, j'étais peut-être physiquement libre, mais je devais admettre que j'aurais à patienter pour briser l'emprise mentale.

Par ailleurs, il ne fallut pas attendre longtemps pour que Peter se manifeste.

Quelques semaines seulement après mon déménagement, le téléphone sonna.

— Allô ?

Je n'entendis qu'un silence, puis le bruit d'une respiration rauque. Mon cœur se mit à accélérer. Je n'avais pas besoin de demander à qui appartenait ce souffle pantelant. Peter ne prononça jamais son nom ou ne manifesta la moindre réaction pour me montrer qu'il savait que je savais. J'écoutai le souffle pendant quelques secondes, puis je reposai délicatement le combiné sur son support. Quelques minutes plus tard, le téléphone sonna à nouveau.

— Allô ! dit cette fois Peter en s'éclaircissant la voix. C'est Peter.

— Bonjour, Peter.

— Puis-je venir te voir aujourd'hui ? demanda-t-il.

— Non, merci, répondis-je poliment. Steve n'est pas là et je suis occupée. Je ne veux pas que tu viennes quand je suis seule.

Ce genre de coup de fil se fit plus régulier, mais je n'autorisai jamais Peter à me troubler ou à me déranger.

Le jour suivant, au travail, j'étais en train de servir un client lorsque je vis apparaître un véhicule d'un rouge familier à la station de l'aire. Ignorant la voiture rouge avec son cône sur le toit, je continuai à rendre la monnaie sans m'en soucier.

Je savais que c'était une manière pour Peter de me dire qu'il était toujours là. « Mais pourquoi m'en faire ? » ne cessais-je de me répéter. J'allais bientôt rentrer dans ma propre maison, avec Steve.

Peter revint quelques jours plus tard. Cette fois, il ralentit devant moi et lança un regard vers le guichet de la caisse, juste comme pour s'assurer que je l'avais vu.

Puis, quelques semaines plus tard, un week-end, je l'aperçus depuis la fenêtre de la salle à manger. Il était venu jusqu'à l'impasse dans laquelle nous vivions, et je compris parfaitement qu'il n'était là que pour manifester sa présence. Cette fois, je fus secouée par un frisson tout le long de la colonne vertébrale, mais je fis de mon mieux pour garder la tête haute et continuer à faire ce que j'étais en train de faire.

Je m'étais éloignée de lui, mais je savais qu'il ne faudrait pas longtemps pour que Peter tente de se réintroduire dans ma vie. Je voyais clairement ce qu'il avait en tête. Au lieu de continuer à me harceler, il se mit à focaliser son temps et son énergie sur Steve. Il avait déjà pris l'habitude de bavarder avec lui chaque fois que nous allions voir maman ou lorsque nos chemins se croisaient en ville.

— Alors, comment ça se passe avec cette bagnole que tu retapes ? commençait-il en souriant.

Comme Steve adorait parler de sa voiture, les deux hommes pouvaient passer vingt minutes à évoquer pots d'échappement et carburateurs. Je savais parfaitement que Peter ne s'était jamais intéressé le moins du monde aux voitures, mais, soudain, il paraissait fasciné par la mécanique. Ou bien il mentionnait un nouveau lecteur de DVD qu'il venait d'acheter, mais qu'il n'arrivait pas à faire fonctionner ou nous offrait de nous prêter une caméra vidéo ou des films qu'il avait enregistrés. Steve, qui n'y connaissait rien en matière de technologie de ce genre, lui était toujours reconnaissant de son aide.

Même si j'étais pleinement consciente de ce qui était en jeu, je me sentais paralysée. Je n'arrivais pas à agir, et la seule manière dont j'aurais pu empêcher définitivement Steve de voir Peter aurait été d'avouer ce qui s'était passé.

Que ce soit une question de honte ou d'inquiétude vis-à-vis des réactions de Steve, je savais que je ne pourrais jamais rien dire. Après avoir passé quelques minutes à se goberger avec Steve, Peter me donnait un coup de fil pour me demander s'il pouvait passer pour un café.

En frissonnant, parce que je n'arrivais pas à croire qu'il ait un tel aplomb, je répondais simplement non en ajoutant :

— Et n'essaie pas de venir chez moi non plus quand je suis seule !

Cela ne l'arrêtait pas pour autant. Il se pointait lorsque Steve rentrait du travail en proposant de nous prêter une copie d'un film piraté ou d'un jeu vidéo. Et Steve tombait chaque fois dans le panneau. Par ailleurs, je me sentais de plus en plus coupable d'avoir abandonné Paul alors que je profitais d'une nouvelle liberté. Mais, chaque fois que j'appelais, c'était Peter qui répondait, et la conversation ne variait pas.

— Est-ce que Paul est là ? demandais-je.

— Non.

— Puis-je lui laisser un message ?

Je savais que Peter ne transmettrait jamais aucun message à mon frère. Malgré tout, il fallait que je le fasse. J'espérais que mon petit frère allait bien. Il savait qu'il pouvait compter sur moi, et je savais aussi qu'il n'aurait pas à attendre si longtemps avant de pouvoir partir à son tour. J'essayais de me consoler en me disant que lui, au moins, ne subissait pas de violences sexuelles. Je savais qu'il était capable de survivre aux tortures physiques et psychiques, tout comme je l'avais fait. Paul était un petit bonhomme résistant.

D'ailleurs, mes principales relations avec maman et Peter passaient par les sorties en ville avec Nany et Papy. Souvent, nous nous retrouvions tous pour faire quelques courses avant de manger un morceau dans une cafétéria. Comme toujours, Peter était tout sucre et tout miel avec Steve. Jovial et enthousiaste, il lui posait des questions sur ses centres d'intérêt, ce qui flattait Steve et lui donnait l'impression d'être fascinant.

Moi, j'avais envie de hurler de rage.

28

Des ombres dans la lumière

TERRIE

Cela ne faisait pas deux mois que je vivais avec Steve lorsque tout ce que Peter pouvait être ou faire passa au second plan de mes préoccupations : je tombai enceinte.

Dès que j'en fus sûre, j'appelai ma mère pour le lui dire.

— Maman, tu ne devineras jamais ! Tu vas être grand-mère !

J'étais tellement heureuse de pouvoir lui confier une bonne nouvelle pour une fois !

— Oh ! Terrie ! s'écria-t-elle, je suis si contente !

Sa réponse me fit monter les larmes aux yeux. Cette fois, j'allais vivre une expérience totalement différente. Cela pourrait-il peut-être nous rapprocher, toutes les deux ?

Au fil des mois, toutefois, alors que mon ventre s'arrondissait, je ne pus m'empêcher de voir augmenter ma culpabilité par rapport au bébé que j'avais abandonné. Je pensais à lui tous les jours. J'avais conservé précieusement sa photographie, et Steve était au courant de l'adoption parce que l'administration continuait de m'envoyer du courrier à la maison, mais il acceptait ce qui s'était passé et restait d'un grand soutien. La grossesse fut difficile, car c'était la deuxième en peu de temps – et j'étais si jeune ! Le bébé pesait sur mon nerf sciatique et me causait des douleurs, sans parler des séquelles dont j'avais souffert à cause de la péridurale de l'année précédente. Toutefois, le fait de savoir que j'allais pouvoir être mère et conserver mon bébé était une consolation.

Lorsque j'entrai en travail, Steve eut à peine le temps d'arriver parce qu'il était débordé. On avait de nouveau déclenché les contractions, car j'avais dépassé le terme de deux semaines, mais, cette fois, la durée du travail ne dépassa guère cinquante minutes avant l'arrivée de mon adorable petite fille. J'étais ivre de bonheur et je sus immédiatement comment j'allais l'appeler à la seconde où je la vis.

Pendant mon séjour à l'hôpital, maman vint me rendre visite avec Paul et m'apporta des cartes et des cadeaux. Nous avions appelé notre petite fille Tammy et elle me paraissait si parfaite que je ne pouvais détacher mes yeux d'elle.

En regardant maman la tenir dans ses bras, je fus envahie d'une bouffée de fierté. Sur une carte qu'elle me donna, il y avait écrit : *À la jeune maman, tous nos vœux.* Je levai les yeux vers ma mère qui, pour une fois, rayonnait, et j'ouvris la carte : *À notre merveilleuse petite-fille. Baisers de sa Mamie et de son Papy.*

Je déglutis en pensant à mes propres grands-parents, mais, lentement, la vérité se fit jour en moi et je contemplai ma mère. Bien sûr, maman voulait s'appeler Mamie, et Peter serait Papy. Cela me donna la nausée, mais je fis l'effort de continuer à sourire en fixant ma petite fille.

Dès mon retour chez nous, Paul vint voir Tammy. Ses visites étaient rares, et je compris à cet instant à quel point mon petit frère m'avait manqué. Alors qu'il était assis sur le canapé, Tammy dans les bras, il se mit à somnoler, sans nul doute épuisé par la vie qu'il devait mener dans la maison où habitait notre beau-père. Non, nous ne parlâmes pas de Peter. Nous n'en eûmes pas besoin. Toutefois, Paul évoqua l'idée de partir lui aussi de la maison et me confia sa détermination à ne plus attendre si longtemps.

— Je le déteste tellement, dit-il. Dès que je quitterai cette maison, ce sera pour ne plus y remettre les pieds.

— Je sais, commentai-je en lui tapotant le bras. Tu n'auras pas à attendre trop longtemps désormais.

Il était en train de passer son brevet et espérait décrocher un emploi pour déménager aussi vite que possible.

— Je suis si fière de toi, poursuivis-je. Si fière de nous deux. Et je serai toujours là pour toi, ne l'oublie pas.

Peu après la naissance de Tammy, Steve et moi décidâmes de nous marier. Nous étions en février et nous fixâmes la date pour le mois d'avril.

Au cours des semaines suivantes, nous fûmes entraînés dans un tourbillon de choses à faire. Maman décida que nous pouvions nous charger du gâteau, la mère de Steve confectionna ma robe et la tenue des demoiselles d'honneur.

Tout le monde pensait que ce serait Peter qui me conduirait à l'autel. Tout le monde l'aimait et, bien entendu, il était naturel (en apparence) que ce soit lui qui s'en charge. Après tout, il était mon beau-père depuis dix ans !

— C'est lui qui t'a élevée depuis que tu as douze ans, alors, c'est logique, déclara quelqu'un.

Notre propre père ne faisait toujours plus partie de notre vie, mais cela ne voulait pas dire que, pour moi, c'était naturel. Peter n'avait pas droit à cet honneur. Le cœur battant la chamade, je ne cessais de me demander ce que je pouvais faire pour empêcher cela. Si je le repoussais, les gens risquaient de se poser des questions ! Si bien que je me laissai faire.

Lorsque j'allai annoncer la nouvelle à Nany et Papy, ils furent enchantés. À un moment, Nany me prit à part.

— Je veux te donner ça pour ce jour merveilleux, dit-elle en me glissant quelque chose dans la main.

Lorsque je regardai ce dont il s'agissait, je découvris une fine chaîne d'or avec une croix.

— Tu peux le prendre comme si c'était quelque chose que tu as emprunté, dit-elle en faisant référence à la tradition.

Je hochai simplement la tête tout en sachant ce que cette chaîne représentait à ses yeux.

— J'en prendrai soin, promis-je.

— Et comment se passent les préparatifs ? demanda Papy.

— Super, répondis-je.

Je lui parlai de ma robe et des demoiselles d'honneur, ainsi que de la voiture que nous avions louée pour aller jusqu'à l'église.

— C'est Peter qui te conduira à l'autel, n'est-ce pas ? demanda encore Papy.

— Oui, c'est une bonne idée, insista Nany.

Je leur adressai un sourire forcé. Dans un monde idéal, j'aurais voulu que ce soit Papy qui me conduise à l'autel.

— Je suppose que oui, répondis-je cependant d'un ton résigné.

En sachant à quel point Peter allait participer à la plus belle journée de ma vie, je ne pouvais qu'être terrifiée. La veille du mariage, ce fut pire parce que j'avais accepté de passer la nuit chez maman et Peter. C'était la première fois que je retournais dans l'avenue Churchill depuis que je m'en étais éloignée. Ce soir-là, je devais donner le biberon à Tammy qui avait désormais sept mois.

Je me rendis dans la cuisine pour préparer son biberon. Je ne l'aurais jamais laissée pour rien au monde seule avec Peter. Par la fenêtre, devant l'évier, je regardai du côté du jardin, où Paul et Peter se trouvaient. J'aperçus Paul, dans le coin, appuyé contre le mur, et Peter au-dessus de lui en train de le bourrer de coups de poing.

« Ça ne va jamais s'arrêter ! m'écriai-je en moi-même. Mais pourquoi ? »

Je savais bien que les choses avaient dû continuer comme avant, mais là, la veille de mon mariage, le fait de voir Peter frapper Paul fit remonter toute ma culpabilité à la surface. J'aurais tellement aimé sauver Paul !

Incapable de dormir, je n'avais qu'une seule envie, c'est que le mariage soit terminé. De devoir supporter que Peter joue le « père de la mariée », fier et affectueux, s'apparentait à une véritable torture. Le matin du grand jour, je me levai tôt, et maman m'aida à me préparer. Puis, elle et Paul m'embrassèrent pour me souhaiter bonne chance en me rappelant que nous nous reverrions à l'église. Lorsque je leur fis signe en partant, je me disais que, pour les autres, nous devions avoir l'air d'une famille parfaite. Un mariage en famille, avec une mère et un frère fiers de moi. Derrière mon sourire, personne ne pouvait voir à quel point j'avais l'estomac noué.

Seule avec Peter, je patientai jusqu'à ce que la limousine blanche qui devait nous conduire à l'église arrive. Ce fut un moment atroce. J'étais assise sur le canapé, sans parler, pendant qu'il allait et venait. Il ne prononça pas non plus une seule parole. Enfin, la voiture fut là, et nous allâmes nous y installer.

— Alors, c'est le grand jour ! déclara-t-il avec un sourire rayonnant. Ne t'inquiète pas, tout va bien se passer !

Boudeuse, je détournai la tête vers la fenêtre pour m'éloigner de lui le plus possible en souhaitant que le trajet soit déjà terminé. Et s'il essayait de me toucher ? Je ne savais pas de quoi j'étais capable ! Mais il n'avait pas besoin de me toucher. Clairement, il profitait de la moindre milliseconde de toute l'affaire. C'était toujours lui qui me dominait.

Le centre de notre famille ! Je serrai encore plus fort mon bouquet de mariée entre mes mains en priant pour que l'épreuve se termine le plus vite possible. Lorsque nous arrivâmes enfin, je plaquai mon plus beau sourire sur mon visage et laissai le photographe nous prendre en photo. Mais quelle horreur d'avoir à prendre le bras de Peter ! À présent, il était le centre de l'attention, et il agitait la main et souriait, jouant à merveille son rôle de beau-père fier et heureux, alors que, tout ce que j'avais en tête, c'était qu'il ne le méritait pas.

Nous remontâmes la nef, et je parvins, je ne sais comment, à traverser ces secondes atroces avant de pouvoir lui lâcher le bras. Pour toujours. Lorsque j'arrivai au niveau de Steve qui attendait devant l'autel, j'aurais voulu m'écrouler de soulagement. Après que nous eûmes échangé nos vœux, nous allâmes, pour la réception, jusqu'au Club des travailleurs, à côté de notre maison. Là, Peter leva sa coupe de champagne :

— À la mariée et au marié, dit-il.

Tous les visages étaient souriants lorsque Peter se tourna vers nous pour répéter :

— À la mariée et au marié.

Rayonnante, je trinquai avec mon mari. Voilà, je l'avais fait !

Peu après notre mariage, Peter me rendit visite pour me donner un téléphone mobile.

— Je t'ai acheté ça pour que tu restes en contact avec nous.

Devant tout le monde, je pris le cadeau et le remerciai, mais, au fond de moi, j'étais folle de rage.

Après son départ, Steve jeta un coup d'œil au téléphone en déclarant :

— C'est vraiment gentil de la part de Peter, n'est-ce pas ?

Je mis le téléphone en marche pour vérifier aussitôt le

répertoire : le seul contact qui y avait été inscrit était celui du téléphone mobile de Peter.

Pour fêter le premier anniversaire de Tammy, j'invitai toute la famille. Comme d'habitude, Steve et Peter eurent de longues conversations au sujet de voitures ou de caméras ; bref, ils s'entendaient à merveille. Moi, je me concentrais sur ma petite fille et sur Nany et Papy. En voyant mes grands-parents si attachés à leur arrière-petite-fille, je retrouvai un peu de joie. Tammy était une adorable petite chose. Elle nous apportait beaucoup de joie, et je peux dire que j'adorais être mère chaque seconde. Elle me donnait un but dans la vie, d'une manière que je n'aurais jamais crue possible.

Comme d'habitude, ce jour-là, j'évitai Peter comme la peste, mais il semblait particulièrement décidé à me parler seul à seule. Alors que j'étais occupée dans la cuisine à découper le gâteau de Tammy et à préparer les boissons, il se glissa tout près de moi avant que j'aie une seule chance de l'éviter. Son odeur suffisait encore à me faire suffoquer et à me donner la chair de poule.

— Terrie, balbutia-t-il, je suis désolé. Je suis vraiment désolé pour tout.

Je tournai les yeux vers lui. Ses yeux porcins si caractéristiques, qui affichaient pour une fois une expression de regret, ses cheveux gras plaqués en arrière… Je n'avais qu'une envie, c'était de hurler.

— Non, pas question, dis-je en le bousculant pour passer en serrant ma fille plus fort dans mes bras.

S'il s'attendait à ce que je lui pardonne sur-le-champ, dans la cuisine, le jour de l'anniversaire de ma fille, il était encore plus dérangé que je ne le croyais. D'une certaine manière, je le comprenais : il voulait faire partie de la famille et il faisait de son mieux pour s'insinuer dans les bonnes grâces de Steve et être accepté en tant que grand-père de Tammy. Mais, une fois de plus, il n'était désolé que pour lui-même.

Alors que Tammy n'avait que dix-huit mois, Nany fut emmenée à l'hôpital pour un problème cardiaque. Cela faisait plusieurs mois qu'elle avait été plus ou moins malade et, chaque fois qu'elle était hospitalisée pour un traitement ou un autre, je n'hésitais pas à emmener Tammy pour lui faire plaisir. Lors d'une de ces visites, elle me demanda, juste au moment où je m'apprêtais à partir, de s'approcher plus près de son lit.

— Je veux que tu aies cela, murmura-t-elle en me glissant dans la main la chaîne qu'elle m'avait prêtée pour mon mariage.

Je ne la lui avais rendue que quelques mois plus tôt.

— Non, Nany, tu n'as pas besoin de me donner ça ! protestai-je. Elle a tant d'importance pour toi !

— Oui, souffla-t-elle, oui, justement. Je le veux.

Voyant dans ses yeux qu'elle n'avait pas la force de discuter, je pris ce qu'elle m'offrait.

— Je la garderai toujours près de moi, dis-je en souriant et en caressant doucement sa joue.

— Je sais que tu le feras, répondit-elle en cherchant son souffle.

Après une étreinte, nous nous dîmes au revoir et je la quittai en tremblant d'émotion.

C'est à ce moment-là que je mesurai vraiment à quel point je l'aimais. Au cours des pires moments de notre vie, Nany et Papy avaient été notre seule oasis de réconfort.

Le lendemain, maman et Peter se présentèrent à notre porte à sept heures du matin.

— Que s'est-il passé ? m'écriai-je en comprenant aussitôt qu'il devait y avoir une raison grave.

Le visage gonflé de larmes, maman annonça :

— Nany est morte cette nuit.

Je me couvris le visage des deux mains pour cacher ma détresse. J'étais anéantie. Je ne m'y attendais pas si tôt.

Trois jours plus tard, Paul fêta ses dix-huit ans. Alors que nous étions encore sous le choc de la mort de Nany, nous parvînmes à lui fêter son anniversaire en organisant un dîner. Mais la chaise de Nany, à côté de celle de Papy, était désespérément vide. En dépit de l'immense tristesse de sa disparition, je sentais que Paul était encore plus agité que d'habitude. Tout le temps que dura le dîner, Peter ne cessa de lui lancer des regards furieux, et mon frère avait l'air encore plus maigre que d'habitude. Quelques mois plus tard, maman me téléphona pour annoncer que Paul avait quitté la maison. Il était en route pour l'armée des réservistes, dans laquelle il s'était engagé après avoir quitté les cadets, parce que Peter lui avait interdit d'y retourner. Cette fois, Paul avait défié Peter.

— J'y vais quand même, avait-il déclaré.

— Si tu quittes cette maison, c'est pour ne plus jamais y remettre les pieds ! avait hurlé Peter.

— Parfait, avait commenté Paul.

Et ce fut tout. Il partit ce soir-là uniquement avec les vêtements qu'il avait sur le dos et, pendant des mois, on n'entendit plus parler de lui. Pas une seule nouvelle. Mais je finis par le croiser par hasard sur la place de la ville et je me précipitai vers lui pour l'étreindre et lui dire à quel point il m'avait manqué.

Pendant des lustres, il dormit sur le canapé de copains parce qu'il avait du mal à trouver un job. Il réussit quand même son baccalauréat et dénicha un emploi intérimaire dans un restaurant comme assistant du chef cuistot. Toujours aussi dur à la tâche, il finit par décrocher un logement HLM. Bien que maman ait toujours insisté pour que Paul revienne à la maison, Peter décida de faire tomber le mur entre mon ancienne chambre et celle de

Paul pour installer une pièce immense qu'il réserverait à ses ordinateurs et son matériel photo.

Pour finir, nous reprîmes contact, et j'invitai Paul à dîner. Je voulais vraiment lui faire comprendre qu'il pouvait compter sur moi. Il avait l'air fatigué, mais je dois admettre qu'il était plus détendu que lors de sa dernière visite. Il expliqua que, peu après son emménagement dans son nouveau logement, il avait reçu la visite de maman et de Peter, comme ça, sans prévenir.

— Comment vas-tu ? lui avait demandé maman.

— Qu'est-ce que ça peut te faire ? avait rétorqué Paul, plus désinvolte que jamais.

— J'aimerais que nous puissions reprendre contact, répondit-elle.

Il lui dit que cela n'en valait pas la peine et lui ferma la porte au nez. Il était trop tard.

Par la suite, Peter lui envoya une lettre qui disait : *Tu as besoin de grandir et de cesser de perturber ta mère comme ça. Lorsque tu auras pris cette décision, les choses iront mieux et nous pourrons reprendre contact.*

Paul roula le message condescendant en boule et le jeta dans la poubelle. Il jura alors de ne plus rien avoir à faire avec Peter de toute sa vie.

Paul tenta de rejoindre le corps des réservistes et de reprendre les choses où il les avait laissées. Ses camarades lui manquaient et il envisageait de faire carrière dans l'armée, mais il découvrit que Peter avait rendu tout son paquetage dès son départ de la maison et veillé aussi à ce qu'il soit dégagé de ses obligations en insinuant qu'il n'était pas digne de servir l'armée.

— Bien sûr, il n'avait pas le choix, expliqua Paul lorsqu'il me raconta cela. C'était la seule et ultime punition dont disposait Peter pour garder un peu de contrôle sur ma vie. Il savait parfaitement que les cadets ou le corps de réservistes avaient été mes seuls véritables moments de bonheur dans mon existence.

— Mais nous sommes libres, désormais, rassurai-je Paul. À présent, ça ne dépend que de nous de profiter de notre vie.

29

L'heure de vérité

PAUL

Heureusement, ce fut la dernière fois que j'entendis parler de Peter pendant les sept années suivantes. En 1992, alors âgé de dix-huit ans, j'avais enfin la possibilité de partir en laissant mon ancienne vie derrière moi. Et je savais que j'irais vers ma nouvelle vie sans un seul regard en arrière.

Maman ne quitta Peter qu'en 2002, mais j'avais déjà commencé à percevoir le changement dans leur relation quelques années plus tôt. Elle était devenue de plus en plus critique et se plaignait sans cesse de son odeur ou de la manière dont il l'exploitait. Elle se mit à vivre sa propre vie à nouveau, à se faire de nouveaux amis et rejoignit l'Église spiritualiste. Je ne sais comment, elle trouva assez d'assurance pour aller de l'avant et, finalement, parvint à rencontrer quelqu'un d'autre et à quitter Peter. Toutefois, en dépit du fait que maman avait payé toutes les factures, notre maison de l'avenue Churchill était aux deux noms, et c'est Peter qui gagna sa dernière bataille contre maman en réclamant qu'elle lui verse la moitié de la maison. Comme elle ne pouvait pas se le permettre (après tout, tout son argent était passé dans les briques et le mortier), Peter proposa de lui racheter sa part pour un montant dérisoire de vingt mille livres. Sans parler du fait qu'il fallut à ma mère attendre plus de trois ans pour toucher cet argent. Peter étant ce qu'il était, il ne la laissa pas emballer ou prendre ses affaires dans la maison. Les choses se passèrent quasiment comme avec papa ! Elle partit avec un petit sac et les vêtements qu'elle portait sur le dos, laissant tout ce que notre famille possédait, qu'il s'agisse des bibelots, des vieux jouets ou encore des albums photo.

Rapidement, Peter se rendit compte qu'il était incapable de payer le crédit tout seul et, alors qu'elle était déjà partie, maman se retrouva obligée de l'aider encore à payer pendant deux ou trois ans. Elle déclara qu'elle se sentait coupable de l'avoir quitté pour un autre homme et qu'elle s'inquiétait que, si elle ne l'aidait pas, il risque de perdre la maison et qu'elle ne voie jamais la couleur des vingt mille livres.

Peter demeura avenue Churchill, mais, pour ma part, j'étais content d'être débarrassé de lui et de cette maison. Tous ces souvenirs horribles pouvaient y demeurer avec lui, même si j'ai souvent regretté toutes les affaires que nous avons laissées derrière nous.

Après mon déménagement, je n'eus plus aucun contact avec lui, mais la pauvre Terrie dut le supporter encore pendant des années. Pour une raison que j'ignore, son mari Steve aimait bien Peter. C'est lui qui fit qu'ils demeurèrent en contact.

Après sa fille Tammy, Terrie eut en 1992 un fils qu'elle appela Ben. Peter était bien décidé à être aussi le grand-père de Ben. Ainsi, il se pointait sans cesse avec des cadeaux et proposait tout le temps d'emmener les enfants se balader. Lorsqu'il achetait une boîte de Lego pour Ben, c'était toujours la plus grosse et la plus chère ; et il submergeait Tammy de jeux informatiques. Parfois, il lui arrivait de se présenter devant la maison sans prévenir, par exemple s'il savait que les enfants étaient à l'école, et il agitait joyeusement la main devant la fenêtre du salon. Il entraînait les enfants au McDo ou manger des crêpes… et inventait toutes sortes d'idées pour jouer son rôle de grand-père idéal. Malgré tous ses efforts, Terrie n'arrivait pas à éloigner Peter de sa famille.

Lorsque maman se sépara de Peter, les choses s'aggravèrent pour Terrie. Steve insistait pour inviter le pauvre Peter solitaire et lui tenir compagnie. Ce n'est que lorsque son propre couple se brisa, en 2006, que Terrie put enfin éloigner Peter de sa vie, et pour de bon. Nous étions tous deux tout simplement soucieux de laisser les années terrifiantes de notre enfance et de notre adolescence avenue Churchill derrière nous. Après ça, Terrie et moi vécûmes ensemble pendant trois ans, mais pas une seule fois nous ne parlâmes de Peter ou de l'avenue Churchill. Il y avait des choses qui demeuraient taboues, mais nous étions tous deux parfaitement satisfaits de la situation.

Au fil du temps, je demeurai plus proche de maman que Terrie. Sa trahison avait totalement détruit leur relation, une chose dont je ne mesurai l'importance que plus tard.

À l'époque, je pensais simplement que maman et Terrie ne s'entendaient pas, comme cela se produit souvent entre mère et fille. Si Terrie m'appelait lorsqu'elle était là, elle disait :

— Ah ! ta mère est là ?

Comme si c'était une blague !

Elles ne se croisaient jamais.

Après son départ de l'avenue Churchill, maman s'installa dans une nouvelle maison et une nouvelle vie, et elle ne voyait Peter qu'à l'occasion, lorsqu'elle allait voir Jeff, notre ancien voisin. Jeff avait plus de quatre-vingt-dix ans, et Peter s'était transformé en voisin modèle qui venait régulièrement lui faire la conversation ou prendre le thé avec des petits gâteaux. Je n'arrive pas à imaginer comment maman pouvait supporter de prendre le thé avec Peter, mais elle ne le faisait que pour Jeff.

À cette époque, j'étais marié et j'étais heureux en famille. J'avais quatre superbes enfants, et ni Terrie ni moi ne nous considérions comme des victimes.

Nous faisions avec, nous concentrant sur le « ici et maintenant », et sur nos enfants et notre famille. Ce qui était sûr, c'est que nous étions tous deux absolument certains que les gens qui avaient été maltraités et qui maltraitaient à leur tour leurs propres enfants n'étaient que des monstres.

Nous n'avons jamais levé le doigt sur nos propres enfants.

Le temps passa jusqu'au jour où nous apprîmes une nouvelle effarante : l'homme pour lequel maman avait quitté Peter s'était suicidé parce qu'il n'arrivait pas à affronter la situation financière dans laquelle il s'était enfoncé en laissant maman se débrouiller. Cela rapprocha légèrement maman et Terrie et, au cours des années, leur relation se dégela un peu au point que nous évoquâmes l'idée d'acheter une propriété pour maman en prévoyant d'en obtenir l'héritage par la suite.

Nous nous retrouvâmes à plusieurs reprises pour en parler. Puis, le 14 mai 2012, maman vint dîner à la maison et nous nous mîmes à bavarder. Pendant que nous parlions, elle fit un commentaire au sujet de Peter, qui disait grosso modo qu'il n'était pas « si mauvais ». Je dois préciser qu'au fil des années, j'avais beaucoup pardonné à maman. Je crois qu'elle n'avait jamais été vraiment consciente de ce qu'il nous faisait subir et qu'elle préférait fermer les yeux sur les châtiments qu'il nous infligeait, mais le fait de l'entendre le soutenir ainsi sans aucun discernement ne me paraissait pas juste.

— Bon sang, maman, Peter n'était pas aussi innocent que ça ! rétorquai-je en avalant mon thé de travers.

Maman me lança un regard interrogateur.

— Mais de quelle manière ?

— Par exemple, un matin, dans ton lit, il nous a montré un gros sparadrap sur son sexe !

L'air réellement sidéré, maman s'exclama :

— Quoi ? Mais, Paul, pour quelle raison aurait-il fait une chose pareille ?

— Je n'en ai aucune idée, répondis-je. Je suppose que c'était un de ses jeux tordus. Il a descendu mon slip et la culotte de Terrie en affirmant qu'il cherchait à vérifier si nous avions déjà des poils pubiens !

Maman fronça les sourcils d'inquiétude. De toute évidence, elle n'était pas du tout au courant.

— Tu sais que Terrie lui a fait des avances ?

J'éclatai de rire.

— Ce n'est pas possible, maman.

— Mais si, insista-t-elle tristement. Je les ai surpris en train d'avoir des rapports sexuels dans la chambre de Terrie le jour de Noël.

À cet instant, le monde parut s'arrêter de tourner tandis que je comprenais peu à peu le sens des mots terribles que maman venait de prononcer.

— Tu as… quoi ?

— Oui, parfaitement. Lorsqu'elle était adolescente, expliqua maman, Terrie a essayé de séduire Peter jusqu'à l'attirer dans sa chambre le jour même de Noël ! J'étais vraiment furieuse. Après, j'ai appelé une association de parents et je suis même allée demander conseil à mon généraliste. Tous m'ont dit que c'était une question d'hormones et de puberté et qu'il ne fallait pas que je me fasse trop de soucis. Peter m'a expliqué qu'elle était…, heu…, consentante. Il était aussi inquiet que moi pour finir.

Pris de vertiges, je me laissai aller contre le dossier de la chaise.

— Maman ! m'écriai-je une fois que j'eus recouvré l'usage de la parole. Je ne le crois pas une minute ! Je connais ma sœur et je sais que ça ne peut pas être vrai. D'accord, ajoutai-je ensuite, il faut que j'en parle à Terrie.

Je m'emparai de mon téléphone et, d'une main tremblante, je composai hâtivement le numéro de téléphone de ma sœur. Je savais pertinemment que le numéro 59 avenue Churchill était synonyme d'enfer sur terre lorsque nous étions enfants, mais Terrie et Peter ayant des rapports sexuels ? En plus de tout le reste ? Je priai pour que cela ne soit pas vrai !

— Salut, Terrie ! lançai-je d'un ton joyeux lorsqu'elle répondit. Est-ce que tu pourrais passer maintenant ? On voudrait te parler d'un truc.

Je raccrochai et me tournai vers maman.

— Terrie a accepté de venir. Je vais mettre la bouilloire en route.

Pendant quelques minutes, je demeurai seul dans la cuisine en essayant de calmer ma respiration malgré les pensées qui tourbillonnaient dans ma tête. Terrie et Peter ? J'avais encore du mal à réagir, même lorsque j'étais soumis à une forte émotion, mais il m'était vraiment difficile ne serait-ce que d'imaginer une chose aussi énorme. Alors, réagir ?

Quinze minutes plus tard, Terrie était là.

— Que se passe-t-il, Paul ? demanda-t-elle aussitôt.

Son sourire disparut dès qu'elle passa la porte et découvrit mon visage.

— Écoute, c'est un peu difficile à dire, alors, je vais aller droit au but… As-tu oui ou non eu des rapports sexuels volontaires avec Peter ?

— Jamais ! Bon sang ! s'écria-t-elle. NON !

— D'accord, d'accord, me contentai-je de commenter

alors que la vérité écœurante commençait à se faire jour dans ma tête.

— Écoute, Terrie, assieds-toi.

J'en profitai pour expirer profondément.

— Maman dit que tu as couché avec Peter volontairement. C'est vrai ?

— Non, mais non ! hurla Terrie.

— D'accord, dis-je, de plus en plus nerveux. Mais maman est apparemment sûre que c'était le cas. Que tu étais d'accord, je veux dire.

— Bien sûr que oui, intervint maman. Je t'ai vue et, après, tu n'as rien dit ! Tu n'as même pas essayé de te défendre ou rien !

— J'ai essayé, maman, je voulais t'expliquer, mais tu n'écoutais rien ! cria Terrie. Pendant des années, Peter t'a manipulée… Un véritable lavage de cerveau. Et tu as gobé tout ce qu'il t'a dit !

— Je ne peux pas le croire, souffla maman.

À présent, Terrie était secouée de tremblements, et ses yeux, voilés de larmes.

— Maman, Peter m'a violée une première fois quand j'avais treize ans, et cela a continué jusqu'à ce que je quitte la maison. Voilà la vérité !

Le silence s'abattit sur nous. Tandis que Terrie la regardait, maman se mit à pleurer. Ma sœur se tourna alors vers moi et, au lieu de la femme de quarante-deux ans, mère de deux enfants, je vis la petite fille sans défense. Je ne savais que dire. Il m'était insupportable de savoir que ma sœur avait été violée pendant si longtemps sans que je me sois rendu compte de quoi que ce soit.

— Il faut faire quelque chose, dis-je en me forçant à parler. Devons-nous en parler à la police ?

L'air horrifié, Terrie prit sa tête entre ses mains avant de parler.

— J'ai dissimulé cet horrible secret pendant si longtemps, murmura-t-elle sans nous regarder.

Au fond de moi, j'avais l'estomac noué de rage, mais je me contentai de poser ma main sur celle de ma sœur.

— Je ne sais que dire, Terrie.

Je voulais lui poser toutes sortes de questions. Comment faisait-il ? Comment l'obligeait-il à le faire sans que personne ne s'en aperçoive ? Pourquoi ne m'avait-elle jamais rien dit ?

Mais, d'une certaine manière, je comprenais aussi à quel point elle devait être perturbée.

— Il le faisait quand nous étions seuls ! s'écria-t-elle. Lorsque tu étais avec des copains ou chez les cadets et que maman était au travail. Il filmait chaque minute. Chaque fois.

Maman sanglotait maintenant à grand bruit.

— Vous devez tellement me haïr, tous les deux, dit-elle. Je vous ai laissés tomber de la manière la plus horrible qui soit. Mon Dieu, je suis une si mauvaise mère !

Nous n'eûmes aucune réaction. C'était vrai. Elle avait été une mauvaise mère. Toutefois, il fallait que nous regardions vers l'avenir et décider ce que nous allions faire, et vite.

— Je pense qu'il faut appeler la police, Terrie, dis-je enfin. Peter ne mérite pas de continuer à vivre comme si rien n'était arrivé. Ce n'est plus possible.

Terrie hocha simplement la tête et, si sa bouche s'ouvrait et se fermait, aucun son n'en sortit.

Alors, je pris le téléphone et composai le numéro de la police.

— J'aimerais évoquer des maltraitances et des abus sexuels qui ont eu lieu dans le passé, expliquai-je. À plusieurs reprises, expliquai-je. Oui, il y a près de trente ans.

Je fus mis en liaison avec un inspecteur du commissariat qui prit quelques notes avant de me donner rendez-vous pour une déposition deux jours plus tard. Je remerciai le policier et expliquai tout à Terrie et à maman.

Il nous fallut du temps pour mesurer ce qui venait de se passer, et, dans les tasses, le thé était devenu froid. Ce que je comprenais, c'est que le cauchemar de mon enfance était encore pire que dans mon souvenir.

— J'espère que je me souviendrai de tout, déclara enfin Terrie en esquissant un sourire. Je ne veux pas qu'ils imaginent que j'ai tout inventé.

— Moi, je te crois, coupai-je. Et maman aussi, n'est-ce pas ?

Sans cesser de verser des larmes dans son mouchoir, maman hocha la tête.

— Terrie, cela nous concerne tous, précisai-je. Nous allons tout raconter à la police.

Notre déposition devait être enregistrée le samedi matin, deux jours plus tard. À la fois anxieux et impatient, je passai la journée du vendredi dans une sorte de brouillard.

Cela paraissait si irréel ! Terrie n'avait raconté que le minimum de ce qui lui était arrivé. Elle fut la première à déposer pendant que nous patientions à l'extérieur du salon, où elle était enfermée avec un officier de police.

Lorsqu'elle ressortit, ma sœur avait l'air plus forte et semblait soulagée.

— Je suis vraiment satisfaite de constater que ma mémoire est solide, murmura-t-elle. À peine me suis-je assise que je n'ai pas cessé de parler et j'ai raconté tout d'un bout à l'autre. Je leur ai affirmé qu'ils trouveraient toutes les vidéos de Peter soit nettement classées par ordre alphabétique ou tout l'ensemble dans la poubelle.

Nous le connaissions si bien.

Terrie avait également fourni une excellente description de notre ancienne maison. À présent, c'était mon tour. Lorsque j'essayai de me rappeler, mon esprit me paraissait vide.

Bien sûr, les souvenirs comme le séjour sur la péniche ou les vacances à Hunstanton, lorsque Peter faillit me tuer, étaient toujours frais dans mon esprit (ils n'avaient cessé de me poursuivre), sans compter le régime qu'il nous imposait, la surveillance permanente. Il m'arrivait cependant d'avoir du mal avec certains détails, mais je réussis quand même à fournir toute une liste de ce dont je me souvenais. Apparemment, c'était beaucoup plus que ce que je l'en croyais capable.

Terrie avait noté quelques événements sur un carnet pour m'aider à me souvenir de certains incidents, et cela m'aida beaucoup. Pendant que je parlais, les officiers de police prenaient des notes en émettant des « hum » et « ah ! » Ils posèrent des questions pour revenir sur certains points ou me faire raconter la même chose une nouvelle fois, comme s'ils essayaient de me prendre en défaut. À présent que j'en sais davantage, je comprends qu'ils avaient besoin de vérifier toutes les déclarations.

— Il est extrêmement difficile de prouver la maltraitance après tout ce temps, nous prévint l'un des policiers. Tout dépend des preuves matérielles que nous trouverons. Il est essentiel que d'autres sources viennent corroborer vos dépositions.

Je leur parlai des deux garages de Peter, celui de la maison et celui qui se trouvait un peu plus loin, à côté du parc.

— Celui-là était bourré de trucs de l'armée de réserve, de munitions de calibre .22 et de fusées de signalisation, précisai-je. Et je suis sûr que vous devriez trouver aussi sa carabine à air comprimé si vous cherchez bien.

Il ne nous restait plus qu'à attendre la nouvelle de l'arrestation de Peter, mais ce fut en vain. Je me décidai à appeler la police pour poser la question.

— Nous nous sommes rendus à plusieurs reprises dans la propriété de M. Bond-Wonneberger, mais il était toujours absent, expliqua un policier.

— À plusieurs reprises ? soufflai-je.

Je savais que la maison faisait partie d'une petite communauté et, les voisins étant les voisins, ils avaient dû bavarder. Jeff avait déjà probablement déjà prévenu Peter de la présence répétée de la police dans le coin.

— Et pourquoi n'essayez-vous pas son lieu de travail ? suggérai-je.

Je sentais la panique monter en moi.

Le lendemain, le commissariat de police nous passa un coup de fil pour nous informer de l'arrestation de Peter. On avait également perquisitionné dans la maison, et le résultat était stupéfiant.

— La quantité de preuves est incroyable, s'enthousiasma un inspecteur.

— Nous avons de quoi envoyer cet homme à l'ombre pendant très longtemps. Pas moyen qu'il nous échappe, désormais, déclara un autre d'un ton très encourageant.

Terrie et moi, nous ne savions pas si nous devions rire ou pleurer.

Peter dut faire face à quatorze chefs d'accusation de viol et de sévices sur enfants pour la période située entre 1982 et 1990 environ. Il avait enregistré sur vidéo quatorze des séances de viol qu'il avait infligées à Terrie.

— Comment a-t-il réagi ? demanda Terrie. Lorsque vous l'avez arrêté, qu'a-t-il fait ?

La policière qui avait interrogé Terrie nous prit à part pour nous expliquer. Il s'agissait d'une femme intelligente, attentionnée, qui était spécialiste des cas de violences sur enfants.

— Il était très calme, dit-elle. Nous l'avons arrêté avenue Churchill et, lors de l'interrogatoire, il a affirmé qu'il s'agissait de rapports sexuels consensuels. Il n'a commencé à paraître inquiet que lorsque nous lui avons annoncé que nous perquisitionnions la maison.

— Et qu'avez-vous trouvé ? demandai-je.

— Tout était exactement comme Terrie nous l'avait dit, continua-t-elle avec délicatesse. Nous avons découvert un énorme catalogue de sévices sur vidéos et sur DVD, un masque à gaz, un vibromasseur, une carabine à air comprimé, un fusil à balles en plastique, cent quarante DVD d'images obscènes d'enfants, quarante-deux photos obscènes de Terrie, ainsi que toute une vidéothèque de films sur Terrie de l'âge de quatorze à dix-huit ans environ. À notre arrivée, nous avons également découvert une vidéo qui tournait sur quatre lecteurs en même temps pour copier l'enregistrement de Terrie. L'étiquette indiquait « T & P à la maison ».

Le souffle coupé, Terrie se cacha la bouche avec la main. Elle avait l'air fortement secoué. Quant à moi, j'essayai de réprimer la rage que je sentais prête à déborder.

— Et que montrait la vidéo ? demanda ma sœur d'un ton hésitant, comme si elle ne pouvait supporter la réponse.

— Terrie porte une culotte blanche et un haut, et il la force à danser sur une chanson de Madonna, expliqua lentement la femme. D'après les photos que vous nous avez confiées, Terrie, on dirait que vous avez autour de quatorze ans.

Le fait que Peter soit pris en flagrant délit en train de violer Terrie était incroyable. Il continuait de regarder ces films plus de vingt-cinq ans après les avoir tournés ! Mais l'idée qu'il en distribuait des copies était encore plus terrifiante.

Si moi j'étais atterré, je pouvais deviner à quel point les pensées de Terrie étaient pires ! Peter, qui avait voulu être le « Papy » des enfants de ma sœur, les avait sans doute emmenés pour les gâter, rentrer ensuite chez lui et se délecter des images des tortures qu'il infligeait à Terrie autrefois.

— Bon sang, c'est tellement dégueulasse ! m'écriai-je. Pourquoi ne m'as-tu pas dit ce qui se passait, Terrie ? Je l'aurais tué, je te jure que j'aurais fait quelque chose ! N'importe quoi !

Terrie secoua la tête.

— Paul, tu n'étais qu'un petit garçon de neuf ans, tout maigre et tout fragile. Rien de ce que tu aurais pu dire ou faire n'aurait changé quoi que ce soit. Tout ce que je voulais, c'était te protéger. C'était tout ce que j'étais en mesure de faire.

30

L'enquête de police

Terrie

Ce fut si étrange de m'entendre dire tout haut ce qui s'était produit après avoir porté cette douleur pendant tant d'années. La honte et les tourments que j'avais ensevelis en moi. Contrairement à Paul qui avait réussi à éliminer Peter de sa vie, je n'avais pas eu cette chance, et mes enfants avaient passé beaucoup de temps avec ce monstre. Le prix que j'avais payé afin de protéger ma famille de la cruelle vérité était vertigineusement élevé.

La policière proposa d'organiser un soutien thérapeutique pour Paul et moi, une aide dont nous n'avions jamais bénéficié. Notre politique avait toujours été de refouler le passé pour regarder vers l'avenir. À présent, nous n'avions plus le choix. Après avoir tout raconté en détail, les vieux souvenirs remontaient à la surface, et les blessures se rouvraient. D'ailleurs, j'avais recommencé à avoir d'horribles cauchemars.

En revanche, le côté positif, c'était que, puisque Peter avait été pris en flagrant délit, son crime ne bénéficiait plus du délai de prescription, ce qui signifiait qu'il encourait une plus longue peine.

— Avez-vous trouvé autre chose ? demanda Paul.

— Nous n'avons pas trouvé ses carnets ou la carabine à air comprimé dont vous avez parlé, répondit la jeune femme, mais nous avons largement de quoi étayer la demande de condamnation.

La police corrobora tout ce que nous avions déclaré. Elle était aussi entrée en contact avec le centre de thérapie familiale où Paul avait passé quelque temps et, bien que les archives n'aient pas été conservées, il y avait encore dans le registre la trace du passage de mon frère.

— Nous avons également eu un entretien avec votre cousine Nicky, ce qui nous a permis de corroborer les dates, nous assura-t-elle.

Dès l'arrestation de Peter, la machine judiciaire se mit en route. Pour commencer, la compagnie de leasing lui retira sa voiture et mit les scellés sur tout ce qu'il possédait. À présent qu'il était en préventive, il était prêt à signer tout ce qu'on voulait.

— Il y a encore des tas de choses là-bas, dit tristement maman. Ces anciennes tasses et sous-tasses du jour de la fête des Mères que vous m'avez offertes. Et des bibelots précieux, sans parler de tous les albums photo…

J'avais également abandonné mes disques et, aussi incroyable que cela puisse sembler, Peter était en droit de réclamer possession de tout cela parce que ces affaires étaient encore dans la maison.

Sachant que la maison allait être perquisitionnée, Paul et moi nous mourions d'envie d'aller voir, comme si nous étions soucieux de récupérer nos biens alors qu'il les retenait depuis des années.

Au bout de quelque temps, la police nous annonça que les lieux n'étaient plus qualifiés de « scènes de crime » et, après la perquisition de la police, la maison était pratiquement vide.

Maman nous appela au téléphone pour nous demander d'aller rendre visite à Jeff, notre ancien voisin.

— Il est très secoué, dit-elle. Il n'arrive pas à surmonter ce que Peter a fait.

Nous lui dîmes que nous serions prêts à aller le voir.

En dépit de tout ce qui nous arrivait, nous acceptâmes de nous serrer les coudes et nous rendîmes donc visite à Jeff pour lui manifester notre soutien moral. Lorsqu'il ouvrit la porte, il avait l'air plus vieux que jamais.

— La police est venue l'arrêter juste le jour de mon anniversaire, bafouilla-t-il. J'allais avoir quatre-vingt-dix ans, et Peter devait venir partager le gâteau avec moi.

Après une pause, il continua :

— Je n'arrive pas à croire ce qu'on raconte sur Peter.

Cela ne m'étonnait pas. Peter était toujours en train d'aller prendre une tasse de thé avec lui, regarder le foot à la télé, et ils avaient même prévu de partir en vacances quelques semaines plus tard, comme ils l'avaient fait pendant les six ou sept dernières années.

— Eh bien, je suis désolé, mais on dirait bien qu'il a fait des trucs horribles, déclara Paul.

Jeff soufflait sur son thé pour le faire refroidir.

— C'est un peu dur à avaler, dit-il. J'ai raconté à la police qu'il était venu à plusieurs reprises, mais le policier m'a dit que c'était uniquement parce qu'il se souciait du cambriolage dans son garage.

— Typique de Peter, coupa Paul. Arrogant jusqu'à la dernière seconde. Bien sûr, il n'a pas un instant douté qu'il s'en tirerait avec ce qu'il avait fait.

Jeff nous offrit de la génoise à la crème avant de bondir sur place.

— Oh ! Cynthia, au fait, avant que j'oublie, j'ai du courrier pour toi, annonça-t-il.

— Du courrier ? interrogea maman. De la maison ?

— Comment est-ce possible ? insista Paul.

— Eh bien, c'est moi qui ai la clef de la maison de

Peter, expliqua Jeff. L'avocat m'a demandé de prendre son courrier.

Jeff tendit la lettre à maman.

Elle l'ouvrit d'un coup et, en la lisant, je vis ses yeux s'écarquiller.

— OK, écoutez un peu ça ! Peter possédait deux garages. L'un des deux était aux deux noms et, lorsque j'ai quitté la maison, Peter a prétendu qu'il avait fait les modifications nécessaires, mais il n'a rien fait du tout. Cela signifie que, légalement, je demeure partie prenante de la location puisqu'elle est encore à mon nom.

Nous échangeâmes un regard.

— Allons donc voir le garage de maman ! s'exclama Paul. Nous avons absolument le droit de le faire.

Nous allâmes jusque-là pour découvrir l'endroit envahi de toiles d'araignée. Tout était recouvert de poussière et de crasse. Comme si on n'y avait pas touché depuis des siècles ! Nous retrouvâmes la vieille balancelle de maman, à présent rouillée, et toutes sortes de vieux outils ainsi qu'un Kärcher.

— Beurk ! m'exclamai-je. Tu ne trouves pas, Paul, qu'on se croirait dans le garage d'Indiana Jones ?

Nous étions en train de fouiller dans des caisses lorsque maman souleva un grand morceau de bâche goudronnée au fond du local.

— Paul, appela-t-elle. Viens un peu voir ce qu'il y a là-dessous !

Paul se faufila jusque-là et arracha la bâche en faisant fuir une armée d'araignées. Il s'agissait d'un placard métallique à hauteur de hanche. Il fit glisser le couvercle et, dans un hoquet, il s'exclama :

— Ouah !

Le classeur renfermait environ quatre-vingts vidéos soigneusement rangées avec leur étiquette. Nombre d'entre elles étaient usées, mais toutes comportaient l'écriture de Peter.

Paul ajouta :

— Regarde, il y a aussi des vieilles grenades fumigènes et des feux à main ici aussi. Tout un tas de munitions instables ! Purée, c'est dangereux ! Tout le monde dehors !

Paul appela la police pour la prévenir du danger présent, et on envoya le service de déminage pour vérifier. Après cette trouvaille, nous décidâmes d'aller rendre visite à l'autre garage de Peter.

À notre arrivée, nous le trouvâmes déverrouillé. À l'intérieur, tout était aussi humide, sombre et sentait la moisissure, mais nous dénichâmes rapidement à l'intérieur des caisses et des caisses contenant des milliers de diapositives. Paul exhiba également des boîtes pleines de négatifs et un carton qui contenait l'alliance d'Oma et toutes ses possessions.

— Je n'en crois pas mes yeux ! s'exclama Paul, visiblement stupéfait.

La police envoya quelqu'un recueillir les munitions avant de décider que l'endroit faisait partie de la scène du crime. Il apparut ensuite que Peter avait demandé au loueur de reprendre la propriété et de jeter le contenu du local.

Maman appela l'entreprise de location afin d'expliquer qui elle était et quelle était notre situation, et elle reçut toutes les assurances possibles quant au fait que nous étions en droit de récupérer tout ce qui nous appartenait.

Toutefois, un jour avant que les officiels ne quittent les lieux, on nous indiqua qu'ils avaient déjà envoyé deux types et un apprenti de dix ans qui étaient en train de fouiller dans nos affaires.

Je courus jusqu'à eux.

— Je vous en prie, dis-je. Il s'agit de souvenirs de notre

enfance. Nous disposons de la permission de reprendre nos affaires avant qu'elles ne soient enlevées.

— Qui a dit ça ? demanda un type.

— Votre entreprise ! s'écria maman.

— C'est des conneries, reprit un autre type.

Maman appela la compagnie de location de garde-meubles qui répondit cette fois que nous n'avions aucun droit et que, si nous voulions disposer de l'autorisation de récupérer nos affaires, il nous fallait passer par l'avocat de Peter. Nous passâmes un nouvel appel, mais l'avocat de Peter était en vacances.

— Mettez tout cela par écrit, nous annonça sa secrétaire, et il s'en occupera dès son retour.

— Non ! m'écriai-je en contemplant un carton de diapos que les hommes étaient en train d'enlever. Ce sera alors trop tard.

Dans un accès de désespoir, je courus jusqu'aux hommes. Je n'avais aucune envie de raconter mon histoire, mais je n'avais guère le choix.

— Le propriétaire de cette maison m'a violée pendant des années ! criai-je en essayant de réprimer mes larmes. Il a été arrêté, mais cet endroit est une scène de crime sexuel grave. Il peut y avoir des preuves dont nous ignorons tout. En outre, il y a un jeune apprenti qui est en train de fouiller dans des affaires qu'il ferait sans doute mieux de ne pas voir !

L'homme s'arrêta net et adopta une expression un peu plus attentive.

— Écoutez, dit-il. Je ne fais que mon travail. Sauf si nous trouvons quelque chose qui justifie l'intervention de la police, je suis obligé de faire ce que l'on m'a dit.

Je restai là, impuissante. C'était comme si nous étions violés à nouveau. Tout ce que nous pouvions faire, c'était pleurer en les regardant aller et venir pour recueillir ce qui nous paraissait, à nous, précieux, et fourrer tous nos souvenirs dans leurs sacs.

Tout à coup, l'homme auquel j'avais parlé interpella les autres :

— Stop, tout le monde ! lança-t-il du haut des marches.

Il tenait dans la main la carabine à air comprimé dont Peter se servait pour nous tirer dessus dans le jardin.

— Vous devriez être contents, me dit-il. Une preuve de plus.

Pour finir, ils terminèrent de fouiller la maison qui fut aussi qualifiée de scène de crime protégée. La police envoya même un agent dans les boutiques caritatives locales pour récupérer des éléments qui auraient pu être enlevés.

Pour notre part, nous essayâmes de prendre tout ce que nous pouvions. Il paraissait si étrange de revenir sur les lieux. Peter n'avait pas vraiment modifié quoi que ce soit. Tout était en place comme s'il n'avait rien changé ou déplacé depuis le départ de maman en 2002. D'ailleurs, pratiquement rien n'avait été nettoyé non plus.

Nous commençâmes par la cuisine, mais tout ce qui pouvait avoir de la valeur avait disparu, y compris certains des placards. Nous en ouvrîmes deux parmi ceux qui restaient et je fus secouée par un frisson en constatant la manière dont Peter avait vécu. Tous les plats étaient du genre à passer au micro-ondes. Il y avait des sachets de riz de différentes saveurs, ordonnés en rangs, comme des soldats. La salle de bains, l'endroit que Paul et moi avions été sans cesse contraints de laver religieusement pendant des années, était répugnante : la moindre surface était couverte de crasse collante.

Après le départ de Paul, maman et Peter avaient abattu le mur entre sa chambre et la mienne pour transformer l'espace en immense lieu de dépravation. C'est là que nous découvrîmes le bureau et le classeur métallique où Peter rangeait tous ses DVD de moi.

Sur le sol, Paul dénicha un morceau de papier abandonné avec l'écriture de Peter, et nous découvrîmes qu'il s'agissait d'une liste de tous ses DVD répugnants. En voyant tout cela, je me sentis physiquement malade. Son souci du détail était pratiquement inhumain, et je compris qu'il ne voyait pas les femmes autrement que comme des objets sexuels.

Les propriétaires du garde-meuble avaient emporté la tasse et la soucoupe anciennes que nous avions offertes à maman pour la fête des Mères. La plupart de mes disques avaient également disparu, notamment mon premier 33 tours de Blondie. Nous tirâmes ensuite l'échelle pour aller jeter un œil dans le grenier. Des piles et des piles de papiers y étaient entassées partout. Nous dénichâmes un carton qui contenait trois mille diapositives. Trois mille ! Je retrouvai également des carnets de chèques sous différents noms et encore des négatifs de photo et des CD étiquetés IMAGES HR pour « haute résolution ».

— Mais il y a encore d'autres preuves ! s'écria Paul.

Nous rappelâmes la police, et elle se lança dans une troisième fouille, cette fois sous les yeux de Paul.

— Avez-vous regardé dans le compartiment secret du classeur ? demanda-t-il.

— Quel compartiment secret ? demanda l'un des agents.

— Tous les classeurs ont des compartiments secrets, répondit Paul.

Il souleva un tiroir pour regarder. Sous le tiroir, il découvrit les agendas de Peter et une pile de photos des cadets, chaque fois avec leur nom et leur date de naissance brandis devant l'appareil photo.

Il fut plus difficile que ce que je l'avais imaginé d'expliquer à ma famille pourquoi Peter avait été arrêté. Le fait de devoir expliquer à mes enfants que leur grand-père était en fait un monstre fut l'une des tâches les plus pénibles que je dus accomplir. Je le redoutais à un point !...

Pour finir, Paul organisa une réunion familiale et me proposa de boire un verre pour me donner du courage. Tammy pleura toutes les larmes de son corps lorsque j'essayai de lui expliquer ce qu'aucune mère ne devrait avoir à dire à sa fille, et d'autres parents furent tout aussi incrédules. Steve et ses parents, qui avaient toujours apprécié Peter, affirmèrent qu'ils savaient « qu'il avait toujours eu quelque chose de bizarre ». Ma cousine Helen n'arrivait pas à croire que de telles choses soient possibles sans que personne n'en sache rien.

Plus tard, elle m'envoya une longue lettre en me disant qu'elle était désolée et qu'elle trouvait que nous avions été extrêmement courageux. Je ne lui répondis pas. Tout simplement parce que je ne savais que lui dire.

31

Le procès

Paul

Peter demeura en préventive jusqu'aux auditions préliminaires du 14 novembre 2012, soit moins de six mois après que la vérité eut éclaté. La première audition devait permettre de savoir comment il allait plaider. L'attente fut insupportable, mais, heureusement, la quantité de preuves recueillies était probante. C'est avec soulagement que nous apprîmes que Peter avait l'intention de plaider coupable. Notre avocat nous expliqua cependant que nous ne devions pas trop nous emballer dans la mesure où il ne s'agissait encore que d'une *intention*. Rien n'était encore certain.Simultanément, Terrie et moi devions surmonter la révélation. Après avoir découvert ce qu'avait fait son grand-père, ma nièce Tammy était effondrée, mais elle prit la décision courageuse d'aller jusqu'au tribunal elle aussi.

— Je n'ai que des souvenirs d'un homme bon, pleurait-elle. Je dois absolument le voir sous son vrai jour.

Il était facile de comprendre qu'elle soit totalement désorientée. Pour ma part, j'avouai à Terrie que, étrangement, j'avais un peu pitié de Peter.

— C'est comme si on lui arrachait brusquement sa vie, expliquai-je. Il n'a même pas eu le droit de dire au revoir ou de faire ses bagages. Pour lui, le monde ne sera jamais plus le même.

Si Terrie comprenait ce que je voulais dire, elle ne pouvait éprouver aucune sorte de pitié pour l'homme qui lui avait fait subir tout cela.

— Eh bien, en prison, il obtiendra enfin le cadre et les règles dont il a toujours rêvé ! ironisa-t-elle. Et on lui fera la cuisine, aussi.

Je croisai son regard et lui rendis son sourire.

— Tu as raison. C'est au tour de Peter de se conformer à l'emploi du temps, non ?

En dépit de tout, c'était bon d'en rire et d'imaginer Peter puni parce qu'il ne se serait pas conformé aux règles. Toute action engendre une réaction, non ?

La date du procès fut fixée au 21 décembre 2012, dans le tribunal de Northampton, et, grâce à la quantité de DVD accablants, aucun d'entre nous n'aurait à monter à la barre des témoins. Pour une fois, la manie de l'ordre de Peter jouait en notre faveur. C'était comme s'il avait littéralement confié à la police les preuves de la plupart de ses crimes, preuves en outre soigneusement étiquetées. Nous étions impatients de voir arriver le procès et d'écouter les auditions, mais notre avocat faisait montre de nettement moins d'enthousiasme.

— Ils vont évoquer toutes sortes de situations qui ont été fort désagréables pour vous, prévint-il avec douceur. Terrie, je vous conseille de ne pas aller les écouter.

— Je les ai vécues, répondit fermement Terrie. Ça ne va pas me blesser davantage d'en entendre le récit !

De mon côté, la seule idée d'entendre parler de toutes ces horreurs me terrifiait, mais ma présence était nécessaire : pas seulement pour savoir, mais pour être là au moment où ma sœur aurait besoin de moi.

Nous arrivâmes avec trente minutes d'avance et nous installâmes dans une salle, au calme, mais, chaque fois que quelqu'un passait le seuil, nous sursautions. Enfin, alors qu'il ne restait que cinq minutes avant le début des débats, Rachel, notre avocate, et l'officier de police qui s'occupait de notre cas apparurent séparément en compagnie de quatre autres personnes. On nous présenta à l'avocat chargé de la protection infantile et à deux confrères de Rachel. Après quelques échanges sur la pluie et le beau temps, notre avocat nous annonça les dernières nouvelles.

— Peter conteste un certain nombre de chefs d'accusation, commença-t-elle, notamment ceux qui concernent monsieur Duckett. Et je vous rappelle que nous ne disposons pas de preuves matérielles.

En fait, Peter niait les accusations de maltraitance sur enfant contre moi, notamment les agressions qui avaient eu lieu lors des vacances à Hunstanton et sur la péniche, les deux occasions où j'aurais pu trouver la mort.

J'esquissai un sourire désabusé.

— Je me retire de toute l'affaire sauf s'il admet tout ce qu'il a fait, dis-je sans hésiter.

— Moi de même, ajouta Terrie. Il doit admettre ces agressions.

C'était la dernière tentative de Peter d'exercer son contrôle sur nous et sur ce qui nous arrivait, mais, cette fois, nous n'allions pas le laisser s'en tirer comme ça.

— Il conteste également l'accusation de relations sexuelles avec Terrie avant l'âge de quatorze ans, expliqua-t-elle.

Il s'agissait là d'un aspect délicat de l'affaire. Sur les vidéos, Terrie n'avait pas beaucoup changé entre l'âge de douze ans et celui de quatorze, et, bien que ma sœur affirmât que Peter l'avait violée avant son quatorzième anniversaire, les avocats n'en avaient aucune preuve.

— Je suis prête à laisser tomber ça, déclara Terrie, si ça ne change rien à la condamnation.

L'avocat plaidant pour la protection de l'enfance demanda conseil au procureur, qui convint que j'avais le droit de défendre mon point de vue, et retourna conférer avec l'avocat de la défense. Dix longues minutes plus tard, Peter acceptait les chefs d'accusation de violence sur mineur, tous sauf un : celui où, sur la péniche, je faillis trouver la mort.

J'eus un rire creux.

— Retournez lui dire que, s'il ne l'admet pas, nous demanderons à aller devant le juge pour lui rendre coup pour coup. Je sais à quel point Peter aura horreur de ça. La dernière chose qu'il souhaite, c'est un procès public, où tous ses amis et ses collègues verront son image de bon père de famille voler en éclats.

À peine cinq minutes plus tard, l'avocat de la partie civile de la protection de l'enfance revint nous informer que Peter était furieux et qu'il avait d'abord refusé, mais, après un entretien avec son avocat, il avait, à contrecœur, accepté de plaider coupable pour tous les chefs d'accusation.

— Je sais comment fonctionne le cerveau de ce type, dis-je en riant. J'ai passé dix ans à me mesurer à lui. Il va insister tant et plus pour garder le contrôle, mais, à la dernière seconde, lorsqu'il sait que ça risque de se retourner contre lui, il craque.

Après une très longue demi-heure d'attente, nous entrâmes dans la salle du tribunal pour nous asseoir au premier rang, juste devant Peter. Terrie refusait de le voir, mais je me tournai pour lui jeter un regard.

— Il a l'air très vieux, murmurai-je. Tout gris et bouffi.

L'âge ne l'avait pas arrangé.

— Je m'en fiche, répondit Terrie. Tout ce que je veux voir ici, c'est la justice et non pas lui.

Lorsque Peter admit les quatorze chefs d'accusation sans exception, y compris la torture, notre soulagement fut palpable. Chacun des chefs d'accusation couvrait une période de douze à dix mois et tous les sévices qui avaient eu lieu pendant cette période. Certains des chefs d'accusation concernaient cinquante ou soixante incidents différents, et, chaque fois que Peter plaidait coupable, il était en fait en train d'admettre une année et demie de plus de maltraitance : c'était un aspect important qui allait nous permettre, à Terrie et à moi, de reprendre notre vie en mains.

Avant que le juge ne commence à s'intéresser aux compilations de vidéos, notre avocat, maître Lucking, se livra à l'exposition des faits :

— L'accusé était le beau-père des deux plaignants et, pour la société, il passait pour un homme respectable, qui travaillait dur et occupait un emploi de moniteur d'auto-école. Il était aussi un membre honorablement connu du corps des réservistes. Dans les faits, cependant, derrière les murs de sa maison, il a commis des agressions et des violences sur les deux enfants de sa compagne et a violé à plusieurs reprises la fille de celle-ci.

« L'accusé a traité la plaignante Terrie Duckett comme son esclave sexuelle pendant des années, de l'âge de treize ans à sa majorité.

« Son frère, Paul Duckett, a également été l'objet d'un régime de surveillance et de punitions, notamment des violences physiques qui ont provoqué des blessures graves à plusieurs reprises. Le plaignant a donc été lui aussi gravement affecté par les actes de l'accusé.

« L'accusé a également manipulé la mère de ces enfants pour la rendre impuissante et trop terrifiée pour leur porter secours. L'accusé a ainsi détruit le lien entre la mère et sa fille pendant près de vingt ans, et veillé à disposer d'un contrôle absolu par le biais d'agressions et d'actes de cruauté. De les entendre formulées ainsi, les choses paraissaient encore plus graves. Nous étions pétrifiés. Avions-nous réellement traversé tout cela ? Cela paraissait impossible. On nous informa ensuite que le juge avait personnellement visionné certains des films les plus horribles, notamment le viol avec la carabine et une épée.

« Une épée ? » pensai-je en fermant les yeux pour ne pas imaginer la scène. Peter avait non seulement conservé les vidéos, mais il en avait fait des copies, ce qui aggravait son cas. La police avait également découvert des bandes et des bandes de films de vacances, mais les images ne montraient guère des visages. En revanche, il avait filmé Tracey, l'amie de Terrie, en train de patauger dans l'eau, sa jupe remontée sur sa culotte, les seins de jeunes femmes qui jouaient sur des ânes, et tout ce qui devait l'émoustiller. Il possédait même une vidéo de jeunes filles et de poneys qui fut déclarée « obscénité qualifiée ».

Pendant que nous écoutions la liste des preuves, je ne pensais qu'à Terrie. Comment avait-elle pu refouler toute cette horreur ?

— Je ne me souviens pas vraiment de l'épée, me confia-t-elle d'un air fortement choqué. Je crois que mon cerveau a littéralement oublié ça. Et les viols pendant ma grossesse. C'est trop dur à supporter.

La violence qu'avait dû subir Terrie était incroyable, et je ne pouvais qu'admirer son courage, sa bravoure. Je n'ai jamais été aussi fier de ma grande sœur et de sa force de caractère. Elle avait enduré tant de choses et, cependant, elle l'avait dissimulé pendant si longtemps, uniquement pour me protéger. Après lecture des chefs d'accusation de maltraitance sur mineur, on en arriva aux ustensiles de cuisine que Peter utilisait.

— L'accusé a frappé les enfants avec une spatule métallique si souvent que l'instrument a pris la forme de leur postérieur, précisa maître Lucking.

Soudain, au beau milieu de toute cette horreur, je lançai un regard à Terrie et j'eus envie de rire. Des visions de Peter en train de se frapper lui-même avec la spatule me traversèrent l'esprit et j'eus du mal à réprimer un fou rire.

Bien sûr, je savais que cela ne ferait pas très bon effet de rire à un instant pareil, et nous baissâmes la tête pour étouffer nos gloussements. Soudain, nous étions redevenus des enfants. Nous savions que tout le monde devait se dire que nous étions en train de pleurer, mais, vraiment, l'histoire de la spatule eut l'effet inverse. Toutefois, nous n'eûmes plus du tout envie de rire lorsque les débats s'intéressèrent à maman. Sous de nombreux aspects, c'était aussi terrible que d'entendre le récit des violences que nous avions subies.

— Lors de son interrogatoire par la police, la mère des plaignants s'est décrite, en bref, comme une mère absolument affreuse et a déclaré qu'elle trouvait difficile de comprendre ce qui s'était produit ou de se souvenir en détail des actes de son compagnon.

Après l'audition des preuves, et avant de passer à la sentence, le tribunal ordonna une pause de trente minutes afin que le juge puisse visionner toute la compilation des DVD des viols dans son cabinet. Terrie et moi quittâmes la salle en état de choc. Assis dehors, nous tentions d'absorber tout ce que nous venions d'entendre. Enfin, on nous autorisa à retourner dans la salle du tribunal pour le résumé du juge.

— La détresse de la plaignante devant votre comportement est, selon mon jugement, réelle et horrifiante, déclara-t-il. Nul doute que vous l'avez agressée, que vous l'avez terrorisée et que vous avez eu des rapports sexuels avec elle en dépit de sa terreur palpable et authentique.

« Vous avez eu un comportement que je qualifierais de pervers, délibéré, sadique et répugnant. Pendant plus de trente ans, vous avez placé vos propres pulsions extrêmes et déviantes avant toute autre chose. Vous n'êtes aucunement affecté par la souffrance d'autrui, notamment par ceux qui vous accordaient leur confiance en tant que membre de la famille. Vous ne vous souciiez aucunement de l'humiliation ou de la souffrance que vos victimes enduraient. Le mot « dépravé » ne rend pas suffisamment compte de ce que vous avez commis. Je crains que les blessures, à la fois physiques et psychologiques, que vous avez infligées à cette famille, votre belle-famille, ne puissent jamais se refermer.

« Alors qu'il n'avait que neuf ans, vous avez transformé la vie de Paul Duckett en enfer par un régime de contrôle et de violence, et il n'y a pas de doute possible quant à la cruauté dont vous avez fait preuve, une cruauté des plus impitoyables. Vous l'avez contraint à exécuter des tâches physiquement épuisantes dans une combinaison prévue pour les situations de risque de guerre biologique ou nucléaire, vous lui avez tiré dessus avec une carabine à air comprimé, vous avez procédé sur lui à une fouille corporelle qui frise l'agression sexuelle… Vous l'avez puni en le frappant à coups de poing ou à coups de spatule métallique… Le juge poursuivit son exposé jusqu'au moment où il fut prêt à nous fournir ses conclusions.

Les mots qu'il prononça alors furent accablants :

— Vous avez manifesté des tendances psychopathes, perverses ou, en tout cas, un désordre grave de la personnalité et, considérant que vous présentez un danger pour la population pendant un temps indéfini, je suis contraint de vous infliger une peine d'emprisonnement à perpétuité.

Toutefois, alors qu'il continuait de parler, je compris que la peine à laquelle il condamnait Peter était plus courte que prévu. Il bénéficiait notamment d'une remise du tiers de sa détention parce qu'il avait plaidé coupable.

— Mais il n'a plaidé coupable qu'après la découverte des preuves, chuchotai-je à Terrie. Comment cela peut-il être juste ?

Il ne se voyait donc plus condamné qu'à une peine de onze ans. Puis, le juge déclara qu'il fixait la période de détention à cinq ans et demi ferme avant que l'accusé soit en droit de déposer une demande de libération sur parole.

— Quoi ? souffla Terrie.

J'étais aussi choqué qu'elle.

Peter serait également inscrit au casier des condamnés pour crime sexuel pour le restant de ses jours.

N'en pouvant plus, je bondis.

— C'est censé être un tribunal qui rend la justice, mais cela ressemble davantage à un cirque !

Je sortis, et nous attendîmes pendant des lustres le retour de la police et des avocats.

— Comment s'en est-il tiré avec si peu ? fulminai-je.

Pour finir, l'avocat du civil qui représentait la protection des mineurs s'approcha de nous et nous introduisit dans une petite salle à part. Elle fit de son mieux pour me rassurer !

— Le rapport de la cour énonce que Peter possède des tendances psychopathes et qu'il présente un danger pour le public, dit-elle. Par conséquent, il ne sera jamais autorisé à sortir de prison.

— Vous pouvez le garantir ? demandai-je. Joueriez-vous votre carrière là-dessus ? N'est-ce pas à un comité de libération sur parole indépendant de prendre cette décision ? Moi, je suis prêt à parier que Peter va désormais se conduire en prisonnier modèle pour augmenter ses chances d'être libéré.

— C'est vrai, acquiesça la juriste. Cependant, si le comité prend connaissance du rapport de la cour…

— Mais personne ne peut garantir qu'il ne sortira pas, coupai-je. Voilà la vérité, n'est-ce pas ?

Le silence me fournit toutes les réponses que j'attendais.

Postface

Terrie et Paul

En tant que frère et sœur, nous nous sommes toujours tenu les coudes, et ce, quel que soit le défi que nous avions à relever. Notre objectif ici est de témoigner que, qu'importe la manière dont vous débutez dans la vie, vous pouvez prendre votre destin en main et choisir votre propre voie. Il suffit de remporter chaque bataille au fur et à mesure pour finir par gagner la guerre.

Aujourd'hui, nous sommes fiers d'être à la tête de plusieurs entreprises prospères. Nous sommes l'un des plus gros fabricants de maisons de poupée et d'accessoires d'Europe – MyTinyWorld – peut-être parce que nous n'avons pas eu beaucoup de jouets étant petits.

Nous travaillons dur, ce qui ne veut pas dire que nous avons oublié de nous amuser (Paul continue de temps à temps à me poursuivre dans les hangars, pas avec une spatule ou une ceinture, mais avec du ruban adhésif).

Il n'a pas toujours été facile de vivre avec ce que nous avions dans la tête, mais nous n'avons jamais considéré que notre vie se réduisait à ce qui nous était arrivé dans notre enfance. Ce n'étaient que des épisodes d'horreur.

Nous voulons aussi que ce livre montre que, quelles que soient les souffrances que vous traversez, et qu'elle qu'en soit la durée, il est possible d'y survivre et de bâtir une vie normale. Notre vie telle que nous l'avons forgée ainsi que notre merveilleuse famille en sont la preuve.

Pendant très longtemps, nous avons avancé la tête basse parce que nous avions honte, honte de ce que nous avions subi comme si nous étions responsables – de véritables criminels. Peter a certainement brisé notre enfance, mais il n'a jamais réussi à détruire le lien qui nous unissait en tant que frère et sœur.

Il n'est jamais trop tard pour obtenir justice ou tout simplement pour faire jaillir la vérité. La police nous a effectivement écoutés, et nos voix ont été entendues.

À présent, il est temps de relever la tête et de raconter notre histoire, nos combats et la manière dont nous avons survécu. Parce que ce n'était pas nous qui devions éprouver de la honte.